도덕의 계보학

Zur Genealogie der Moral
Eine Streitschrift

von

Friedrich Nietzsche

Leipzig
Verlag von C. G. Naumann
1887

프리드리히 니체

도덕의 계보학

홍성광 옮김

연암서가

옮긴이 **홍성광**

서울대학교 인문대 독문과 및 대학원을 졸업하고, 「토마스 만의 장편소설 『마의 산』의 형이상학적 성격」으로 박사 학위를 취득하였다. 저서로 『독일 명작 기행』, 역서로 쇼펜하우어의 『의지와 표상으로서의 세계』 『쇼펜하우어의 행복론과 인생론』 『쇼펜하우어와 니체의 문장론』, 니체의 『니체의 지혜』 『차라투스트라는 이렇게 말했다』 『도덕의 계보학』, 토마스 만의 『마의 산』(상·하), 괴테의 『이탈리아 기행』 『젊은 베르터의 고뇌』, 헤세의 『헤세의 여행』 『헤세의 문장론』 『데미안』 『수레바퀴 밑에』 『싯다르타』 등이 있다.

도덕의 계보학

2011년 8월 30일 초 판 1쇄 발행
2020년 4월 25일 제2판 1쇄 발행
2021년 8월 25일 제2판 2쇄 발행

지은이 프리드리히 니체
옮긴이 홍성광
펴낸이 권오상
펴낸곳 연암서가

등록 2007년 10월 8일(제396-2007-00107호)
주소 경기도 고양시 일산서구 호수로 896, 402-1101
전화 031-907-3010
팩스 031-912-3012
이메일 yeonamseoga@naver.com
ISBN 979-11-6087-061-9 03190

값 15,000원

학부 시절부터 니체에게 관심을 가졌으니 니체를 읽고 공부한 지 꽤 오래되었다. 대학원 시절에는 독일의 고전작가 토마스 만을 전공하면서 그에게 큰 영향을 끼친 철학자들인 쇼펜하우어, 니체에게 특히 관심을 갖게 되었다. 석사 논문도 토마스 만의 작품에 끼친 니체의 영향을 중심으로 다루었다. 그러다가 2000년대에 들어 쇼펜하우어의 주저 『의지와 표상으로서의 세계』, 『쇼펜하우어의 행복론과 인생론』과 니체의 『차라투스트라는 이렇게 말했다』, 『도덕의 계보학』, 『니체의 지혜』 등의 책들을 번역하는 기회를 가지면서 두 철학자의 철학과 저서에 대한 이해를 더욱 높일 수 있었다. 그런데 2011년에 출간된 『도덕의 계보학』은 나온 지 8년이 되면서 개정의 필요성을 느끼게 되었다. 그래서 초판의 여러 오류를 수정하고 판형과 표지, 글자를 바꾸어 이번에 새로 개정판을 내고자 한다.

2천 년의 서양 도덕의 역사를 뒤엎는 혁명적인 책인 『도덕의 계보학』은 니체의 말기 저작이다. 니체는 의기양양하게 『차라투스트라는 이렇게 말했다』를 집필했으나 알아주는 사람이 아무도 없었다. 그래서 그는 이 책에 대한 세상의 몰이해를 조용히 견디며, 자연과학이나 법학 방면의 책, 특히 마키아벨리를 열심히 읽어, 정치와 도덕의 근저에 대한 생각을 단련했다. 그러나 잠언과 경구들을 적절히 사용한 『선악의 저편』이 혹평을 받자 그는 그 속편으로 『도덕의 계보학』을 쓰면서 치밀한 논리적 표현을 전개한다.

거기서 그는 사람들이 이제까지 신봉해 온 도덕적 가치 판단이란, 고대 전사나 귀족의 고귀한 도덕에 대한 기독교적 노예들의 원한 감정, 후자의 전자에 대한 커다란 반란에 지나지 않는다고 설명한다. 또한 양심을 인간의 내부로 향하는 잔인한 본능으로 보며, 그것의 이상을 열렬히 갈구하는 것은 데카당의 현상이라고 진단한다. 이렇게 니체는 『도덕의 계보학』에서 『인간적인 것, 너무나 인간적인 것』을 거쳐 신의 죽음을 선언한 『즐거운 학문』에 이르기까지 자신이 전개한 도덕 개념의 종류와 기원을 철저하게 종합적으로 비판하면서 힘에의 의지 철학 체계를 완성하고 있다.

니체는 『도덕의 계보학』에서 가치의 문제를 다루며, 전통 철학의 관점, 특히 가치관을 전환하고자 시도한다. 그는 책의 제1논문에서 '선과 악', '좋음과 나쁨'을 다루고, 제2논문에서 '죄'와 '양심의 가책', 그리고 이것과 유사한 것을 다룬 다음, 제3논문에서 사제의 금욕적 이상의 문제점을 다룬다. 니체는 인간의 소외, 곧 허무주의를 소크라테스의 합리주의와 아울러 기독교 도덕에서 찾고 있다. 니체는 기독교 도덕이나 도덕 전체를 부정하고 반대한 것이 아니라 새로운 도덕을 창조하려 했다. 그런 점에서 볼 때 그는 도덕 그 자체를 부정했다기보다는 자신만의 가치를 추구할 것을 촉구하는 도덕의 혁명가로 볼 수 있다.

니체는 도덕의 계보학을 치밀하게 분석하여 허무주의를 낳는 소크라테스의 합리주의와 기독교적 가치관을 비판하면서, 인간을 건강한 본능과 역동적인 힘을 지닌 강력한 동물로 회복시키려 한다. 그는 삶에 긍정적인 가치체계로의 전도를 주장하며, '차라투스트라'처럼 주인 도덕을 갖고 자기 자신을 극복하여 운명을 사랑하는 쪽으로 변화할 것을 촉구한다. 그러면서 남의 견해에 맹종하지 않고 스스로 가치를 부여할 줄 아는 자유롭고 창조적인 인간 유형인 위버멘쉬를 주창하고 있다.

홍성광

차례

제1논문의 진리는 기독교의 심리학을 다룬다. 기독교는 흔히 생각하는 것처럼 '정신'에서가 아니라 원한에서 생겨난 것이다. 본질적으로 기독교는 하나의 반대 운동이고, 고귀한 가치의 지배에 맞서는 커다란 봉기이다.

제2논문은 양심의 심리학에 관한 것이다. 양심이란 흔히 생각하는 것처럼 '인간 내부에 있는 신의 음성'이 아니라, 더 이상 밖으로 표출할 수 없게 되자 반대로 내부로 향하는 잔인함의 본능이다. 잔인함이 가장 오래되고 가장 필요불가결한 문화의 하부 구조들 중의 하나라는 사실이 여기서 최초로 밝혀진다.

제3논문은 금욕적 이상, 사제적 이상이 무엇보다도 해로운 이상이고, 종말에의 의지이며 데카당스 이상임에도 그 이상에 담긴 엄청난 힘이 어디서 유래하는지의 질문에 대한 답을 제공한다. 그 대답은 신이 사제들 배후에서 활동하고 있어서가 아니라, 지금까지 유일한 이상이라서 그것의 경쟁 상대가 없었기 때문이다. '왜냐하면 인간이란 원하지 않는 것보다 차라리 무(無)를 원하기 때문이다.'…… 무엇보다도 차라투스트라를 제외하고는 반대 이상이 없었기 때문이다.

—『이 사람을 보라』 중에서

1

우리는 우리 자신을 잘 알지 못한다. 우리 인식하는 자들 조차 우리 자신을 잘 알지 못한다. 여기에는 그럴 만한 이유 가 충분히 있다. 우리가 우리 자신을 탐구해 본 적이 한 번도 없었기 때문이다. 우리가 어느 날 우리 자신을 **발견**하는 일이 어떻게 일어난단 말인가? "네 보물이 있는 그 곳에는 네 마음 도 있느니라"[1]라고 한 말은 옳다. 우리의 보물은 우리의 인식 의 벌통이 있는 곳에 있다. 날개 달린 동물로 태어난 우리는 정신의 벌꿀을 모으는 자로 언제나 그 벌통을 찾아가는 중에 있다.

사실 우리는 무언가를 '집으로 가져가는' 단 한 가지 일에

1 　마태복음 6장 21절.

만 진심으로 마음을 쏟는다. 그 외에 삶, 이른바 '체험'에 관한 일에 우리 중에서 과연 누가 진지하게 마음을 쓰겠는가? 아니면 그럴 시간이 충분히 있겠는가? 우리는 그러한 일에 한 번도 제대로 '집중한' 적이 없었던 것 같다. 우리의 마음이 거기에 가 있지 않고, 우리의 귀조차 거기에 가 있지 않은 것이다! 오히려 이 세상사람 같지 않게 멍하니 자기 자신에 몰두해 있다가 마침 정오를 알리는 열두 번의 종소리가 우렁차게 울려 퍼지자, 문득 정신을 차리고 '대체 몇 시를 쳤지?'라고 묻는 사람처럼, 우리도 때때로 **나중**에 가서야 귀를 비비고는, 무척 놀라고 당황해하며 '우리가 대체 무슨 체험을 했지? 더 나아가 우리는 대체 누구인가?'라고 물으면서, 나중에 가서야 앞서 말한 것처럼 우리의 체험, 우리의 삶, 우리의 **존재**에서 울려나오는 열두 번의 종소리를 다시 세어보게 된다. 아! 그러면서 우리는 잘못 세는 것이다……

우리는 사실 우리 자신에게 필연적으로 낯선 존재로 있고, 우리 자신을 이해하지 못하며, 우리 자신을 혼동하지 **않을 수 없다**. '모든 사람은 자기 자신에게 가장 먼 존재이다'라는 명제는 우리에게 영원한 의미를 지닌다. 우리 자신에게 우리는 '인식하는 자'가 아닌 것이다…….

2
이 논박서에서 문제되고 있는 우리의 도덕적 편견에 대한 나의 생각은 『인간적인 것, 너무나 인간적인 것-자유로운 정신을 위한 책』이라는 제목의 잠언집에서 최초로 불충분하게나마 임시로 표현되어 있다. 그 책은 나그네가 발걸음을 멈추듯이 나로 하여금 걸음을 멈추게 해주고, 그때까지 내 정신이 떠돌아다녔던 드넓고 위험한 땅을 조망할 수 있게 해준 어느 겨울 동안 소렌토에서 집필되기 시작했다. 1876년에서 1877년 사이의 겨울에 일어난 일이었는데, 생각 자체는 더 오래된 것이다.

주요 논제는 본 논문들에서 다시 받아들이는 것과 같은 생각이었다. 그 동안의 세월이 이 생각에 좋은 작용을 해서, 그 생각이 보다 원숙하고 명쾌하며, 보다 강력하고 완전하게 되었기를 우리 바라기로 하자! 하지만 내가 오늘날에도 그 생각들을 고집하고 있으며, 그러는 사이에 그 생각들이 점점 더 견고하게 결합되었다는 사실, 그러니까 서로들 속에서 성장하고 하나로 되었다는 **사실**은 내 마음 속에서 즐거운 확신을 강하게 해준다. 그 생각들은 처음부터 내 마음 속에서 개별적으로 아무렇게나 산발적으로 생겨난 것이 아니라 하나의 공통된 뿌리에서, 즉 깊은 곳에서 명령하고, 점점 더 확고하게 말하며, 점점 더 확고한 것을 갈망하는 인식의 **근본 의지**에서 생겨난 것일지도 모른다. 다시 말해 철학자에게는 그렇게 하는 것만이 어울린다.

우리는 어떤 일에든 **개별적으로** 존재할 권리가 없다. 우리는 개별적으로 잘못을 저질러도 개별적으로 진리를 파악해도 안 된다. 오히려 나무에서 필연적으로 열매가 열리듯이 우리 안에서 우리의 생각과 가치, 우리의 긍정과 부정, 가정(假定)과 의문이 자라나는 것이다. 모든 것이 서로 유사하고 관계가 있으며, 하나의 의지, 하나의 건강, 하나의 지구, 하나의 태양을 증거하고 있다. 이러한 우리의 열매들이 너희들 입맛에 맞는지? 하지만 이것이 나무와 무슨 상관이 있단 말인가! 이것이 우리 철학자와 무슨 상관이 있단 말인가!…….

3

굳이 털어놓고 싶진 않지만 나는 유독 의심이 많은 사람이라 도덕을, 말하자면 지금까지 지상에서 도덕으로 칭송받은 것을 죄다 미심쩍게 생각한다. 환경이나 나이, 선례며 출신과 모순되게 일찍부터 저절로 끊임없이 의심이 생겨서 나는 그것을 나의 '선천성'이라고 부를 권리마저 있을 것 같다. 의혹뿐만 아니라 호기심 때문에 나는 본래 선과 악의 기원이 무엇인가 하는 질문을 하지 않을 수 없었다. 사실 열세 살 소년 시절에 이미 악의 기원에 관한 문제가 내 머릿속을 떠나지 않았다. 즉 '가슴속에 반은 어린아이 장난을, 반은 신을 품고'[2] 있던 나이에 나는 최초로 문학적인 어린아이 장난을 하고 최

---

2   괴테의 『파우스트』 3780행에 나오는 구절로 악령이 그레첸에게 하는 말.

초로 철학적인 습작을 하며 이 문제에 몰두했다.

당시에 나는 당연한 일이지만 신에게 영광을 돌려 신을 악의 아버지로 삼으면서 문제를 '해결'했다. 바로 나의 선천성이 나에게서 그것을 원했을까? 저 새롭고 부도덕한, 적어도 비도덕주의적인 '선천성'이, 그 선천성에서 비롯된 아! 반(反) 칸트적이고 수수께끼 같은 정언명령, 그러는 사이 내가 단순히 귀 기울일 뿐만 아니라 점점 더 귀담아 듣게 된 정언명령이 그것을 원했을까?…… 다행스럽게도 나는 신학적 선입견을 도덕적 선입견에서 떼어 내는 법을 때맞춰 배웠고, 악의 기원을 더 이상 세계의 배후에서 찾지 않았다. 심리학적 문제 일반에 대한 타고난 까다로운 감각을 지닌 데다 역사와 고전문학에 대한 수련을 쌓자 나의 문제가 얼마 안 가 다른 문제로 변했다.

인간은 어떤 조건 하에서 선과 악이라는 가치 판단을 생각해냈을까? 그리고 그러한 가치 판단들 자체는 어떤 가치를 지니고 있을까? 그것이 지금까지 인간의 번성을 저지했을까, 아니면 촉진했을까? 그것이 삶의 위기와 빈곤, 퇴화의 징조일까? 아니면 반대로 그 속에서 삶의 충만, 힘, 의지가, 삶의 용기와 확신과 미래가 드러나는 것인가? 그 문제에 관해 나는 여러 가지 해답을 찾아보았고, 나에게서 그 해답을 찾고자 과감히 시도해 보기도 했다.

나는 여러 시대며 여러 민족과 더불어 개인들의 등급을 구별했고, 나의 문제를 세분화했으며, 그 해답에서 새로운 물음과 탐구, 추측과 개연성이 나왔다. 마침내 나는 나 자신의 나라, 나 자신의 땅을 갖게 되었고, 말없이 성장하며 번성하는 전 세계를, 아무도 눈치 채지 못하는 흡사 비밀스러운 정원 같은 것을 갖게 되었다…… 오, 인식하는 자인 우리가 오랫동안 제대로 침묵할 줄만 안다면 우리는 참으로 **행복**할 텐데!…….

4

도덕의 기원에 대한 내 가설에 관해 약간이나마 최초로 발표할 자극을 준 것은 명료하고 깔끔하고 훌륭하며, 조숙하기도 한 조그만 책자였다. 나는 그 책에서 뒤집히고 전도된 가설들, 엄밀히 말해 **영국적인** 방식의 계보학적 가설들을 처음으로 분명하게 접했다. 상반되고 반대되는 점이 있는 모든 것에 매력이 있듯이 그 책은 내 마음을 끌었다. 그 책의 제목은 『도덕 감정의 기원*Der Ursprung der moralischen Empfindungen*』이고, 책의 저자는 파울 레 박사Dr. Paul Rée였으며, 1877년에 발간된 것이었다. 내가 이 책만큼 문장 하나하나 결론 하나하나를 부정하면서 읽었다고 할 만한 책은 아마 없을 것이다. 그렇지만 불쾌감이나 초조함 같은 것은 전혀 없었다. 당시에 집필 중이던 앞서 말한 내 저서에서 나는 기회가 닿든 그렇지 않든 그책의 문장을 끌어들였다. 그것을 반박하면서가 아니라—반박해 봐야 무슨 소용이 있겠는가! ─ 긍정적인 정신의 소유자에게 걸맞게 그럴듯하지 않은 내용을 보다 그럴듯한 내용으로 바꾸고, 사정에 따라서는 하나의 오류를 다른 오류로 대체하면서 말이다.

이미 말했듯이 나는 당시에 이 논문에서 다루고 있는 유래의 가설을 나 자신에게조차 끝까지 숨기고 싶어 하는 것처럼 미숙하게 처음으로 밝혔는데, 아직은 자유롭지 못했고, 이러한 고유한 사항에 대해 아직은 고유한 언어를 쓰지 못했으며, 원래의 입장으로 수없이 되돌아오며 동요하고 있었다. 상세한 점에 대해서는 내가 선악의 이중적 전사(前史)(즉 귀족의 영역과 노예의 영역에서 유래한)를 다룬 『인간적인 것, 너무나 인간적인 것』의 45절을 참조하길 바란다. 마찬가지로 금욕적 도덕의 가치와 유래에 대해서는 136절을 참조하길 바란다. 그리고 이타주의적 평가 방식(영국의 모든 도덕 계보학자와 마찬가지로 레 박사도 이러한 방식을 도덕적 평가 방식 그 자체로 보고 있다)과는 현격한 차이가 있는, 훨씬 더 오래되고 보다 근원적인 종류의 도덕, 즉 '풍습의 도덕'에 대해서는 96절, 99절, 그리고 제2권 89절을 참조하길 바란다. 그리고 대략 동등한 힘을 가진 사람들 사이를 조정하는 것(모든 계약, 따라서 모든 법의 전제 조건이 되는 힘의 균형)의 기능을 하는 정의의 유래에 대해서는 92절, 『나그네』의 26절, 『아침놀』의 112절을 참조하길 바란다. 폭력 행위의 목적을 본질적으로도 근원적으로도 보지 않는 형벌의 유래에 대해서는(레 박사가 생각하는 것처럼, 폭력 행위의 목적은 오히려 특수한 사정 하에 비로소, 그리고 언제나 부수물로서, 어떤 첨가물로서 형벌에 끼워 넣어진다) 『나그네』의 22절과 33절을 참조하길 바란다.

5

사실 바로 그 당시에 도덕의 기원에 관한 나 자신의 가설이나 다른 사람의 가설보다 훨씬 더 중요한 무언가가 나의 큰 관심사였다(또는 보다 더 정확히 말하자면, 그런 가설에 관심을 가진 것은 단지 하나의 목적 때문이었는데, 그 가설은 그런 목적을 이루는 수많은 수단들 중의 하나이다). 나에게 중요한 문제는 도덕의 가치였다. 그것에 대해 나는 나의 위대한 스승 쇼펜하우어와 거의 홀로 대결해야 했는데, 그 책에 담긴 열정과 은밀한 항의는 마치 눈앞에 있는 사람에게 향하는 듯했다(왜냐하면 그 책도 하나의 논박서였기 때문이다).

특히 중요한 문제는 바로 쇼펜하우어가 오랫동안 미화하고 신성시하며 세계 저편의 것으로 만든 '비이기적인 것'의 가치, 즉 동정 본능, 자기부정 본능, 자기희생 본능의 가치였다. 결국 그에게는 이러한 것들이 그에게는 '가치 그 자체'로 남게 되었고, 이러한 것들을 토대로 그는 삶이며 자기 자신에 대해서도 **부정을 말했다**. 하지만 바로 이러한 본능에 대해 내게서 점점 더 근본적인 의구심과 점점 더 깊이 파고드는 회의가 생겼던 것이다! 바로 이 점을 나는 인류의 **커다란** 위험이자 아울러 더없이 숭고한 매력과 유혹으로 보았다. 그런데 어디로 향하는 매혹과 유혹인가? 무(無)로 빠져드는? 바로 이 점을 나는 종말의 시작, 정체, 뒤돌아보는 피곤함, 삶에 반항하는 의지, 연약하고 우울한 조짐을 보이는 최후의 병으로 보았던 것이다.

나는 점점 더 확산되어 철학자들마저 사로잡아 병들게 하는 동정의 도덕을 섬뜩하게 된 유럽 문화의 가장 섬뜩한 징후로, 새로운 불교, 유럽인의 불교, 즉 허무주의에 이르는 우회로로 이해했다…… 이러한 현대 철학자들이 동정을 선호하고 과대평가하는 것은 말하자면 새로운 현상이다. 지금까지 철학자들은 동정이 **무가치하다**는 것에 의견이 일치했던 것이다. 나는 플라톤, 스피노자, 라 로슈푸코, 칸트의 이름만 들겠다. 이들 네 사람은 서로 판이하게 다르지만 동정을 무시한다는 한 가지 점에서는 의견이 같았다.

6

동정과 동정 도덕(나는 수치스럽게도 현대에 감정이 유약해지는 것에 반대하는 자이다)의 **가치**에 관한 문제는 처음에는 단지 개별적인 문제, 그 자체로 하나의 의문부호인 듯이 보인다. 하지만 일단 이 문제에 매달려 의문을 던지는 법을 **배운** 사람에게는 내게 일어났던 것과 같은 일이 일어날 것이다. 그에게 엄청나게 새로운 전망이 열리고, 어떤 가능성에 사로잡혀 현기증을 느끼며, 온갖 불신, 의혹, 두려움이 솟아나 도덕, 온갖 도덕에 대한 믿음이 흔들리다가, 마침내 새로운 요구가 들리게 된다. 이것, 이 **새로운 요구**는 다음과 같다.

우리는 도덕적 가치들을 비판하는 일이 필요한데, 이 가치들의 가치 자체가 일단 의문시되어야 한다. 이를 위해서는 이러한 가치들이 성장하고 발전해서 변화해 온 조건과 상황을 아는 것이 필요하다(결과와 징후, 가면과 위선, 질병과 오해로서의 도덕, 하지만 또한 원인과 치료제. 자극제와 억제제 및 독으로서의 노력). 지금까지 그러한 지식은 존재한 적도 없었고 사람들이 그러한 지식을 가지려고 한 적도 없었다. 사람들은 이러한 '가치들'의 가치를 주어진 것으로, 기정사실로, 아무런 문제 제기도 할 수 없는 것으로 여겼다. 사람들은 지금까지 인간 일반에 관련하여(인간의 미래를 포함하여) 촉진, 유용성, 번영이라는 의미에서 '선한 사람'을 '악한 사람'보다 훨씬 더 가치가 있다고 평가하는 일에 조금도 의심하거나 동요하지 않았다. 만약 그 반대가 진리라고 하면 어떠할까? '선한 사람'에게도 퇴보의 징후가 있다면, 이와 마찬가지로 어떤 위험, 유혹, 독이며, 가령 현재를 살기 위해 **미래를 희생한** 마취제가 있다면 어떠할까? 아마 현재의 삶이 좀 더 안락하고 덜 위험하지만 또한 보다 하찮은 방식으로 더 저열해지는 것은 아닐까?…… 그리하여 인간이라는 유형이 다다를 수 있는 **최고의**

강력함과 화려함에 결코 이르지 못한다면 바로 도덕에 그 책임을 물어야 하지 않을까? 그리하여 그 도덕이야말로 위험들 중의 위험이라고 봐야 하지 않을까?

7

내게 이러한 전망이 열린 이래로 나 자신은 학식 있고 대담하며 근면한 동료를 찾아볼 이유가 충분히 있었다(나는 지금도 찾아보고 있다). 순전히 새로운 의문을 가지고, 말하자면 새로운 시선으로 도덕이라는—실제로 존재했고 실제로 생명을 지녔던 도덕이라는—거대하고 아득한 숨겨진 땅을 두루 돌아다니는 것이 필요하다. 그리고 그것은 이 땅을 처음 **발견하는** 것과 거의 같은 말이 아닐까?…… 이 경우 내가 여러 사람들 중에서도 특히 앞에서 언급한 레 박사를 생각했다면 그 이유는 그가 해답을 얻기 위해 물음 자체의 속성상 보다 올바른 방법을 택하지 않을 수 없을 것임을 내가 전혀 의심치 않았기 때문이다. 그 점에서 내가 잘못 생각한 것일까?

어쨌든 나의 소망은 예리하지만 무심한 시선을 가진 사람에게 좀 더 나은 방향을, 도덕의 실제 역사에 대한 방향을 제시하는 것이었고, **푸른 하늘을 마냥 헤매는** 영국적인 가설에 대해 그에게 제때에 경고해 주는 것이었다. 어떤 도덕 계보학자에게는 무슨 색이 바로 그 푸른색보다 백배는 더 중요한 것인지 명백하다. 말하자면 **회색을 띠는 것**, 즉 문서로 남아 있는 것, 실제로 확증 가능한 것, 한때 실제로 존재했던 것이 그러하다. 요컨대 오랫동안 해독하기 어려웠던 인간의 도덕에 관한 과거사의 상형문자 전체이다! 레 박사는 이 **문자**를 잘 알지 못했지만, 다윈의 저서를 읽었다. 그래서 그의 가설에는 다윈적인 야수와 극히 현대적이고 겸손하며 도덕적으로 유약한 '더 이상 묻지 않는' 자가 적어도 즐거워하는 식으로 점잖게 악수하고 있다.

어떤 선량하고 세련되며 무심한 표정을 하고 있는, 도덕적으로 유약한 자의 얼굴에는 심지어 피로가 섞인 염세주의의 그림자가 드리워져 있기도 하다. 이 모든 문제, 즉 도덕의 문제를 그토록 진지하게 다루어 봐야 사실 아무 소용이 없는 것처럼 보인다. 그런데 이와 반대로 나는 그 문제를 진지하게 다루는 것이야말로 무엇보다 가장 **중요**하게 생각한다. 이를테면 그 보답으로 언젠가 그 문제를 **명랑**하게 다룰 수 있을 날이 올지도 모르는 것이다. 말하자면 이 명랑함, 나의 말로 하자면 **즐거운 학문**은 보람 있는 일이다. 물론 모든 사람의 관심사는 아니더라도 오랫동안 용감하고 근면하며 남몰래 진지하게 살아온 사람에게는 보람 있는 일인 것이다. 하지만 "전진하라! 우리의 낡은 도덕도 희극(喜劇)에 속하니라!"라고 진심으로 말하게 되는 날에 우리는 '영혼의 운명'에 관한 디오니소스적인 드라마를 쓰기 위한 새로운 갈등과 가능성을 발견하게 될 것이다. 그리고 장담하건대, 현존하는 위대하고 늙은 영원한 희극작가, 그는 분명 이것을 이용할 것이다.

8

이 저서가 누군가에게 이해되기 어렵고 귀에 거슬린다고 해서 나는 그것이 반드시 내 책임은 아니라고 생각한다. 사람들이 먼저 내 저서를 읽으면서 약간의 노고를 아끼지 않았기를 바라는 나의 전제를 감안한다면 누구의 책임인지 아주 분명하다고 할 수 있다.

사실 이전의 내 저서들은 접근이 쉽지 않다. 예를 들어 나의 '차라투스트라'에 관해 말하자면 그의 말 한 마디 한 마디에 때로는 깊이 상처받고 때로는 깊이 매료되어야 그를 잘 아는 자라고 볼 수 있다. 말하자면 그런 후에야 비로소 그는 그 작품이 생겨난 한적한 요소에, 햇볕이 내리쬐는 밝음, 아득함, 드넓음, 확실함에 경외감을 가지고 참여하는 특권을 누릴 수 있는 것이다. 다른 경우에는 잠언 형식이 이해를 어렵게 한다. 그 이유는 오늘날 사람들이 그 형식을 **제대로 진중하게 다루지 않기** 때문이다. 올바로 새겨지고 표현된 잠언은 읽는다고 해서 아직 '해독된' 것이 아니다. 오히려 이제 비로소 그 **해석**을 시작해야 하는데, 그러려면 해석의 기술이 필요하다. 그러한 경우 내가 '해석'이라고 부르는 것의 모범을 이 책의 제3논문에서 내놓았다. 이 논문의 서두에 하나의 잠언이 제시되어 있으며, 논문 자체는 그것에 대한 주석이다. 물론 읽는 기술을 연마하기 위해서는 무엇보다 오늘날 그만 잊히고 만 한 가지 일이 필요하다―그러므로 내 저서를 '읽을 수 있기'까지는 아직 시간이 필요하다―그 한 가지 일을 위해서는 거의 소처럼 되어야지 어쨌든 '현대인'이 될 필요는 **없**다. 즉 이는 **되새김질하는 것**을 말한다…….

오버엔가딘 질스 마리아에서
1887년 7월

제1논문 | '선과 악',
'좋음과 나쁨'

1

우리는 지금까지 유일하게 도덕의 기원에 관한 역사를 탐구하려고 시도한 영국의 심리학자들에게 고마워해야 한다. 그들은 그들 자신을 가지고 우리에게 풀기 어려운 수수께끼를 내고 있다. 솔직해 말해 바로 그 때문에 수수께끼 같은 존재인 그들은 본질적인 면에서 그들 저서보다 더 우월하다. 즉 **그들 자신이야말로 흥미로운 존재인 것이다!** 이 영국 심리학자들, 그들이 본래 원하는 것이 무엇일까? 우리는 그들이 자발적이든 그렇지 않든 언제나 같은 일에 몰두하는 것을 발견한다. 즉 우리 내부 세계의 치부를 전면에 끌어내어, 인간이 지적 자부심 때문에 한사코 보지 않기를 **원했던** 바로 그곳에서(예컨대 타성에 빠진 습관에서, 건망증에서, 또는 맹목적이고 우연한 관념의 억지 연결과 역학에서, 또는 무언가 순전히 수동적이고 자동

적인 것, 반사적이고 분자적인 것, 그리고 철저하게 우둔한 것에서)
진정으로 효과적인 요소, 주도적인 요소, 발전에 결정적인 요
소를 찾으려 한다.

　대체 무엇이 이 심리학자들을 항상 바로 **그러한** 방향으로
몰고 가는 걸까? 인간을 왜소하게 보려는 은밀하고 음험하
며 비열한 본능, 어쩌면 자기 자신마저 인정하기 어려운 본
능일까? 아니면 염세주의적 의혹과 실망하고 침울해져 악의
를 품게 된 이상주의자의 불신인가? 아니면 기독교(그리고 플
라톤)에 대한, 의식의 한계조차 넘어서지 못한 사소하고 은밀
한 적대감이나 원한인가? 아니면 심지어 낯설고 고통스러우
며 역설적인 것, 존재의 미심쩍고 무의미한 점에 대한 호색
적인 취향인가? 아니면 마지막으로, 이러한 모든 것이 조금
씩 포함된 약간의 비열함, 약간의 침울함, 약간의 반(反)기독
교적인 것, 약간의 욕정과 자극적인 것에 대한 약간의 욕망인
가?…… 하지만 사람들 말로는 자신의 고유한 영역인 늪에서
그러는 것처럼 인간들 주위를, 그리고 인간들 속으로 기어들
어 폴짝폴짝 뛰어다니는 늙고 차가우며 지겨운 개구리들이
심리학자들을 그런 방향으로 몰고 간다고 한다.

　나는 그런 견해에 반대할 뿐만 아니라 더욱이 그럴 가능성
을 믿지 않는다. 사정을 알지 못하면서도 바랄 수 있다면 나
는 영국의 심리학자들이 그 반대의 경우에 해당하기를 진심
으로 바란다. 즉 영혼을 탐구하고 면밀하게 관찰하는 자들이

실은 용감하고 도량이 넓고 긍지를 지닌 동물이기를 바라며, 자신의 마음뿐만 아니라 고통을 다스릴 줄 알고, 모든 진리, 심지어 소박하고 준엄하며 추하고 역겨우며 반기독교적이고 비도덕적인 진리를 위해 모든 소망을 희생시키도록 키워졌기를 바란다…… 왜냐하면 그런 진리가 분명 존재하기 때문이다.

2

그러므로 이 도덕사가들의 마음을 좌지우지할지도 모르는 저 선한 영(靈)들에게 경의를 표하자! 그러나 유감스럽게도 이들에게는 역사 정신 자체가 결여되어 있고, 이들이 바로 역사의 모든 선한 영 자신에 의해 위험에 방치되었음은 확실하다! 결국 철학자들의 낡은 관습이 그렇듯이 그들은 모두 하나같이 **본질적으로** 비역사적인 사유를 한다. 그 점에는 의심의 여지가 없다. 그들 도덕 계보학의 어설픈 점은 '좋음'이란 개념과 판단의 유래를 탐구하는 것이 중요한 문제인 처음에 곧장 드러난다. 그들은 이렇게 선언한다.

"원래 비이기적인 행위란 그 행위가 베풀어져 이익을 얻은 사람들 측에 의해 칭송되고 좋다고 일컬어졌다. 나중에는 이러한 칭송의 근원이 **잊혔고** 그러면서 비이기적 행위들은 **습관적으로** 항상 좋다고 칭송되었기에 그냥 좋다고 느껴지게 되었다. 마치 그 행위 자체가 좋은 것이기라도 하듯이."

이 최초의 추론 과정에서 이미 특이한 기질을 지닌 영국 심리학자들의 전형적인 모든 특성을 즉각 알아낼 수 있다. '공리', '망각', '습관'과 마지막으로 '오류', 이 모든 것이 가치 평가의 기초 자료가 되고 있으며, 보다 높은 인간은 지금까지 무릇 인간이 지닌 일종의 특권이라도 되는 양 그 평가를 자랑스럽게 생각해 왔다. 이러한 자부심은 꺾여야 하고, 이러한 가치 평가는 부인되어야 한다. 그런데 그렇게 되었는가?……

그런데 내가 볼 때 첫째로 분명한 것은 이 이론에서 '좋음' 이라는 개념이 원래 발생한 곳을 그릇된 장소에서 찾고 설정하고 있다는 사실이다. '좋음'이라는 판단은 '호의'를 받은 사람에 의해 생겨나는 것이 아닌 것이다! 오히려 '좋은 사람들' 자신, 즉 고상한 사람, 강한 사람, 보다 높은 위치에 있는 사람과 고매한 뜻을 지닌 사람들에 의해 비롯된 것이다. 이들은 모든 저급한 것과 저급하다고 생각되는 것, 비열하고 천민적인 것과는 달리 자기 자신과 자신의 행위를 선하다고, 즉 최상급의 것으로 느끼고 평가한다. 이러한 거리의 파토스에서 비로소 그들은 가치를 창출하고, 가치의 이름을 새기는 권리를 획득한 것이다! 공리가 그들에게 무슨 상관이란 말인가! 공리의 관점은 등급을 정하고 등급을 분명하게 해주는 최고의 가치 판단이 그처럼 뜨겁게 용솟음치는 것과 관련해 볼 때 실로 낯설고 부적절하다. 이러한 경우 그 감정은 온갖 타산적인 영리함이나 온갖 공리적 계산이 전제로 하는 저 낮은 온도와는 반대의 결과에 도달하기 때문이다. 그것도 한 번만 그렇다든가 예외적으로 한 순간만 그런 것이 아니라 항구적으로 그렇다는 것이다.

앞서 말했듯이 고귀함과 거리의 파토스, 보다 높은 지배 종족이 낮은 종족, 즉 '하층민'에 대해 갖고 있는 지속적이고 압도적인 전체 감정이자 근본 감정—이것이야말로 '좋음'과 '나쁨'이라는 대립의 기원이다. (이름을 부여하는 주인의 권리는 언어 자체의 기원을 우세한 자들이 힘을 표출하는 것으로 파악하도록 허용해야만 하는 정도에까지 이른다. 그들은 '이것은 이러이러하다'고 말한다. 그들은 모든 사물과 사건을 하나의 '음'으로 봉해 버리고, 그럼으로써 말하자면 그것을 점유한다.) 저 도덕 계보학자들이 잘못 생각하고 있는 것처럼, '좋음'이라는 단어가 애당초부터 '비이기적인 행위'와 결코 필연적으로 결부되지 **않은** 사실은 바로 이러한 기원 때문이다. 오히려 귀족적 가치 판단이 **몰락**할 때 비로소 '이기적', '비이기적'이라는 이러한 대립 전체가 인간의 양심에 자꾸만 떠오르게 된다. 이러한 대립을 통해 마침내 생겨난 말(또한 말들)이 나의 용어로 표현하자면 **무리 본능**이다. 그렇더라도 도덕적 가치 판단이 바로 저 대립에 연결되어 단단히 결합해 있을 정도로 이러한 본능이 우세하기까지는 아직 오랜 세월이 필요하다(예컨대 현재 유럽에서 보듯이, '도덕적', '비이기적', '공평무사한'이라는 말을 등가의 개념으로 받아들이는 편견이 오늘날 '고정관념'이나 정신병처럼 이미 전반적으로 만연하고 있다).

3

그러나 둘째로 '좋음'이라는 가치 판단의 유래에 대한 저 가설에 역사적인 근거가 박약하다는 점은 전적으로 차치하고서라도, 그 가설은 자체적으로 심리학적 모순으로 어려움을 겪고 있다. 비이기적 행위의 공리성이 그 행위를 칭송하는 근원이 되어야 하고, 그리고 이러한 근원은 **잊혀야** 하지만— 어떻게 이러한 망각이 **가능**하단 말인가? 혹시 그러한 행위의 공리성이 언젠가 한 번 중단된 적이라도 있단 말인가? 사실은 정반대이다. 이러한 공리성은 오히려 어느 시대에나 일상적으로 경험하는 것이었으며, 그러므로 언제나 부단히 새롭게 강조되어 온 것이었다. 따라서 그것은 의식에서 사라져 잊히는 대신 더욱 더 또렷하게 의식에 아로새겨져야 **했다**. 예컨대 허버트 스펜서[1]가 주장하는 저 반대 이론(그렇다고 해서 그

---

1   허버트 스펜서(Herbert Spencer, 1820~1903)는 영국 출신의 사회학자, 철학자이다. 콩트의 체계에 필적할 대규모의 종합사회학체계를 세워 영국 사회학의 창시자가 되었다. 진화 철학을 주장하고, 진화가 우주의 원리라고 생각한 그는 인간이 살아가는 사회에도 강한 사람만이 살 수 있다는 '적자 생존설'을 믿었으며, '사회 유기체설'을 주장하였다. 그는 심리학에서 의식의 진화 과정, 도덕적으로는 공리주의를 지지하였다. 저서로 『제1원리』 『생물학 원리』 『심리학 원리』 『사회학 원리』 등이 있다.

의 이론이 보다 진실한 것은 아니지만)이 그런 만큼 얼마나 더 이치에 맞는가?

그는 '좋음'이라는 개념을 '공리적', '합목적적'이라는 개념과 본질적으로 같은 것으로 보는 입장이라서, '좋음'과 '나쁨'을 판단함에 있어서 인류는 공리적이고 합목적적이며, 유해하고 비합목적적인 것에 관한 잊히지 않고, 잊을 수 없는 바로 그들 자신의 경험을 합산하고 승인한 것이다. 이 이론에 의하면 예로부터 공리성이 증명된 것이 좋음이다. 따라서 그것은 '최고로 가치 있는 것', '가치 있는 것 그 자체'라고 간주할 수 있다. 앞서 말했듯이 이러한 설명 방법도 잘못된 것이지만, 적어도 그 설명 자체는 이치에 맞으며 심리학적으로 근거가 있다.

4

여러 가지 언어로 표현된 '좋음'이란 명칭이 어원학적 관점에서 원래 무슨 뜻인가 하는 질문이 내게 **올바른** 길을 가도록 지침을 주었다. 그리하여 나는 그 명칭들이 모두 **동일한 개념 변화**에 거슬러 올라가는 것을 발견했다. 즉 어느 언어에서든 신분을 나타내는 의미에서의 '고귀한', '귀족적인'이 기본 기념이며, 여기에서 '정신적으로 고상한', '고결한', '정신적으로 고매한 기질의', '정신적인 특권을 지닌'의 의미에서 '좋음'의 개념이 필연적으로 발전해오는 것이다.

이러한 의미 발전과 항상 평행으로 이루어지는 다른 발전에서는 '비열한', '천민적인', '저급한'이 결국 '나쁨'이라는 개념으로 변화한다. 후자에 관한 가장 믿을 만한 예로 'schlecht(나쁜)'라는 독일어를 들 수 있다. 이것은 'schlicht(소박한)'와 같은 말이다 — 'schlechtweg(단순히)', 'schlechterdings(완전히)'와 비교해 보라 — 그 말은 원래 부정적인 의미가 없이 그냥 고귀한 사람들과 대조되게 소박하고 평범한 사람을 지칭했다. 그러다가 30년 전쟁 무렵에 와서, 그러니까 훨씬 나중에 이르러 오늘날에 통용되는 의미로 바뀌었다.

내게 이러한 사실은 도덕 계보학에 관한 **본질적인** 통찰로 보인다. 이러한 통찰이 이처럼 뒤늦게야 이루어진 이유는 현대 세계 내의 민주주의적 편견이 유래에 관한 모든 물음에 해로운 영향을 끼친 탓이다. 그리고 여기서는 그냥 암시만 하는 정도에 그치지만, 이러한 영향은 자연과학과 생리학이라는 겉보기에 가장 객관적인 영역에까지 미치고 있다. 그런데 이러한 편견이 일단 제어되지 않고 증오에까지 이르렀을 때, 특히 도덕과 역사에 어떤 폐해를 끼칠 수 있을지는 악명 높은 버클[2]의 경우에서 알 수 있다. 영국에서 유래한 현대 정신의

---

2 헨리 토머스 버클(Henry Thomas Buckle, 1821~1862)은 영국의 역사가로 『문명의 역사』를 집필했다. 본문의 글은 『힘에의 의지』 제876절에 상세히 예시되어 있다.

평민주의는 버클에 의해 다시 한 번 본토에서 진흙투성이의 화산처럼 격렬하게, 지금까지 모든 화산이 그랬듯이 파괴적이고 시끄럽고 야비하게 달변으로 떠들며 폭발했던 것이다.

5

나름대로 타당한 근거가 있어서 **조용한 문제**라고 불릴 수 있고, 까다롭게 골라 몇몇 사람들만 대상으로 하는 **우리의 문제**와 관련하여, '좋음'이라는 의미를 나타내는 앞의 여러 단어들과 어근에는 고귀한 사람들이 자신들이야말로 보다 고급의 인간이라고 느끼는 근거가 된 주된 뉘앙스가 아직 다채롭게 내비치고 있음을 확인하는 것은 적지 않게 흥미로운 일이다.

사실 그들은 어쩌면 대부분의 경우 그냥 힘의 우월함('힘이 강한 자', '주인', '명령하는 자'로서)에 따라, 또는 이러한 우월함을 가장 분명하게 드러내는 특징에 따라, 예컨대 자신을 '부자'나 '재산가'(아리아arya라는 말의 의미가 이것이며, 이란어와 슬라브어에도 이에 상응하는 말이 있다)라고 부른다. 하지만 그들은 또한 전형적인 성격의 특징에 따라 자신을 부르기도 한다. 그리고 여기서 우리가 문제 삼는 것도 이러한 경우이다. 예를 들어 그들은 자신을 '진실한 자'라고 일컫는다. 이러한 사실은 무엇보다 메가라의 시인 테오그니스[3]를 대변자로 하는 그리스 귀족에게서 드러난다. 이러한 점을 뚜렷이 나타내는 에스틀로스ἀσϑλός라는 단어는 어근에 따르면 존재하는 자, 실재하는 자, 실제로 존재하는 자, 참된 자를 의미한다. 그러다가 참된 자는 주관적인 뜻으로 전환되어 진실한 자를 의미하게 되었다. 개념 변화의 이러한 단계에서 이 말은 귀족을 나타내는 상투어나 판에 박힌 말이 되며, 테오그니스가 받아들이고 묘사한 대로 **거짓말하는** 평범한 사람과 구별하기 위해 '귀족적'이라는 의미로 완전히 바뀌어버린다. 마침내 그 단어는 귀족이 몰락한 후 정신적으로 고상한 기품을 나타내는 말로 남게 되어, 말하자면 무르익어 달콤해진다. 카코스κακός와 데이로스δειλός(아가토스ἀγαϑός와 반대되는 천민을 뜻한다)라는 단어에는 비겁함이 강조되어 있다. 이것은 여러 가지 의미로 해석할 수 있는 아가토스의 어원학적 유래를 어떤 방향으로 찾아야 할지에 대한 하나의 지침이 될지도 모른다.

라틴어 말루스malus(나는 멜라스μέλας라는 단어를 이 단어의 옆에 놓고 싶다)라는 말에서 평범한 사람은 검은 피부를 가진 자로, 특히 검은 머리카락을 가진 자로('여기에 검은 사람이 있

---

3   테오그니스(Theognis)는 B.C. 6세기 말부터 5세기 초까지 아테네 근처 메가라에서 활동한 그리스의 시인으로 그의 시 대부분은 그가 사랑하는 키르노스라는 여인에게 바쳐진 것이다. 그는 예의범절에 관한 시도 썼으며 변화하는 당시의 정세 속에서 귀족 사회를 묘사해 중요하게 평가된다. 니체는 1867년 라이프치히 대학에 다닐 때 「테오그니스의 금언집 역사에 관하여Zur Geschichte der Theognischen Spruchsammlung」라는 논문으로 고전 잡지 〈라이니셰스 무제움Rheinisches Museum〉에 처음으로 논문을 발표했다.

다'[4] 특징지어져 있으며, 지배자가 된 금발 종족, 즉 아리아계 정복 종족과는 피부색으로 너무나 확연히 구별되는, 이탈리아 땅에 살았던 아리아계 이전의 토착민으로 특징지어져 있다. 적어도 켈트어에서 이와 아주 유사한 경우를 볼 수 있다.

핀fin(예컨대 핀-갈Fin-Gal이라는 이름에서 보듯이)이라는 단어는 귀족을 지칭하는 말로, 결국 훌륭하고 고귀하며 순수 혈통을 지닌 사람을 의미하게 되었지만, 원래는 어둡고 검은 머리카락을 지닌 원주민과 반대되는 금발 종족을 의미했다. 말이 난 김에 하는 말이지만 켈트족은 완전히 금발 종족이었다.

독일의 비교적 정밀한 인종학 지도에서 나타나듯 흑발 주민이 주로 사는 지역을 이런저런 켈트족의 유래나 혼혈 문제와 관련시키는 것은 부당하다. 비르코우[5]는 아직 그렇게 관련시키고 있지만 말이다. 오히려 이 지역에는 **아리아계 이전**의 독일 주민이 주로 살고 있다. (이와 같은 말이 거의 유럽 전역에 적용된다. 대체로 피지배 종족이 결국 그곳에서 피부색이나 두개골이 작은 것에서, 어쩌면 심지어 지적, 사회적 본능 면에서도 다시 우위를 점하게 되었다. 현대 민주주의, 더욱 현대적인 무정부주의 그리고 특히 오늘날 유럽의 모든 사회주의자에게 공통적인 '콤뮌'과 지

4 　호라티우스의 『풍자Satires』 1장 4절 85행의 인용문. '친구가 없는 데서 험담하며, 비밀을 지킬 수 없는 자는 검다. 오, 로마인이여, 조심하라!'

5 　루돌프 비르코우(Rudolf Virchow, 1821~1902)는 독일의 위대한 병리학자이자 진보적 자유주의 정치가로 비스마르크의 반대자였다.

극히 원시적인 사회 형태를 지향하는 경향이 대체로 엄청난 **추가 요구**를 의미하는 것이 아닐까 라고―그리고 정복 종족이자 **지배 종족**인 아리아 종족이 생리학적으로도 열등하다고 누가 감히 대놓고 말할 수 있겠는가?……)

나는 라틴어 보누스bonus를 '전사(戰士)'로 해석해도 괜찮으리라고 생각한다. 보누스의 어원을 보다 오래된 두오누스duonus에서 찾을 수 있다면 말이다(벨룸bellum[6]=두엘룸duellum[7]=두엔-룸duen-lum[8]을 비교해 보라. 내 생각에는 여기에 두오누스의 뜻이 보존되어 있는 것으로 보인다). 이로써 보누스가 불화와 분쟁(duo)의 남자, 즉 전사를 의미하게 된다. 즉 고대 로마에서 무엇을 남자의 '호의'로 생각했는지 미루어 짐작할 수 있다. 우리의 독일어 '좋은Gut'이란 단어 자체도 '신과 같은 사람', '신적인 혈통'을 지닌 사람을 의미하는 것이 아닐까? 그리고 그것이 고트인이라는 민족(원래는 귀족)의 이름과 같은 것이 아닐까? 여기서는 이렇게 추측하는 근거를 군이 밝히지 않겠다.

6

최고의 세습 계급이 또한 **사제 계급**이고, 따라서 그 계급

---

6   전쟁.

7   다툼.

8   둘 사이의 다툼.

38

전체를 지칭하기 위해 사제의 기능을 상기시키는 어떤 술어를 선호하는 경우, 정치적 우위를 나타내는 개념이 언제나 정신적 우위를 나타내는 개념으로 귀결된다는 이러한 규칙에 우선 아직까지는 아무런 예외도 없다(예외가 생길 계기는 있을지라도). 그리하여 예를 들어 처음으로 '순수'와 '불순'이 신분을 구분하는 특징으로 서로 대립한다. 그리고 여기서도 나중에 '좋음'과 '나쁨'이 더 이상 신분을 나타내지 않는 의미에서 전개된다. 게다가 '좋음'과 '나쁨'이라는 이러한 개념을 애당초부터 너무 무겁거나 너무 폭넓게, 또는 심지어 상징적으로 받아들이지 않았으면 한다.

고대인의 모든 개념은 오히려 처음에는 거의 생각할 수 없을 정도로 거칠고 어설프게, 피상적이고 협소하며 직설적으로 그리고 특히 **비상징적으로** 이해되었기 때문이다. '순수한 사람'이란 처음에는 단순히 몸을 씻는 자, 피부병을 일으킬 음식을 금하는 자, 낮은 계층의 지저분한 여자와는 동침하지 않는 자, 피를 싫어하는 자에 불과했지, 그 이상의 다른 뜻을 갖는 것은 아니었다! 다른 한편으로 여기에서 가치 평가의 대립이 왜 위험한 방식으로 그토록 때 이르게 내면화되고 첨예하게 되었는가 하는 이유가 물론 사제적 귀족 계급의 전체 성격에서 밝혀진다. 그리고 사실 이런 평가의 대립을 통해 결국 인간과 인간 사이에는 자유로운 정신을 지닌 아킬레스조차 뛰어넘으면서 공포에 사로잡히지 않을 수 없는 깊은 간극이 벌어지게 되었다. 그러한 사제적 귀족 계급에는, 그리고 그들을 지배하는 습관, 즉 행동을 기피하고 부분적으로는 심사숙고하고 부분적으로는 감정을 폭발하는 습관에는 처음부터 무언가 **건강하지 못한 점**이 있다. 그러한 습관의 결과로 어느 시대를 막론하고 사제들은 거의 불가피하게 내장질환이나 신경쇠약에 시달려 왔다. 그러나 그들 자신이 이러한 질병의 치료제로 생각해낸 것의 여파가 결국 치료해야 하는 질병보다 수백 배는 더 위험한 것으로 입증되었다고 말할 수밖에 없지 않은가? 인류 자신은 사제의 이러한 순진한 치료법의 여파로 아직도 고통을 겪고 있는 것이다!

예를 들어 식이요법(육식금지), 단식, 성적 금욕, '황야로의' 도피(웨어 미첼[9] 식의 격리법으로, 물론 금욕적 이상으로 야기된 온갖 히스테리에 가장 효과적인 치료법인 비만 요법과 과식요법을 실시하지 않는다) 등을 생각해 보라. 또한 감각에 적대적이고, 사람을 게으르고 교활하게 만드는 사제의 형이상학 전체와 이슬람교 사제나 브라만승─브라만을 유리로 만든 단추나 고정관념으로 이용한다─의 방식에 따른 자기 최면을 생각해 보라. 그리고 근본적 치료법, 즉 무(無)(또는 신. 신과의 신

---

9   미국인 의사 웨어 미첼(Silas Weir Michell, 1829~1914)에 의해 개발된 치료법으로 주로 격리, 침대 감금, 다이어트, 마사지 등을 이용한 신경병 치료 요법을 창안했다. 그의 치료법은 나중에 프로이트가 받아들여 정신분석학적 암시치료로 발전했다.

비적 합일에 대한 갈망은 불교도의 무, 열반(涅槃)에 대한 갈망이지, 그 이상은 아니다)에 의한 최종적이고 너무나 명백하며 일반적인 포만감을 생각해 보라.

사제들의 경우에는 사실 치료제와 치료술뿐만 아니라 오만, 복수, 명민, 무절제함, 사랑, 지배욕, 덕, 질병 등 이 **모든 것**이 더욱 위험해진다. 물론 어느 정도 공정하게 덧붙여 말한다면, 인간이 여하튼 **흥미로운 동물**이 된 것은 본질적으로 위험한 인간의 이러한 생존 형식, 즉 사제적 생존 형식의 토양 위에서였으며, 바로 이러한 토양에서 비로소 인간의 영혼은 보다 높은 의미에서 **깊이**를 더하고 사악하게 되었던 것이다. 그리고 바로 이것이야말로 인간이 지금까지 다른 동물들에 비해 우월함을 지녀 왔던 두 가지 기본 형식이다.

7

사제적 평가 방식이 기사적, 귀족적 가치 평가 방식에서 이탈하여 그것에 반대 방향으로 발전해나가기가 얼마나 쉬운지 사람들은 이미 잘 알았을 것이다. 사제 계급과 전사 계급이 서로 질투하면서 맞설 때 그리고 보상에 관해 의견이 일치하지 않을 때마다 특히 대립이 깊어지는 계기가 되었다.

기사적, 귀족적 가치 판단이 전제하는 것은 강한 체력, 원기 왕성하고 풍요로우며 주체할 수 없이 넘치는 건강, 건강해야 할 수 있는 모든 것, 즉 전쟁, 모험, 사냥, 춤, 시합, 그리고 활기차고 거침없으며 쾌활한 행동이라 할 수 있는 모든 일이다. 이에 반해 우리가 알고 있듯이 사제적인 고상한 가치 평가 방식은 전제가 다르다. 즉 전쟁이 일어나면 그들은 몹시 곤란한 것이다!

잘 아는 바와 같이 사제들은 **가장 사악한 적이다**—그런데 대체 왜 그럴까? 그들은 가장 무력한 자들이기 때문이다. 그들의 무력감에서 비롯된 증오는 무시무시하고 섬뜩한 것, 가장 정신적이고 가장 유독한 것으로 자라난다. 세계사에서 볼 때 아주 크게 증오하는 자는 항상 사제들이었고, 또한 가장 재기 넘치는 증오자들도 그들이었다.

사제의 복수심에 비하면 다른 정신은 죄다 거의 문제가 되지 않는다. 무력한 자들이 끌어들인 정신이 없었다면 인간의 역사는 실로 너무나 우둔한 것이 되었을지도 모른다. 당장 가장 커다란 예를 들어 보자. 지상에서 '고귀한 자', '강력한 자', '지배자', '권력자'에 맞서 행해진 어떤 일도 유대인이 그들에 대항했던 일에 비하면 이야기할 가치도 없다.

사제 민족인 유대인은 마침내 적과 압제자의 가치를 철저하게 전도함으로써만, 즉 **가장 정신적인 복수** 행위로만 그들에게서 명예회복을 할 줄 알았다. 사제적 민족에게, 가장 억눌린 사제적인 불타는 복수심을 지닌 민족에게 적합한 행위는 그것밖에 없었기 때문이다. 무섭도록 철저하게 귀족적 가치 등식(좋은=고귀한=강력한=아름다운=행복한=신의 사랑을 받는)을 감히 뒤엎으면서, 깊디깊은 증오의 이빨(무력감으로 인한 증오)로 꽉 물고 이런 견해를 고집했던 민족이 바로 유대인이었던 것이다.

즉 "가련한 자만이 선한 자이고, 가난한 자, 무력한 자, 비천한 자만이 선한 자이며, 또한 고통 받는 자, 궁핍한 자, 병든 자, 추한 자만이 경건한 자이자 신에 귀의한 자이며, 오직 그들에게만 축복이 있다. 그 반면에 너희, 너희 고귀하고 강력한 자는 영원히 사악하고 잔인한 자, 음란하고 한없이 탐욕스러운 자, 신을 부인하는 자이다. 또한 너희는 영원히 축복받지 못하고 저주받으며 천벌 받을 자이다!"라고 말하면서…… 이러한 유대인의 가치전환을 물려받은 자가 **누구인지** 우리는 알고 있다…… 유대인이 이러한 가장 근본적인 선전포고로 행사하게 된 어마어마하고 유달리 숙명적인 주도권과 관련해서 나는 다른 기회에 언급했던 다음 명제를 떠올려 본다(『선악의 저편』195절). 즉 유대인과 더불어 **도덕에서의 노예 반란**이 시작된다. 2천 년의 역사를 배후에 지니고 있는 그 반란이 오늘날 우리의 눈에 보이지 않게 된 이유는 단지 그것이 계속 승리를 거두었기 때문이다…….

8

하지만 여러분은 이러한 사실을 이해하지 못하겠다고? 여러분에게는 승리를 얻기 위해 2천 년이나 필요했던 저 사건을 볼 눈이 없다는 말인가?…… 그렇더라도 하등 놀랄 일은 아니다. 장구한 세월에 걸쳐 일어나는 모든 일은 보기 어렵고 조망하기도 어렵다. 그런데 그 사건이란 다음과 같은 것이다. 즉 복수와 증오, 유대인의 증오의―지상에서는 여지껏 유래를 찾아볼 수 없었던, 말하자면 이상을 창조하고 가치를 재창출하는 더없이 깊고 숭고한 증오의―나무줄기에서 그와 비교할 수 없는 무엇이, **새로운 사랑이**, 더없이 깊고 숭고한 종류의 사랑이 자라났던 것이다. 그리고 다른 어떤 줄기에서 그러한 사랑이 자라날 수 있었겠는가?…… 하지만 그 사랑이 가령 복수에 대한 갈증을 본래 부정하는 것으로, 유대인의 증오의 대립물로 생겨났다고 잘못 생각하지 않기를 바란다! 아니, 사실은 그 반대이다! 이 사랑은 증오의 나무줄기의 수관(樹冠)으로, 더없이 순수한 청명함과 가득한 햇살 속에서 승리를 구가하며 점점 더 넓게 뿌리를 뻗어가는 수관으로 생겨난 것이다. 이 수관으로 말할 것 같으면 저 증오의 뿌리가 심오하고 사악한 모든 것 속으로 점점 더 철저하고도 탐욕스럽게 파고들었던 것과 같은 충동으로, 말하자면 광명과 높은 하늘의 나라에서 저 증오의 목표인 승리, 노획물, 유혹을 노리고 있었던 것이다.

사랑의 복음을 전하는 화신인 이 나사렛 예수, 가난하고 병든 자와 죄지은 자에게 축복과 승리를 안겨준 이 '구세주'―그자야말로 말할 수 없이 섬뜩하고 저항하기 어려운 형태의 유혹, 바로 저 유대인의 가치와 새로운 이상에의 유혹이자 우회로가 아니었던가? 이스라엘은 겉보기에 이스라엘의 적대자이자 해체자인 이 '구세주'라는 우회로를 통해 숭고한 복수욕의 최종 목적을 달성하지 않았는가? '전 세계', 즉 이스라엘의 모든 적대자가 아무런 주저 없이 이 미끼를 덥석 물 수 있도록, 이스라엘 자신이 전 세계에 대한 복수의 진정한 도구를 마치 불구대천의 원수처럼 부정하고 십자가에 못 박아야만 했던 것이야말로 실로 **웅대한 복수 전략**, 멀리 내다보고 비밀스러우며 사전 계획에 따라 서서히 손길을 뻗치는 복수 전략이라는 은밀하고 검은 술책에 속하는 것이 아니겠는가?

다른 한편 아무리 세련된 정신이라 하더라도 대체 이보다 더 **위험한** 미끼를 생각해낼 수 있겠는가? 유혹하고 도취시키며 마비시키고 파멸시키는 힘을 지닌 '신성한 십자가'라는 상징에, '십자가에 매달린 신'이라는 저 소름끼치는 역설에, 인류를 구원하기 위해 신이 스스로 십자가에 못 박힌다는 상상할 수 없는 마지막 극단적인 잔인함을 지닌 저 신비로움에 견줄 만한 것을 대체 누가 생각해낼 수 있겠는가?…… 적어도 확실한 점은 이러한 표시 하에 이스라엘이 이처럼 복수를 하고 모든 가치를 전환함으로써 지금까지 다른 모든 이상, 보다 **고상한** 모든 이상을 누르고 번번이 승리를 구가해 왔다는 사실이다.

9

"그런데 당신이 보다 고상한 이상에 관해 아직 뭐라고 말하다니! 민중이 승리했다는 사실에 우리 순응하기로 하자. 또는 '노예'라든지 '천민'이라든지, 또는 '무리'라든지, 아니면 그 밖의 어떤 이름으로 불러도 상관없다. 그리고 유대인에 의해 그 일이 일어났다면 그것도 좋다! 그들 이상으로 세계사적 사명을 지닌 민족은 없었다. '주인'은 처리되었고, 평범한 사람의 도덕이 승리했다. 이 승리를 또한 패혈증으로 여기는 사람이 있을지도 모른다(이러한 승리에 의해 인종이 서로 섞였기 때문이다). 나는 그 점을 부인하지 않겠다. 그러나 독을 탄 행위가 **성공**한 것은 의심의 여지가 없다.

인류의 '구원'(즉 '주인'으로부터의 구원)은 무척 순조롭게 진행되었다. 죄다 눈에 띄게 유대화하고 기독교화하고 천민화해 갔다(어떤 말을 쓰든 무슨 상관이 있겠는가!). 이 독이 인류의 몸 전체로 스며드는 과정은 멈출 수 없는 것 같고, 그 속도와 발걸음은 심지어 이제부터 점점 더 느려지고 세련되며 은밀해지고 신중해질지도 모른다. 아직 시간은 있다…… 이러한 의도에서 볼 때 오늘날에도 교회에 **필연적인** 사명이 있는 걸까, 아직 존재할 권리가 있는 걸까? 또는 교회 없이도 살아갈 수 있을까?라는 의문이 생긴다. 교회는 오히려 독이 퍼지는 과정을 촉진시킨다기보다는 저지하고 억제하는 것 같

않은가? 사실 그런 점에서 교회가 유용할지도 모른다…… 확실히 교회는 점차로 보다 섬세한 지성과 진정 현대적인 취향에 거슬리는 거칠고 조야한 것이 되었다. 적어도 교회가 좀 세련되어서는 안 된단 말인가?……

오늘날 교회는 사람을 유혹하는 것 이상으로 소외시키고 있다…… 만약 교회가 존재하지 않는다면 혹시 우리들 중에 누가 자유정신이 될 것인가? 우리가 싫어하는 것은 교회이지 교회의 독이 아니다…… 교회를 문제 삼지 않는다면 우리도 그 독을 사랑하는 셈이다……." 이것은 어느 '자유정신'이, 자신의 생각을 충분히 드러낸 한 정직한 동물이, 게다가 어느 민주주의자가 내 말에 덧붙인 에필로그이다. 그는 그때까지 내 말에 귀 기울였지만 내가 침묵하는 것을 견딜 수 없었던 것이다. 말하자면 이 지점에서 나는 침묵해야 할 것이 많았기 때문이다.

10

원한 자체가 창조적으로 되어 가치를 낳을 때 도덕에서 노예 반란이 시작된다. 여기서 원한이라고 하는 것은 행위에 의한 실제적인 반응을 할 수 없어서 상상의 복수를 통해서만 자위하고 마는 자들의 원한이다. 모든 고상한 도덕이 자기 자신을 의기양양하게 긍정하는 데서 생겨나는 반면, 노예 도덕은 애당초부터 '외부적인 것', '다른 것', '자기 자신이 아닌 것'을 부정한다. 그리고 이 부정이야말로 노예 도덕의 창조적인 행위이다. 이처럼 가치를 정하는 시선을 바꾸는 것, 이렇게 시선을 자신에게 되돌리는 대신 **반드시** 바깥을 향하는 것이 사실 원한에 속한다. 즉 노예 도덕이 생기기 위해서는 언제나 먼저 반대 세계, 외부 세계가 필요하다.

생리학적으로 말하면 노예 도덕이 어쨌든 행동하기 위해서는 외부의 자극이 필요하다. 따라서 그 행동은 근본적으로 반동이다. 고상한 가치 평가방식의 경우에는 사정이 그 반대이다. 그 평가방식은 저절로 행동하고 자라나며, 자신의 대립물을 찾는 것은 자기 자신에게 더욱 고마워하고 더욱 환호하며 긍정을 말하기 위해서일 뿐이다. 그 평가방식의 부정적 개념인 '저급한', '평범한', '나쁜'은 '우리 고귀한 자, 우리 좋고 아름다우며 행복한 자!'처럼 철저하게 삶과 정열에 흠뻑 젖어있는 긍정적인 기본 개념에 비하면, 한참 후에 생겨난 창백한 대조 이미지일 뿐이다.

고상한 가치 평가방식이 잘못 다루어져서 현실에서 죄를 짓는 일이 있다면, 이는 그 평가방식이 충분히 알지 **못하는** 영역에서, 그러니까 그것이 실제로 알지 못하도록 냉담하게 저항하는 영역에서 일어난다. 즉 이 평가방식은 사정에 따라 스스로 경멸하는 영역, 즉 평민과 하층민의 영역을 잘못 이해하기도 한다. 다른 한편으로 하여튼 우월한 위치에서 아래를 내려다보며 경멸하는 태도가 경멸당하는 자의 모습을 변조하는 일이 있다 해도, 이러한 사실은 무력한 자가 억눌린 증오와 복수심으로 자신의 적에게—물론 그 초상(肖像)에—폭력을 가하는 것에 비하면 훨씬 못 미친다고 할 수 있다. 사실 그러한 경멸에는 너무나 많은 부주의와 경시, 너무나 많은 무시와 성급함이, 심지어는 너무나 많은 자기 희열도 섞여 있기 때문에, 경멸의 대상을 아주 일그러진 모습이나 끔찍한 모습으로 변화시킬 수는 없을지도 모른다.

예컨대 그리스 귀족에 하층민을 자신과 구별하기 위해 사용한 모든 단어에 거의 호의적이라 할 뉘앙스를 부여한 것을 간과하지 않기를 바란다. 그 단어들에 끊임없이 일종의 동정, 배려, 관용이 섞이고 가미된 결과 마침내 평민을 지칭하는 거의 모든 단어에는 '불행한', '불쌍한'이라는 뜻을 나타내는 표현이 담기게 되었다(데이로스δειλός, 데이라이오스δείλαιος, 포네로스πονηρός, 모크테로스μοχθηρό와 같은 단어[10]를 비교해 보라. 마지막 두 단어는 일하는 노예와 짐 나르는 짐승 역할을 하는 평민의 특징을 나타내고 있다).

다른 한편으로 '나쁜', '저급한', '불행한'이라는 단어가 그리스인의 귀에는 그치지 않는 하나의 음으로, '불행한'이라는 의미가 압도적인 음색으로 들리게 되었다. 이는 경멸하

---

10   데이로스는 '겁 많은, 무가치한, 비열한, 불쌍한, 불행한'의 뜻이고, 데이라이오스는 '하찮은, 불쌍한'의 뜻이며, 포네로스는 '피곤한, 병든, 나쁜, 위험한'을 뜻하고, 모크테로스는 '힘든, 가련한, 나쁜 경멸할 만한'을 뜻함.

는 경우에도 자신의 본성을 부인하지 않는 보다 고귀한 고대 귀족적 가치 평가방식의 유산인 것이다(어문학자들은 오이치로스 οἴζυϱός, 아놀보스 ἄνολβος, 틀레몬 τλήμων, 디스티케인 δυςτχεῖν, 킴포라 ξνμφοϱά와 같은 단어들[11]이 어떤 의미로 사용되는지 돌이켜 생각해 볼 필요가 있다).

'출신 성분이 좋은 사람들'은 스스로를 '행복한 사람'이라 느꼈고, 먼저 적을 바라보면서 자신의 행복을 인위적으로 꾸미거나, 혹은 사정에 따라 스스로 행복하다고 설득하거나 기만할(원한을 품은 사람들이 모두 으레 그러듯이) 필요가 없었다. 이와 마찬가지로 원만하고 힘이 넘치며, 따라서 필연적으로 능동적인 인간인 그들은 행복이 행위와 분리될 수 없음을 알고 있었다. 그들에게는 활동적인 것이 필연적으로 행복의 일부였다(여기에서 '잘 행동하다'는 뜻의 에우 프라테인 εὖ πϱάττειν이란 말이 나왔다). 이 모든 것은 무력한 자, 풀이 죽은 자, 악의적이고 적대적인 감정으로 곪아 있는 자의 차원에서 나타나는 '행복'과는 현저한 대조를 이룬다. 이런 자들에게 행복이란 본질적으로 마취, 마비, 안식, 평화, '안식일', 긴장을 풀고 사지를 뻗어 휴식을 취하는 것, 요컨대 수동적인 것으로 나타난

---

11   이 그리스어 단어들은 모두 여러 가지 비참한 상태를 나타낸다. 오이치로스는 '고통스런, 가련한', 아놀보스는 '불행한', 틀레몬은 '뻔뻔한, 파렴치한 불운한', 디스티케인은 '불행한, 실패한', 킴포라는 '불운한'이라는 뜻을 가지고 있다.

다.

고귀한 인간은 자기 자신을 신뢰하여 마음을 열고 살아가는 반면('고귀한 태생의'라는 뜻의 겐나이오스Υϵνναῖος라는 단어는 '솔직한'이라는 뜻을 강조할 뿐만 아니라 어쩌면 '순진한'이라는 뜻도 밑바탕에 깔고 있을지도 모른다), 원한을 품은 인간은 솔직하지도 순진하지도 않으며, 자기 자신에 대해 정직하지도 진솔하지도 않다. 그의 영혼은 **곁눈질을 한다.** 그의 정신은 은신처, 샛길, 뒷문을 사랑한다. 그는 숨겨진 모든 것을 자신의 세계, **자신의** 안전, **자신을** 생기 나게 하는 것으로 여긴다. 그는 침묵하는 법, 망각하지 않는 법, 기다리는 법, 일시적으로 자신을 왜소하게 만들고 굴종하는 법을 알고 있다. 원한을 품은 이러한 인간 종족은 필연적으로 어떤 고귀한 종족보다 결국 더 **영리**해질 것이다. 이들은 또한 영리함을 전혀 다른 척도로, 말하자면 제1급의 생존 조건으로 존중할 것이다. 그 반면에 고귀한 인간은 영리함에서 사치나 세련됨이라는 미묘한 뒷맛을 느낀다. 사실 그들은 영리함을 오랫동안 그리 중요하지 않게 생각했기 때문이다. 오히려 그들에게는 조절 능력이 있는 **무의식적 본능**의 완벽하고 확실한 기능이나, 위험에 직면했을 때든 적을 만났을 때든 용감무쌍하게 돌진해가는 어리석음이, 또는 어느 시대를 막론하고 고귀한 영혼이 자기 자신을 재인식하는 계기가 되었던 분노, 사랑, 경외감, 감사하는 마음, 복수 등을 열광적으로 갑작스레 분출하는 것이 중요하다.

고귀한 인간 자신이 원한을 느끼는 경우에는 말하자면 즉
각적인 반작용을 일으키며 대단히 약화되기 때문에 아무런
해독을 끼치지 않는다. 다른 한편으로 약한 자와 무력한 자는
수많은 경우에 불가피하게 원한을 느끼지만 고귀한 인간은
결코 그렇지 않다. 자신의 적, 자신의 재난, 자신의 악행조차
오랫동안 진지하게 생각할 수 없다는 것 — 이것이야말로 조
형하고 형성하며 치유하는 힘과 또한 망각하게 하게 힘을 넘
치게 지닌 강하고 충만한 인간의 표시이다(현대 세계에서 그
에 대한 좋은 예가 미라보[12]이다. 그는 자신에게 가해진 모욕과 비열
한 행위를 기억하지 못했고, 그냥 잊어버렸기 때문에 용서할 수도 없
었다.) 그런 사람은 다른 사람에게서 자신의 몸속으로 파고드
는 벌레를 단번에 털어버린다. 무릇 이 지상에 '적에 대한 진
정한 **사랑**'이 있을 수 있다면 오직 그런 사람에게서만 가능할
것이다.

고귀한 인간은 자신의 적에게 과연 얼마나 큰 경외심을 품
고 있을까! 그리고 그러한 경외심은 이미 사랑에 이르는 다
리이다…… 그는 탁월함을 드러내는 표시로 스스로를 위해

---

12   미라보(Honore Gabriel Requeti, Comte de Mirabeau, 1749~1791)는
프랑스 혁명의 초기에 프랑스를 이끌었던 국민의회의 가장 위대한 인물로 꼽
힌다. 입헌 군주제를 옹호한 온건주의자인 그는 프랑스 혁명이 가장 급진적인
시점에 이르기 전에 사망했다.

자신의 적을 필요로 한다. 그는 경멸할 점이 없고 **대단히 존경할 만한 사람**만 적으로 삼는 것이다! 반면에 원한을 품은 인간이 생각하는 '적'을 상상해 보자. 바로 여기에 그의 행위와 그의 창조가 있다. 그런 인간은 '악한 적', 즉 '악한 사람'을 마음에 품고, 더구나 그것을 기본 개념으로 하여, 거기에서 그것의 잔상(殘像)이나 대응 인물로 '선한 인간'을 생각해낸다―바로 자기 자신을!⋯⋯.

11

그런데 고귀한 인간의 경우는 이와 정반대이다. 고귀한 인간은 '좋음'이라는 기본 개념을 먼저 자발적으로, 즉 자기 자신에게서 생각해내어, 거기에서 비로소 '나쁨'이라는 관념을 만들어낸다! 고귀한 기원을 지닌 이 '나쁨'과 끝없는 증오의 도가니에서 새겨난 저 '악함'을 대비해 보자. 전자가 하나의 부산물이자 부수적인 것이며 보색(補色)이라면, 반면에 후자는 원본이자 시작이며 노예 도덕이라는 구상에서 **본래적인** 행위이다. 얼핏 보아 '좋음'이라는 같은 개념에 대치되는 두 단어인 '나쁨'과 '악함'은 서로 얼마나 판이한가! 하지만 '좋음'이란 개념은 동일한 개념이 아니다. 오히려 원한의 도덕이라는 의미에서 원래 '악한' 자가 **누구인가** 하는 문제를 제기해야 한다. 이에 대해 아주 엄정한 답변을 하면 다음과 같다. 사실 고귀한 도덕에서의 '좋은 사람', 즉 고귀한 자, 강한 자,

지배자가 악한 자인데, 이는 원한을 품은 독기 어린 눈초리에 의해 단지 변색되고, 달리 해석되고, 달리 보이기 때문이다.

여기서 적어도 한 가지 사실만은 부인할 수 없다. '좋은 사람'을 단지 적으로만 알게 된 자는 또한 다름 아닌 악한 적으로만 알게 되었다. 풍습, 존경, 관습, 감사하는 마음에 의해, 더구나 상호 감시와 동등한 자끼리의 질서에 의해 엄격하게 통제되는 사람들, 다른 한편으로 서로간의 태도에서 고려, 극기, 온정, 신의, 긍지, 우정이 풍부하다고 입증된 사람들─이들이 외부로 눈을 돌려 낯선 것, 낯선 지역이 시작되는 곳에서는 고삐 풀린 맹수보다 그리 나을 게 없다. 그들은 그곳에서 온갖 사회적 구속에서 벗어나 자유를 누리며, 공동체의 평화 속에 오랫동안 갇히고 둘러싸여서 생긴 긴장을 황야에서 푼다. 그들은 어쩌면 일련의 소름끼치는 살인, 방화, 능욕, 고문을 저지른 후 방자하고 태연자약하게 발걸음을 돌리며 즐거워하는 괴물처럼 아무런 양심의 가책을 느끼지 못하는 맹수로 되돌아간다. 그것은 시인들이 노래하고 찬양할 재료를 마침 오랜만에 다시 얻었다고 확신하는 대학생의 장난 짓거리를 방불케 한다.

이러한 모든 고귀한 종족의 밑바탕에는 맹수, 즉 먹이와 승리를 찾아 탐욕스럽게 헤매는 화려한 금발의 야수가 있는 것이 분명하다. 이러한 숨겨진 밑바탕에 깔린 응어리는 때때로 빌산될 필요가 있다. 그 짐승은 다시 풀려나 황야로 되들

아가야 한다. 로마, 아라비아, 게르만, 일본의 귀족, 호메로스의 영웅들, 스칸디나비아의 해적들—이들은 모두 이러한 같은 욕망을 가졌던 것이다. 고귀한 종족이란 그들이 지나간 모든 발자취에 '야만인'이라는 개념을 남겨 놓은 자들이다. 그들의 최고의 문화에서도 그에 대한 의식과 그것에 대한 자긍심마저 드러난다(예를 들어 페리클레스는 저 유명한 추도연설에서 아테네 사람들에게 이렇게 말했다. "우리는 대담한 용기로 모든 육지와 바다에 길을 열어, 어느 곳에나 **좋든 나쁘든** 불멸의 기념비를 세웠다."[13]).

고귀한 종족의 미친 짓거리 같고 불합리하며 갑작스럽게 나타나는 이러한 '대담한 용기', 그들 모험의 종잡을 수 없고 황당무계한 특성—페리클레스는 아테네 사람들의 분별없음 βαθυμία을 특히 찬양했다—안전, 육체, 생명, 안락함에 대한 그들의 무관심과 경시, 온갖 파괴 행위에서, 승리와 잔혹함으로 인한 온갖 희열에서 얻게 되는 그들의 놀랄 만한 명랑함과 커다란 기쁨—이 모든 것이 그런 행위로 고초를 겪은 사람들에 의해 '야만인'이나 '악한 적', 가령 '고트인'이나 '반달인'의 모습으로 뭉뚱그려졌다.

오늘날도 그렇지만 독일인이 권력을 장악할 때마다 차가운 깊은 불신을 받는 이유는 수세기 동안 금발의 게르만 야

---

13   투키디데스의 『펠로폰네소스 전쟁사』에 나오는 글.

수의 광포함을 지켜보았던 유럽에게 지워 버릴 수 없는 공포가 남아 있기 때문이다(비록 고대 게르만인과 현대의 독일인 사이에는 혈연관계는 말할 것도 없고 개념상의 유사성이 거의 없지만 말이다).

나는 언젠가 헤시오도스가 문화 시대의 순서를 생각해내어 그것을 금, 은, 청동이라는 용어로 표현하려 했을 때 그가 느꼈을 당혹감에 주의를 환기시킨 적이 있었다. 즉 그는 찬란하면서도 소름끼치고 난폭한 호메로스의 세계가 제공하는 모순을 해결함에 있어서 하나의 시대를 둘로 나누고 그것을 앞뒤로 배열하는 방법 말고는 다른 수가 없다는 것을 알았다. 그 하나는 트로이와 테베의 영웅과 반신(半神)의 시대인데, 그것은 이들 선조의 진정한 후예인 고귀한 종족의 기억에 남아 있는 세계이다. 다른 하나는 청동 시대로, 짓밟힌 자, 약탈당한 자, 학대당한 자, 끌려 다닌 자, 팔려간 자들이 그 후예의 눈에 비친 바로 그 세계이다.

앞서 말했듯이 청동 시대는 가혹하고 차갑고 잔인하며, 인정사정 보지 않고 양심이 없으며, 모든 것을 부수어 버리고 피투성이로 만든다. '인간'이라는 맹수를 잘 길들여서 온순하고 개화된 동물, 즉 **가축**으로 만드는 데에 **모든 문화의 의의**가 있다는 것이 오늘날 어쨌든 '진리'로 여겨지고 있다. 그런데, 만일 그것이 맞는 말이라면, 고귀한 종족의 이상과 함께 그들에게 결국 치욕을 안기고 그들을 제압한 원동력이 된 저 모든 반동 본능과 원한 본능이야말로 실질적인 **문화의 도구**라고 보아야 할 것이다. 물론 이렇게 말한다고 해서 그런 본능의 **소유자**가 동시에 문화 자체도 내보인다는 말은 아닐 것이다. 오히려 그 반대가 진실에 가까울 뿐만 아니라, 아니! 이것은 오늘날 **명백한** 사실인 것이다! 이들 억압적이고 보복을 갈구하는 본능의 소유자들, 유럽과 유럽 이외의 모든 노예 계급의 후손들, 특히 아리아계 이전에 살았던 모든 주민의 자손들―이들이 인류의 **퇴보**를 나타내는 것이다! 이러한 '문화의 도구'는 인류의 치욕이며, 오히려 문화 전반에 대한 의혹이자 반론인 것이다! 사람들이 모든 고귀한 종족의 밑바탕에 있는 금발의 야수에 대한 두려움을 떨쳐 버리지 못하고 경계하는 것은 지극히 당연한 일이라 하겠다.

그런데 두려워하지 **않지만** 그러면서 잘 되지 못한 자, 왜소해진 자, 쇠약해진 자, 중독자의 역겨운 모습을 더 이상 떨쳐 버릴 수 없는 경우, 동시에 경탄해도 된다면 오히려 두려워하는 것이 백배는 낫지 않을까? 이처럼 선택의 기로에 서 있는 것이 **우리로 하여금** '인간'을 혐오하게 만드는 것은 무엇인가? 왜냐하면 우리가 인간 때문에 **고통을 겪고** 있는 것은 의심의 여지가 없는 사실이기 때문이다. 그것은 두려운 것이 아니다. 오히려 우리가 인간에게서 더 이상 두려워할 것이 없다는 사실, '인간'이라는 벌레가 앞쪽에서 우글거리고 있다는 사실, '길들여진 인간', 어찌 할 수 없을 정도로 평범하고 달갑지 않은 인간이 벌써 자신을 목표이자 정점으로, 역사의 의미로, '보다 높은' 인간으로 느낄 줄 알게 되었다는 사실이 두려운 것이다.

그러한 인간이, 오늘날 유럽에서 악취를 풍기기 시작하는 넘치게 많은 잘 되지 못한 자, 병약한 자, 피로에 지친 자, 쇠약해진 자보다 자신을 월등하게 낫다고 느끼는 한, 이로써 스스로를 적어도 제법 성공한 자, 적어도 아직 생활력이 있는 자, 적어도 삶을 긍정하는 자로 느낄 나름대로의 권리가 있다는 사실이다…….

12

이 자리에서 나는 탄식과 최후의 기대를 억누를 수 없다. 내가 도저히 참을 수 없는 것은 무엇일까? 내가 혼자 어떻게 해결하지 못하는 것, 나를 질식시키고 고통스럽게 것은 무엇일까? 그것은 나쁜 공기다! 나쁜 공기란 말이다! 무언가 잘못된 것이 내게 다가오고, 내가 잘못된 영혼의 내장 냄새를 맡아야 한다는 사실이다!…… 그 밖의 것이라면 어떤 고난, 궁핍, 악천후, 질병, 곤궁, 고독이든 견디지 못할 것이 뭐가 있겠는가? 사실 사람이 지하의 투쟁적 삶을 이어가도록 태어난 이상 그 밖의 모든 일은 잘 대처해 나갈 것이다.

사람은 자꾸만 되풀이해서 세상에 태어나고, 자꾸만 되풀이해서 승리의 황금 시간을 체험한다. 그런 다음 사람은 위급한 일이 닥칠 때마다 더욱 팽팽하게 당겨지는 활처럼, 부러지지 않고 팽팽하게 당겨져 새로운 것, 더욱 힘든 것, 보다 멀리 있는 것을 준비하도록 태어난 것처럼, 의연히 서 있는 것이다. 그러나 선악의 저편에 천국의 수호여신이 있다면 내가 가끔 볼 수 있게 해 달라! 내가 아직 두려움을 느낄 만한 무언가 완전한 것, 최고로 완성된 것, 행복한 것, 강력한 것, 의기양양한 것을 한 번만이라도 볼 수 있게 해 달라! 이러한 인간을 변호하는 인간, 인간을 보완하고 구원하는 뜻밖의 행운을, 그로 인해 인간에 대한 신뢰를 견지할 수 있게 되는 경우를 보게 해 달라!…… 왜냐하면 유럽인의 왜소화와 평준화가 우리의 가장 큰 위험이고, 이러한 모습이 우리를 피곤하게 하기 때문이다……

  오늘날 우리의 눈에는 보다 위대해지려는 것이 하나도 보이지 않는다. 우리는 모든 것이 자꾸만 아래로 내려가고, 보다 빈약하고 선량한 것, 보다 영리하고 안락한 것, 보다 평범하고 중요하지 않은 것, 보다 중국적이고 기독교적인 것으로 되어 가리라고 예감한다. 인간은 의심의 여지없이 점점 더 '나아'진다…… 이것이 바로 유럽의 숙명이다. 인간에 대한 두려움과 아울러 우리는 인간에 대한 사랑과 경외심, 인간에 대한 희망, 심지어 인간에 대한 의지마저 상실해 버렸다. 이젠 인간의 얼굴을 보면 우리는 싫증나고 만다. 이것이 허무주의가 아니라면 오늘날 무엇이 허무주의란 말인가?…… 우리는 인간에게 싫증나 있다…….

13

그렇지만 우리 원래 문제로 돌아가 보자. '좋음'의 또 다른 기원에 관한 문제, 즉 원한을 품은 인간이 생각해낸 선(善)에 관한 문제가 해결되어야 한다. 어린 양이 큰 맹금을 싫어하는 것은 당연한 일이라 할 수 있다. 그렇다고 그것이 어린 양을 채어가는 큰 맹금을 비난할 이유가 되지는 않는다. 그리고 어린 양들이 자기들끼리 "이 맹금은 사악하다. 되도록 맹금과는 다른 것, 오히려 그 대응물인 어린 양이 선한 것이 아닌가?"라고 이야기를 주고받을지라도 이처럼 어떤 이상을 수립하는 것에는 조금도 비난할 점이 없다. 이에 대해 맹금은 약간 비웃는 눈길로 바라보며 어쩌면 "우리는 이들, 선한 양을 결코 싫어하지 않는다. 오히려 연한 양보다 맛있는 것이 없으므로 심지어 어린 양을 좋아한다."고 말할지도 모른다. 강자에게 강한 모습을 나타내지 말라고 요구하고, 그것이 압박욕, 제압욕, 지배욕, 적대욕, 저항욕, 승리욕이 아니기를 요구하는 것은 약자에게 강한 모습을 나타내라고 요구하는 것만큼이나 불합리하다.

일정 양의 힘이란 바로 그와 같은 양의 충동, 의지, 작용이다. 오히려 그것은 바로 이러한 활동, 의욕, 작용 자체와 다를 바 없다. 그것이 다르게 보일 수 있는 것은 오직 모든 작용을 작용자, 즉 '주체'의 제약을 받는 것으로 해석하고 오해하는 언어의 유혹(그리고 언어 속에서 돌처럼 굳어버린 이성의 근본적 오류)때문이다. 그것은 마치 일반 사람들이 번개를 그 섬광과 분리하여 섬광을 번개라 불리는 어떤 주체의 **행동**이며 활동이라 생각하는 것처럼, 군중 도덕도 강자를 강한 모습을 나타내는 것에서 분리하여, 마치 강한 것을 나타내거나 나타내지 않는 것을 **마음대로** 할 수 있는 어떤 중립적인 기체(基體)가 강자의 배후에 있는 것처럼 생각한다. 하지만 그런 기체란 없다. 행동, 작용, 생성의 배후에는 어떤 '존재'도 없다. '행동자'란 행동에 그냥 상상으로 덧붙인 것이다. — 행동이 전부인 것이다.

사람들은 번개가 번쩍 하는 것을 보고 사실 행동을 중복시킨다. 이것은 행동의 행동으로, 같은 사건을 두고 한 번은 원인으로 보고 또 한 번은 그것의 결과로 보는 격이다. 자연과학자들이 "힘이 움직이게 하고, 힘이 무엇을 일으키는 원인이다"와 같은 말을 한다면, 그들이 사태를 보다 잘 파악하는 것이 아니다. 우리의 모든 과학은 대단히 냉정하고 냉담함에도 불구하고 여전히 언어의 유혹에 사로잡혀 있으며, '주체'라고 하는 슬쩍 바꿔치기 한 기형아에서 벗어나오지 못하고 있다. (예를 들어 원자가 그러한 기형아이고, 칸트의 '사물 자체'도 마찬가지이다.) 은밀히 속에서 희미하게 빛을 내고 있는 복수와 증오의 감정이 "약하게 되는 것은 **강자의 자유**이고, 어린 양이 되는 것은 맹금의 **자유이다**"라는 이러한 믿음을 스스로를 위해 이용하고, 사실 이런 믿음을 다른 어떤 믿음보다 더 열렬하게 고집한다 해도 하등 이상할 게 없다. 이러한 믿음으로 그 감정은 맹금에게 맹금인 것에 대해 **책임을 지우는** 권리를 얻게 된다……

억압당한 자, 짓밟힌 자, 박해당한 자가 "우리는 악인과는 다른 존재가, 즉 선한 인간이 되도록 하자! 그리고 선한 인간이란 모름지기 박해하지 않는 자, 누구에게도 상해를 입히지 않는 자, 공격하지 않는 자, 보복하지 않는 자, 신에게 복수를 내맡기는 사, 우리처럼 숨어서 시내는 사, 악이면 뭐든지 피하고 대체로 삶에 관해 요구하는 것이 적은 자, 즉 우리처럼 인내하고 겸손하며 공정한 자이다"라고 무력감에서 생긴 복수심에 불타는 간계로 서로를 설득하지만, 이것은 선입견 없이 냉정하게 들었다 하더라도 "우리 같은 약자들은 어차피 약한 존재이다. 우리의 **힘으로 어쩔 수 없는** 것에는 아무행동도 하지 않는다면 그것이 우리의 좋은 점이다"라고 말하는 것과 다를 바 없다. 그러나 이러한 쓸쓸한 사실, 심지어 곤충에게도 보이는 이러한 극히 저급한 차원의 영리함(큰 위험이 닥쳤을 때 '지나친' 행동을 하지 않기 위해 죽은 체하는)은 무력감이라는 저 날조와 자기기만 덕분에 체념하여 조용히 기다리는 미덕이라는 화려한 의상을 입은 것이다. 그것은 마치 약자의 약함 자체가─이는 그의 **본질**이고 작용이며, 피할 수도 지워 버릴 수도 없는 하나뿐인 현실 전체를 뜻한다―자유의 지에 의한 일종의 능력이고, 의욕되고 선택된 것이며, 하나의 **행위**이자 **공적**처럼 보이는 것과 마찬가지이다. 이런 종류의 인간은 모든 거짓을 신성시하곤 하는 자기보존과 자기긍정의 본능에서 벗어나 임의의 중립적 '주체'에 대한 믿음이 필요하다. 어쩌면 그 주체(또는 더욱 통속적으로 말하면 영혼)란 것이 이 지상에서 지금까지 최상의 교리였을지도 모른다. 왜냐하면 바로 그 교리 때문에 대다수의 인간, 온갖 종류의 약자와 억압받는 자가 약함 자체를 자유라 해석하고 그저 그렇게 존재하는 모습을 **공적**이라 해석하는 숭고한 자기기만이 가능해졌기 때문이다.

14

이 지상에서 이상이 어떻게 **그럴듯하게 만들어지는가** 하는 비밀을 약간이라도 내려다보고자 하는 사람이 없는가? 그럴 용기를 지닌 사람이 없단 말인가?…… 좋다! 여기서는 어두운 공장의 내부가 잘 보인다. 참견 잘 하고 무모한 그대여, 잠깐 기다려라. 그대의 눈이 일단 이러한 오색영롱한 거짓 빛에 익숙해져야 한다…… 그래! 그러면 됐어! 이제 이야기해 보라! 저 아래에서 무슨 일이 일어나고 있는가? 위험천만한 호기심을 지닌 사람이여, 그대가 본 것을 말해 보라! 이제 **나는** 듣는 사람이 되겠다.

"내 눈엔 아무것도 보이지 않지만, 그런 만큼 더욱 잘 들립니다. 구석마다 조심스럽고 음험하게 서로 귓속말을 소곤거립니다. 사람들이 거짓말을 하는 것 같습니다. 한 마디 한 마디가 사탕발림처럼 부드러워요. 약한 것을 공적(功績)으로 돌리려고 거짓말하고 있어요. 이것은 의심의 여지가 없고, 당신이 말씀하신 그대로입니다."

계속 이야기하라!

"보복하지 않는 무력감은 '선함'으로 바뀝니다. 소심한 비겁함은 '겸허'로 바뀝니다. 증오하는 사람에게 복종하는 것은 '순종'(즉 그들이 말하는 자, 즉 이러한 복종을 명하는 유일자에 대한 복종을. 그들은 그를 신이라 부릅니다)으로 바뀝니다. 약자의 비공격성, 그에게 풍부한 비겁함 자체, 그가 문가에 서서 어쩔 수 없이 기다려야 하는 것이 여기서는 입에 발린 말로 '인내'가 되고, 또한 저 미덕으로 불릴지도 모릅니다. 복수할 능력이 없는 것이 복수할 마음이 없는 것으로 불리고, 심지어는 용서로 불릴지도 모릅니다("왜냐하면 자기들이 하는 것을 알지 못하기 때문입니다.[14] 그들이 무슨 일을 하는지 알고 있는 사람은 우리밖에 없습니다."). 또한 자신의 원수를 사랑하라고도 말합니다.[15] 땀을 뻘뻘 흘리면서 말입니다.

---

14 누가복음 23장 34절.

15 마태복음 5장 44절.

계속 이야기하라!

"그들이 가련하다는 것은 의심의 여지가 없습니다. 소곤거리며 날조하는 자들이 서로를 따뜻하게 하려고 구석마다 옹기종기 웅크려 있지만 말입니다. 하지만 그들은 자신의 가련함이 선의 선택을 받았다는 훈장이며, 가장 좋아하는 개를 때리는 행위와 같은 것이라고 내게 말합니다. 어쩌면 이러한 가련함이 또한 하나의 준비, 하나의 시련, 하나의 훈련일지도 모릅니다. 아마 그 이상일지도 모르지요. 언젠가는 변상되고 엄청난 이자가 붙어, 금으로, 아니! 행복으로 변제될 그 무엇일지도 모릅니다. 그들은 이것을 '축복'으로 부릅니다.

계속 이야기하라!

"이제 그들은 내게 다음 사실을 암시해 줍니다. 즉 그들이 침을 핥아 줘야 하는(이는 두려워서가 아닙니다, 결코 두려워서가 아닙니다! 오히려 신이 권력 기관을 존경하라고 명하기 때문입니다[16]) 지상의 힘 있는 자와 지배자보다 자신이 더 낫다는 겁니다. 그들이 더 나을 뿐만 아니라, '형편도 더 낫고', 하여튼 언젠가는 더 나아질 거라고 합니다. 하지만 됐습니다! 됐습니다! 저는 더 이상 견딜 수 없습니다. 공기가 나빠요! 공기가 나쁘

---

16   로마서 13장 1, 2절. '각 사람은 위에 있는 권세들에게 굴복하라. 권세는 하느님께로 나지 않는 것이 없나니 모든 권세는 다 하느님이 정하신 바라.'(13장 1절) '그러므로 권세를 거스르는 자는 하느님의 명을 거스름이니 거스르는 자는 심판을 자취하리라.'(13장 2절)

다고요! 이상을 그럴듯하게 만들어내는 이 공장에서 새빨간 거짓말 때문에 악취가 나는 것 같습니다."

아니! 잠깐 기다려라! 그대는 모든 검은 것에서, 흰 것과 젖으며 순진무구함을 만들어내는 이 마술사들의 걸작에 대해서는 아직 아무런 말도 하지 않았다. 그대는 그들의 세련된 완벽성, 그들의 더없이 대담하고 정교한, 그들의 더없이 재기 넘치고 기만적인 탁월한 솜씨가 무엇인지 눈치 채지 못했는가? 주의하라! 복수심과 증오심으로 가득 찬 이 지하실의 동물들 ―바로 이 복수심과 증오심으로 그들이 만들어낸 것이 무엇이란 말인가? 그대는 여지껏 이런 말을 들어본 적이 있는가? 그대가 그들의 말만 믿었다면 그대가 원한을 품은 인간들 틈에 있음을 어렴풋이라도 알겠는가?……

"알겠습니다. 또 다시 잘 들어보겠습니다(아! 아! 아! 하고 코를 막는다). '우리 선한 자들―**우리야말로 정의로운 자들이다**'라고 그들이 뻔질나게 이야기한 내용이 이제야 들립니다. 그들이 갈망하는 것을 그들은 보복이라 부르지 않고 '정의의 승리'라 부릅니다. 그들은 자신의 적을 증오하는 것이 아니라, 그렇습니다! '**부당함**', 즉 '**신의 부정**'을 증오합니다. 그들이 믿고 바라는 것은 복수에 대한 희망이나 달콤한 복수(이미 호메로스가 '꿀보다 달콤한'이라고 말했던 것처럼)에 취해 있는 것이 아니라 신의 승리, 신을 부정하는 자들에 대한 **정의로운** 신의 승리입니다. 그들이 사랑해야 할 지상에 남아 있는 대상은 서로 증오하는 그들의 형제들이 아니라 '피차간과 모든 사람'[17]입니다. 그들의 말에 의하면 그자들은 지상의 모든 선하고 정의로운 자들입니다."

삶의 온갖 고통에 위로가 되는 것을 그들은 뭐라고 부르는가? 미래에 받을 것으로 여기는 축복의 망상을 그들은 뭐라고 부르는가?

"뭐라고요? 내가 제대로 들은 건가요? 그들은 그것을 '최후의 심판', 그들 나라, 즉 '신의 나라'의 도래라고 부릅니다. 그러나 그 날이 오기까지는 그들은 '믿음과 사랑, 희망 속에서' 사는 것입니다.

됐다! 그만 됐다!

15

무엇에 대한 믿음 속에서? 무엇에 대한 사랑 속에서? 무엇에 대한 소망 속에서 산단 말인가? 이들 약자들―이들 역시 언젠가는 강자가 되고자 한다. 이것은 의심의 여지가 없다. 언젠가는 그들의 '나라'도 도래해야 할 것이다. 앞서 말했듯이 그들 나라에서 그것은 그냥 '신의 나라'라고 불린다. 그들은 모든 면에서 이처럼 겸손한 것이다! 이것을 정말로 체험하기 위해서는 죽음을 넘어 오랫동안 사는 것이 필요하다.

---

17   데살로니가 전서 3장 12절.

'믿음과 사랑, 소망 속에서' 사는 이 지상의 삶을 '신의 나라'에서 영원히 보상받기 위해서는 영생이 필요하다. 그런데 무엇에 대한 보상이란 말인가? 무엇으로 보상한단 말인가? 단테가 소름끼칠 만치 솔직하게 "영원한 사랑이 나도 창조해냈다"는 비명(碑銘)을 지옥의 문 위에 내걸었을 때 그가 크게 잘못한 것으로 생각된다. 그야 어찌 되었든 기독교의 천국과 그 '영원한 축복'의 문 위에 "영원한 증오가 나도 창조해냈다"는 비문을 내거는 것이 더 옳을지도 모른다. 거짓의 문 위에 진리를 걸어도 된다면! 그렇다면 대체 천국의 축복이란 무엇이란 말인가?……

우리는 그러한 사실을 대충 알고 있을지도 모른다. 하지만 그런 문제에서 과소평가할 수 없는 권위를 지닌 위대한 스승이자 성자인 토마스 폰 아퀴나스[18]가 우리에게 분명하게 증언하는 말을 듣는 게 더 나을 것이다. 그는 어린 양처럼 부드럽게 말한다. "천국의 축복받는 사람들은 지옥에 떨어진 자들이 벌 받는 것을 보고, **그로 인해서 자신의 축복을 더욱 기쁘게 여기리라.**" 아니면 의기양양한 교부의 입에서 보다 강한 어조로 울려나오는 소리를 듣고 싶은 것인가? 그는 자신의 기

---

18   토마스 아퀴나스(Thomas Aquinas, 1224/25~1274. 3. 7)는 중세 기독교의 대표적 신학자이자 스콜라 철학자이다. 또한 그는 자연신학의 으뜸가는 선구자이며 로마 가톨릭에서 오랫동안 주요 철학적 전통으로 자리 잡고 있는 토마스학파의 아버지이기도 하다.

독교인에게 공개적인 구경거리를 보는 잔인한 쾌락을 즐기지 못하도록 했는데, 이것은 무슨 까닭인가? 그는 『구경거리 *De spectaculis*』 29쪽 이하에서 이렇게 말하고 있다. "믿음은 우리에게 훨씬 많은 것을 제공하며, **훨씬 강한 것**을 베푼다. 구원을 얻은 덕분에 우리는 전혀 다른 기쁨을 누리게 된다. 우리에게는 근육질의 시합하는 자 대신에 순교자가 있다. 우리가 피를 바란다면 이제 우리에겐 그리스도의 피가 있다…… 하지만 그리스도가 재림하고 승리하는 날에 과연 무엇이 우리를 기다린단 말인가!"

환희에 찬 이 몽상가[19]는 계속한다. "그날이 오면 물론 또 다른 구경거리가 있다. 최후의 영원한 심판의 날인 그날에 이교도들은 뜻하지 않게 자신들이 웃음거리가 되는 것을 보게 되고, 그토록 낡은 세계와 그토록 많은 소산이 거대한 불길 속에서 송두리째 타버리게 될 것이다! 그날이 오면 얼마나 광대한 장관이 눈앞에 펼쳐지겠는가! **얼마나 탄복하겠는가! 얼마나 웃어야 할까! 얼마나 기뻐하겠는가!** 의기양양해서 얼마나 춤추겠는가! ─ 천국에 들어갔다는 하고 많은 **왕들이** 위대한

19　니체는 『구경거리』에 나오는 테르툴리아누스(Tertullian, 155년경~230년경)의 글을 라틴어 그대로 인용하고 있다. 테르툴리아누스는 초대교회의 교부이자, 평신도 신학자이다. 삼위일체라는 신학 용어를 먼저 사용한 이로 알려져 있으며, 그의 라틴어 문체는 중세 교회 라틴어의 표본으로 간주되고 있다.

주피터와 그들의 승천을 목격한 증인들과 함께 캄캄한 지옥에서 신음하는 꼴을 볼 때! 그리고 주의 거룩한 이름을 능멸한 총독들이 제 발로 그리스도를 따르던 자들을 불태워 죽인 능욕의 불길보다 더 흉포한 불길 속에 휩싸인 꼴을 볼 때! 그리고 저 현명한 철학자들이 이 지상에는 신과 관계되는 것이 아무것도 없다고 가르쳤고, 영혼이란 존재하지 않는다든가 적어도 원래의 육체로는 되돌아올 수 없다고 가르쳤기 때문에 자신들의 제자들 앞에서 수치심에 사로잡혀 불태워지는 것을 볼 때! 또한 시인들이 라다만토스나 미노스의 법정이 아닌 예기치 않게 그리스도의 심판석 앞에서 떨고 있는 것을 볼 때! 물론 그때 비극을 당한 자들의 소리를, 자기 자신에게 덮친 재난을 한탄하며 부르짖는 소리(보다 잘 표현하면 더욱 크게 절규하는 소리)를 더욱 잘 들을 수 있으리라! 그때 그 비극 배우들의 몸짓이 활활 타오르는 불길 속에서 벌 받아 소멸되는 것을 보게 되리라! 그때 전차를 모는 전사가 전차를 몰면서 화염 속에 완전히 불타는 광경을 보게 되리라. 그때 경기하는 자들이 경기장이 아닌 불길 속에서 창을 던지며 겨루는 모습을 보게 되리라. 물론 나로서는 그들이 그때까지 살아있기를 바라지는 않지만, 주님을 욕되게 한 그들을 그 때문에 **하염없이** 지켜보고 싶은 심정이다. '이 자(者)야말로─나로서 말하자면─목수나 매춘부의 아들(이 다음의 말 전체로 보아, 그리고 특히 탈무드의 법전에서 발견되는 예수 어머니에 대한 호칭에

70

서 알 수 있듯이, 여기서부터 테르툴리아누스는 유대인을 지칭하고 있다), 안식일을 파괴한 자, 사마리아인이자 귀신 들린 자이다. 이 자야말로 그대들이 유다에게서 사들인 자다. 이 자야 말로 그대들이 갈대와 주먹으로 두들겨 팬 자이고, 그대들이 침을 뱉어 모욕한 자이며, 그대들이 쓴 맛과 신 맛을 보여 준 자이다. 이 자야말로 부활했다는 말을 듣기 위해 제자들이 남 몰래 빼돌린 자이며, 혹은 많은 사람들에 의해 짓밟히지 않도 록 그가 심은 식물이 정원사에 의해 옮겨진 자이다.' 아무리 관대한 집정관이나 사제라 해도 이런 구경거리를 보여 주고 서 이처럼 우리 마음을 즐겁게 해줄 수 있겠는가? 그러나 우 리는 지금이라도 신앙의 도움으로 이러한 광경을 어느 정도 나마 마음속에 그려볼 수 있다. 그런데 눈으로 보지도 귀로 듣지도 못하고, 사람의 마음으로도 생각하지 못한 것(고린도 전서 2장 9절[20])이란 대체 무엇이란 말인가? 내가 생각하는 바 로는 그것은 원형 경기장이나 두 개의 무대 관람석(1등석과 4 등석, 또는 다른 설에 의하면 희극무대와 비극무대)보다도, 또는 다 른 어떤 경기장보다 더 재미있는 광경이다." 이것은 신앙에 의 해Per fidem라고 기록되어 있다.

---

20   고린도전서 2장 9절. 하느님이 자기를 사랑하는 자들을 위해 예비하신 모든 것은 눈으로 보지도 귀로 듣지도 못하고 사람의 마음으로도 생각지 못하 였다.

16

이제 결론을 내리기로 하자. '좋음과 나쁨', '선과 악'이라는 대립되는 가치는 이 지상에서 수천 년간 끔찍한 싸움을 해 왔던 것이다. 그리고 후자의 가치가 오래 전부터 확실한 우위를 점했다 하더라도 아직도 승패를 결정짓지 못하고 싸움이 계속되는 곳도 없지 않다. 그 동안 싸움이 더욱 격화되고 그로써 더욱 더 심화되어 점점 더 정신적으로 되었다고도 말할 수 있겠다. 그 결과 오늘날 '보다 높은 본성', 보다 정신적인 본성을 나타내는 표시로서 이러한 의미에서 분열되었다는 사실과 그리고 사실상 아직 이러한 대립되는 가치의 전쟁터가 되고 있다는 사실보다 더 결정적인 것은 아마 없을지도 모른다. 인간의 전체 역사를 통해 오늘날까지 읽을 만한 것으로 남은 어떤 저서에 의하면 이 싸움의 상징은 '로마 대 유대, 유대 대 로마'를 뜻하는 것이다. 지금까지 이 싸움보다, 이 문제 제기보다, 이 불구대천의 대립보다 더 큰 사건은 없었다.

로마는 유대인을 반(反)자연 자체와 같은 것으로, 마치 자신과 정반대되는 괴물과 같은 것으로 느꼈다. 로마에서 유대인은 '전 인류를 증오하는 죄를 지은' 것으로 간주되었다. 인류의 구원과 미래를 귀족적 가치, 즉 로마적 가치의 절대적인 지배와 연관시키는 것이 옳다면, 이는 정당하다고 할 수 있다. 반면에 유대인은 로마에 대해 어떻게 느꼈던가? 이는 수

많은 징표에서 알아맞힐 수 있다. 그러나 가슴 깊이 묻어둔 복수심의 폭발을 적은 모든 기록물 중에서 가장 황폐한 저 요한묵시록을 다시 한 번 마음에 단단히 새기는 것으로 충분하다. (그건 그렇고 사람들은 이 증오의 책에 사랑의 사도의 이름을 기록하고, 그리고 사람을 열광적으로 반하게 하는 저 복음을 바로 사도의 것으로 해버린 기독교적 본능의 심오한 논리정연을 과소평가해서는 안 된다. 이러한 목적을 위해 수많은 문헌을 날조하는 일이 필요했더라도 그 안에는 하나의 진리가 숨어 있다.)

로마인은 강자이자 고귀한 자이다. 그들보다 강하고 고귀한 자는 지금까지 지상에 존재한 적이 없었고, 심지어 사람들은 그런 존재가 있을 거라고 꿈꾸어 본 적도 없었다. 그들이 남겨 놓은 하나하나의 유물, 하나하나의 비명은 만일 거기에 무슨 글이 쓰였는지 알 수 있다면 우리를 크게 매료시킬 것이다. 이와 반대로 유대인은 유달리 원한을 품은 사제적 민족이며, 민중 도덕에 관해 비할 데 없는 독창성을 발휘한 민족이다. 이와 유사한 재능을 지닌 민족들, 예컨대 중국인과 독일인을 유대인과 비교해 보면 어느 쪽이 제1급이고 어느 쪽이 제5급인지 공감할 수 있을 것이다. 우선 로마와 유대 중에 어느 쪽이 **승리**를 거두었는가? 그러나 이 문제에 관해서는 전혀 의심의 여지가 없다.

오늘날 로마 자체에서, 그리고 로마에서뿐만 아니라 지구상의 거의 절반에 걸쳐, 즉 인간이 길들여져 있거나 길들여지기를 바라는 곳에서는 어디서나, 모든 최고 가치의 진수(眞髓)로 여기고 그 앞에서 고개를 숙이게 되는 사람이 누구인지 좀 생각해 보라. 이는 누구나 다 알고 있듯이 **세 명의 유대인 남자와 한 명의 유대인 여자**(나사렛 예수, 어부인 베드로, 양탄자 짜는 사람인 바울, 그리고 처음에 언급한 예수의 어머니 마리아)이다. 로마가 의심의 여지없이 멸망했다는 사실은 크게 주목할 만하다. 물론 르네상스 시대에 와서 고전적 이상이, 모든 사물에 관한 고귀한 가치 평가방식이 무시무시할 만치 찬란하게 부활했다. 로마 자체가 전 세계적인 유대교 교회당의 모습을 하고 '교회'라 불리는, 자기 머리 위에 세워진 유대화된 새로운 로마의 압박을 받으며, 마치 가사(假死) 상태에서 깨어난 자처럼 몸을 꿈틀거렸다. 그러나 곧장 유대는 종교개혁이라 불리는 저 철저하게 천민적인 (독일과 영국의) 원한 운동 덕분에, 그리고 종교개혁의 결과 필연적으로 뒤따른 교회의 부활과 또한 고전적 로마에서 그랬듯이 무덤 속처럼 예스런 깊은 정적의 부활 덕분에 다시 승리를 거두었다.

프랑스 혁명이 일어나자 그때까지보다 심지어 더 결정적이고 심오한 의미에서 유대는 또 한 번 고전적 이상을 누르고 승리를 거두었던 것이다. 이로써 유럽에 존재했던 최후의 정치적 귀족주의, 즉 17, 18세기 **프랑스**의 정치적 귀족주의가 민중의 원한 본능으로 인해 붕괴하고 말았다. 일찍이 지상에서 이보다 더 큰 환호성, 이보다 더 열광적인 함성이 들린 적이 있었던가! 그런데 혁명이 진행되는 중에 실로 생각지도 못한 엄청난 사건, 뜻밖의 사건이 일어났다. 고대의 이상 자체가 **생생한** 모습으로 더할 나위 없이 화려하게 인류의 눈과 양심 앞에 나타났던 것이다. 그리고 **다수의 특권**이라는 원한의 낡아빠진 거짓 구호에 대항하여, 인간을 저열하고 비굴하게 만들고 평준화시키며 인간을 몰락과 파멸로 이끌려는 의지에 대항하여, **소수의 특권**이라는 섬뜩하고 매혹적인 반대 구호가 그 어느 때보다 더 힘차고 단순하며 강렬하게 또 한 번 울려 퍼졌던 것이다! 마치 **다른** 길을 가리키는 최후의 암시처럼 일찍이 존재했던 자들 중에서 가장 독특한 인간이자 가장 늦게 태어난 인간인 나폴레옹이 나타났다. 그리고 그에게서 **고귀한 이상 그 자체**가 하나의 문제로써 육화되어 있었다. 그것이 어떠한 문제인지 잘 생각해 보라. 비인간*Unmensch*과 위버멘쉬*Übermensch*의 종합인 이 나폴레옹이라는 존재를⋯⋯.

17

이것으로 문제가 끝났는가? 모든 이상의 대립 중에 가장 큰 저 대립이 이것으로 영원히 해결된 것으로 볼 수 있을까? 아니면 그냥 연기되었을 뿐인가, 먼 훗날로 연기되었을 뿐인가?⋯⋯ 오래 전에 타올랐던 불이 훨씬 오랜 준비를 거쳐 언젠가는 훨씬 더 끔찍하게 타올라야 하지 않을까? 더욱이 바로 그렇게 되도록 온힘을 다해 바라야 하는 것이 아닌가? 심

지어 그렇게 되도록 열망해야 하는 것이 아닌가? 심지어 그
렇게 되도록 촉진시켜야 하는 것이 아닌가?…… 나의 독자들
처럼 이 자리에서 곰곰 생각하고 계속 생각하기 시작한 사람
은 곧장 이 문제의 결말을 짓기 어려울 것이다. 그런데 나로
서는 그 문제에 결말을 지을 충분한 근거를 가지고 있다. 내
가 말하려고 하는 것이, 나의 최근의 저서에 붙인 '선악의 저
편'이라는 위험한 표제어가 말하려고 하는 것이 오래 전에 충
분히 밝혀졌다고 전제한다면 말이다…… 그것은 적어도 '좋
음과 나쁨의 저편'이라는 의미는 아니다.

　이 논문으로 나는 지금까지 학자들과 그때그때 대화하면서만 표명해 온 내 소망을 공개적이며 정식으로 표현할 기회를 가지게 되었다. 즉 대학의 어떤 철학과가 일련의 학술 현상논문을 모집함으로써 **도덕사** 연구를 촉진시키는 데 기여할 수 있으리라 생각한 것이다. 어쩌면 이 책이 바로 이러한 방향에 강력한 자극을 주게 될지도 모른다. 이러한 생각이 나름대로 가능할 것으로 여겨 다음과 같은 문제를 제시하고자 한다. 이것은 전문적인 철학자뿐 아니라 어문학자와 역사학자도 크게 주목할 만한 문제이다.

　"언어학, 특히 어원학적 연구는 도덕 개념의 발달사에 어떤 암시를 주는가?"

다른 한편으로 이 문제(지금까지 논한 가치평가의 가치에 관한 문제)에 대한 생리학자와 의학자의 관심을 얻는 것도 물론 필요하다. 이럴 적에 이런 개별적인 경우에서 대변자이자 중개자의 역할은 전문 철학자에게 맡기는 편이 좋을 것이다. 그러나 그 전에 철학자들은 철학, 생리학, 의학 사이의 원래부터 냉담하고 불신하는 관계를 더없이 우호적이고 생산적인 교류 관계로 바꾸어 놓는 데 대체로 성공해야겠다. 사실상 역사와 민속적학 연구에서 알려져 있는 모든 가치 목록이나, '너는 해야 한다'는 모든 말에는 우선 심리학적 탐구나 해석보다도 오히려 어쨌든 **생리학적** 탐구나 해석이 필요하다. 또한 이것들 하나하나에 대해 의학 쪽에서의 비판이 필요하다.

"이러한 또는 저러한 가치 목록과 '도덕'의 **가치**는 무엇인가"라는 문제는 극히 다양한 관점에서 제기되어야 한다. 특히 "무엇에 가치가 있는가"라는 문제에 대해서는 충분히 자세하게 해명할 수 없다. 예를 들어 한 종족의 가능한 최장의 존속 능력(또는 특정한 기후 풍토에 대한 그들의 적응력을 증진하는 문제나 최대 다수를 보존하는 문제)에 관해 명백한 가치가 있는 일은, 좀 더 강력한 유형의 종족을 만들어내는 것이 중요한 문제라면 결코 이전과 같은 가치를 지니지 않을 것이다. 다수의 복지와 소수의 복지는 서로 대립되는 가치 관점이다. 영국 생물학자들처럼 순진한 자라면 **그 자체로** 이미 전자에 보다 높은 가치가 있다고 간주할지도 모른다…… **모든** 과학은 이제부터 철학자의 미래 과제를 준비해야 한다. 이 과제란 가치의 문제를 해결하고, 가치의 등급을 정해야 하는 것이라 이해할 수 있다.

제2논문 | **'죄',
'양심의 가책'
그리고
이와 유사한 것**

1

약속할 수 있는 어떤 동물을 기른다는 것 ─ 이것이야말로 자연이 인간에게 부여한 역설적 과제가 아닐까? 이것이야말로 인간에 관한 본래적인 문제가 아닐까?…… 이 문제가 높은 수준에서 해결되었다는 것은 반대 방향으로 작용하는 망각이라는 힘을 아주 중요하게 평가할 줄 아는 사람에게는 한층 놀라운 일로 여겨질 것이 분명하다.

망각이란 생각이 깊지 않은 사람들이 생각하는 것처럼 단순한 타성의 힘vis inertiae이 아니다. 오히려 그것은 하나의 능동적인, 극히 엄밀한 의미에서의 적극적인 억제력이며, 우리가 체험하고 경험하여 우리 몸 안에 받아들인 것이 소화되는 상태(이것을 '정신적 동화'라고 불러도 될지 모르겠다)에 있을 동안은 우리 몸의 양분 섭취, 소위 '육체적 동화'가 이루어지는 수천 가지의 전체 과정과 마찬가지로 우리의 의식에 떠오르지 않는다.

　의식의 문과 창을 때때로 닫는 것, 우리의 잠재의식에 봉사하는 기관이 서로 협동하든가 대항하든가 해서 생기는 소란과 싸움 때문에 방해받지 않는 것, 새로운 것, 무엇보다도 보다 고차적인 기능과 기관에, 통제하고 예견하며 예정하는 (우리의 유기체는 과두체적인 조직이기 때문이다) 것에 다시 자리를 비켜주기 위한 약간의 의식의 공백, 약간의 의식의 백지 상태tabula rasa ─ 이것이야말로 앞서 말했듯이 능동적인 망각의 효용이며, 마치 분지기처럼 정신적 질서, 안정, 예법을 관리하는 자의 효용인 것이다. 이러한 사실에서 망각이 없다면 행복, 명랑함, 희망, 자긍심, **현재**도 있을 수 없음을 대번에 알 수 있다. 이러한 억제 장치가 손상되거나 기능이 멈춘 사람은 소화불량 환자에 비교할 수 있다(비교할 수 있는 것 이상이다). 그는 아무것도 '처리'하지 못한다……

　사실 망각이 하나의 힘, 억센 건강의 한 형식을 나타내는 어쩔 수 없이 망각하게 마련인 이 동물은 반대 능력, 즉 기억의 도움으로 어떤 경우에, 말하자면 약속해야 하는 경우에 망각을 제거하는 기억력을 길렀던 것이다. 따라서 이것은 일단 새겨진 인상에서 다시 벗어날 수 없다는 단순히 수동적인 상태가 아니고, 일단 명예를 걸고 약속한 말을 지킬 수 없다는 소화불량이 아니라, 다시 벗어나지 않으려는 **의욕**의 능동적인 상태이고, 일단 하려던 것을 계속 하려는 것이며, 본래적인 의지의 기억인 것이다. 그리하여 본래적인 '나는 원한다', '나는 할 것이다', 그리고 의지의 본래적인 표출, 그 의지의 행위 사이에는 새로운 낯선 사물과 상황의 세계, 심지어 의지 행위인 하나의 세계가 의지의 이러한 긴 연쇄 고리를 단절시키지 않고 서슴없이 끼어들 수 있게 된다. 하지만 이 모든 것의 전제가 되는 것은 무엇이란 말인가!

이처럼 미래를 미리 마음대로 하기 위해 인간은 필연적으로 일어나는 일과 우연히 일어나는 일을 구별하는 법을, 연관 관계에 따라 사고하는 법을, 먼 앞일을 현재의 일처럼 보고 예견하는 법을, 무엇이 목적이고 무엇이 그 수단인지 확실히 정하고 대충 계산하며 예측할 수 있는 법을 먼저 배웠어야 하지 않는가! 약속하는 사람이 그렇게 하듯이, 결국 그런 식으로 자신의 미래를 보증할 수 있기 위해, 인간 자신이 먼저 자기 자신의 표상에 대해서조차도 예측 가능하고 규칙적이며 필연적인 존재가 되었어야 하지 않는가!

2

바로 이것이 책임의 유래에 관한 오랜 역사이다. 약속할 수 있는 동물을 기른다는 저 과제는, 우리가 이미 파악한 바처럼, 조건과 준비로서 인간을 먼저 어느 정도까지는 필연적이고 균일하게, 서로 동등하고 규칙적으로 따라서 예측 가능하게 만드는 보다 자세한 과제를 안고 있다.

내가 '풍습의 윤리'라고 부른 저 엄청난 작업(『아침놀』 7, 13, 16절을 참조할 것)―인류가 존속하기 시작한 장구한 세월 동안 인간이 자기 자신에게 행한 본래적인 작업, 즉 **역사 이전 시대**에 행한 모든 작업은 그것에 비록 가혹함, 폭정, 우둔함과 바보스러움이 다분히 내재되어 있다 해도, 이런 점에서 의의가 있으며 당당한 명분이 있다. 즉 인간은 풍습의 윤리와 사회적인 구속이라는 의복의 도움으로 실제로 예측 가능하게 **만들어졌다.** 만약 우리가 이 엄청난 과정의 끝에서 본다면, 즉 나무가 마침내 열매를 익게 하고, 인간 공동체와 그 풍습의 윤리가 무언가를 하려는 수단에 불과했음이 마침내 드러나는 지점에서 본다면 그 나무에 가장 잘 익은 과일로서의 **주권적 개체**를 발견하게 될 것이다. 그자는 자기 자신과만 동일한 개체이고, 풍습의 윤리에서 다시 벗어난 개체이며, 자율적이고 윤리를 초월한 개체('자율적'과 '윤리적'은 서로 배타적인 개념이기 때문에), 요컨대 고유하고 독립적인 장구한 의지를 지닌 **약속할 수 있는** 인간이다. 그리고 이와 같은 인간에게는 마침내 자신이 그것의 화신이 된 것에 대한 모든 근육을 경련시킬 정도의 자부심이, 힘과 자유에 대한 본래적인 의식이, 인간 일반의 완성감이 깃들어 있다. 실제로 약속할 수 있는 이 자유로워진 개체, **자유의지**의 이러한 주인, 이 주권자―그가 약속을 할 수 없고 자기 자신을 보증할 수 없는 모든 사람보다 자신이 얼마나 우월한지, 얼마나 큰 신뢰, 두려움과 외경심(그는 이 세 가지 모두를 '야기할 만하다')을 불러일으키는지 어찌 모를 리 있겠는가? 그리고 이처럼 자신을 지배하는 것과 아울러 환경이나 자연을 지배하는 것이나 의지가 좀 부족해 신뢰할 수 없는 모든 피조물을 지배하는 것도 자신의 손에 맡겨져 있음을 어찌 모를 리 있겠는가?

'자유로운' 인간, 즉 오랫동안 지속되어 잘 망가지지 않는 의지를 소유한 자는 이처럼 소유하는 것에 또한 자신의 **가치 척도**를 지니고 있다. 그는 자신을 기준으로 남을 바라보며, 존경하기도 하고 경멸하기도 한다. 그는 필연적으로 자신과 동등한 자, 강자, 신뢰할 수 있는 자(약속할 수 있는 자)를 존경한다. 그러므로 주권자처럼 묵직하고 드물게 천천히 약속하는 자, 쉽사리 남을 신뢰하지 않고 신뢰를 할 때는 눈에 띄게 하는 자, 불행한 일에 맞서, 심지어 '운명'에 맞서 의연한 자세를 취할 만큼 자신이 충분히 강함을 알기 때문에 신뢰할 만한 약속을 하는 자, 이런 모든 사람을 존경하는 것이다. 또한 그는 지키지도 못할 거면서 거짓 약속하는 한심하고 경솔한 인간에게는 분명 발길질을 할 것이고, 입에 침이 마르기도 전에 이미 약속을 저버리는 거짓말쟁이에게는 회초리로 응징할 것이다.

책임이라는 이례적인 특권에 대한 자부심, 이 진기한 자유에 대한 의식, 자기 자신과 운명을 지배하는 이러한 힘에 대한 의식은 그의 깊디깊은 심연에까지 내려가서 본능, 지배적인 본능이 되었다. 만일 그가 이 지배적 본능에 걸맞은 이름을 붙일 필요를 느낀다면 그것을 뭐라고 부를까? 그러나 그 주권적 인간은 의심의 여지없이 그것을 자신의 **양심**이라 부를 것이다…….

3

자신의 양심이라고?…… 여기에서 우리가 최고의, 거의 낯설다 할 만한 모습으로 접하게 되는 '양심'이라는 개념의 배후에는 이미 장구한 역사와 형태의 변화가 있음을 미루어 짐작할 수 있다. 자기 자신을 자긍심을 가지고 보증할 수 있다는 것, 그러므로 또한 자신을 **긍정할 수 있다는 것**―이것은 이미 말했듯이, 잘 익은 열매이며, 또한 **뒤늦게 익은 열매**이기도 하다. 이 열매는 얼마나 오랫동안 떫고 신 상태로 나무에 달려 있어야 했던가! 그리고 그보다 훨씬 더 오랫동안 그러한 열매는 전혀 사람들 눈에 띄지 않았다. 나무에서 만반의 준비가 갖추어지고, 열매가 열리도록 나무가 성장해 갔음에도 아무도 열매가 맺힐 거라고 약속할 수 없었을지도 모른다!―"인간이라는 동물에 어떻게 기억을 심어줄 수 있을까? 한편으로 우둔하고, 한편으로 산만한 이 순간적인 지성에, 이 망각의 화신에게 어떻게 줄곧 기억에 남는 인상을 새겨 넣을 수 있단 말인가?…… 대단히 오래된 이러한 문제는 누구나 생각해 볼 수 있듯이, 말랑말랑한 해답과 방법으로는 해결되지 않았다. 어쩌면 인간의 선사시대 전체를 통틀어 인간의 기억술만큼이나 섬뜩하고 무시무시한 것은 아무것도 없을지도 모른다.

"무언가가 기억에 남으려면 깊은 인상이 새겨져야 한다. 끊임없이 **고통을 주는** 것만이 기억에 남는다." 이것은 지상에서 가장 오래된(유감스럽게도 가장 오래 지속되기도 한) 심리학의 주요 명제이다. 오늘날까지도 지상에서 인간이나 민족의 삶 속에 장엄하고 엄숙하며, 비밀스럽고 음울한 색조가 있는 곳에서는 어디서나, 일찍이 지상의 모든 곳에서 약속하고 저당 잡히며 서약할 때 따라다니던 얼마간의 공포가 아직 **영향을 끼친다**고 할 수 있을 것이다. 즉, 과거가, 더없이 오래되고 심오하며 가혹한 과거가, 우리가 '엄숙'해질 때면 우리에게 숨결을 불어넣으며 우리 가슴 속에서 용솟음치는 것이다. 피와 고문과 희생 없이는 인간이 자신에게 기억을 새겨 넣을 수 없었다. 더없이 소름끼치는 희생과 저당(첫 아기를 바치는 것도 이에 해당된다), 말할 수 없이 역겨운 신체 조직의 절단(예를 들면 거세), 모든 종교적 의례 중의 가장 잔인한 의식(儀式)(모든 종교는 가장 깊은 밑바탕에 잔인성의 체계를 지니고 있다) ― 이 모든 것은 고통이야말로 기억술의 가장 강력한 보조 수단임을 알아챈 본능에서 기원하는 것이다. 어떤 의미에서는 금욕주의 전체가 이에 해당한다. 즉 여기서는 몇 개의 관념이

지워 버릴 수 없고 항상 눈앞에 있는, 잊을 수 없고 '고정된' 것이 되어야 하는데, 이는 이러한 '고정 관념'을 통해 신경과 지성의 전체 조직에 최면을 걸기 위해서이다. 그리고 금욕을 하는 절차와 생활방식은 이 관념을 여타의 모든 관념과의 경쟁에서 떼어내 '잊을 수 없는' 것으로 만들기 위한 수단이다.

인류의 기억에 나쁜 모습으로 남아 있을수록 인류의 관습은 더욱 끔찍한 행태를 띤다. 특히 형법의 가혹함은 인간이 망각을 극복하기 위해, 그리고 사회적 공동생활의 몇몇 원시적 요건이 순간적인 감정과 욕망의 노예가 된 이러한 인간의 뇌리에서 **사라지지 않도록** 하기 위해 사람들이 얼마나 애를 썼는가를 보여 주는 하나의 척도이다. 우리 독일인은 확실히 스스로를 특별히 잔인하고 냉혹한 민족이라 간주하지 않으며, 더군다나 특별히 경박하고 무위도식하는 민족이라 여기지 않는다. 하지만 '사상가의 민족'(말하자면 오늘날에도 최대한이 신뢰와 진지함, 몰취미와 실용성을 발견할 수 있으며, 이러한 본성을 지니고 있기에 유럽의 온갖 고관대작을 길러낼 권리가 있다고 주장하는 저 유럽 민족)을 길러내려고, 지상에서 얼마나 애를 썼는지를 이해하기 위해서는 우리의 고대 형벌 제도를 살펴보기만 하면 된다. 이 독일인들은 자신의 천민적인 기본 본능과 그로 인한 야만적인 거친 행동을 통제하기 위해 끔찍한 방법으로 자신의 뇌리에 기억을 아로새겼다.

고대 독일의 형벌을 생각해 보라. 예를 들어 돌로 쳐 죽이는 형벌(죄인의 머리 위에 맷돌을 떨어뜨리는 이미 전설이 된 형벌), 수레에 매달아 사지를 찢어 죽이는 형벌(형벌의 영역에서 독일적 창의성이 가장 고유한 독창성과 장기를 발휘한), 말뚝을 던져 꿰뚫어 죽이는 형벌, 말을 몰아 갈가리 찢거나 말로 밟아 죽이는 형벌('사지(四肢)를 찢는'), 범죄자를 기름이나 포도주로 삶아 죽이는 형벌(14세기나 15세기에도 행해진), 자주 사용되던 것으로 살가죽을 벗겨 죽이는 형벌('가죽 끈 만드는 형벌'), 가슴에서 살을 도려내는 형벌, 그리고 범죄자의 몸에 꿀을 발라, 해가 쨍쨍 내리쬐는 대낮에 파리 떼가 달려들게 하는 형벌 등이 있다.

이와 같은 광경이나 선례를 봄으로써 사람들은 인간 공동체의 편익을 누리기 위해 대여섯 가지의 '나는 하지 않겠다'는 **약속**을 하고 이를 기억에 새기게 되는 것이다. 그리고 정말이지, 이러한 종류의 기억 덕분에 사람들은 마침내 '이성'에 도달하게 되었던 것이다! 아아, 이성, 진지함, 정동(情動)[1]의 통제, 숙고라 불리는 이러한 음울한 모든 일, 인간의 이러한 온갖 특권과 사치, 이런 것들 때문에 얼마나 값비싼 대가가 치러졌던가! 모든 '좋은 것들'의 밑바탕에는 얼마나 많은 피와 공포의 전율이 있었던가!

---

1   희로애락과 같이 일시적으로 급격히 일어나는 감정으로, 진행 중인 사고 과정이 멎게 되거나 신체 변화가 뒤따르는 강렬한 감정 상태를 말한다.

4

그러나 또 다른 '음울한 것'인 죄의식, 즉 '양심의 가책'은 대체 어떻게 이 세상에 나타나게 되었던가? 그리고 이 문제를 가지고 우리의 도덕 계보학자들에게 되돌아가보자. 거듭 말하자면―또는 내가 아직 아무 말도 하지 않았던가?―그들은 아무 쓸모가 없다. 다섯 뼘 정도 길이의 독자적인, 단순히 '현대적인' 경험만이 있을 뿐이다. 과거에 대한 지식도 과거를 알려는 의지도 없다. 하물며 역사적 본능도 없고, 무엇보다도 여기에 필요한 '제2의 시각'도 갖추지 못하면서―그런데도 도덕사 연구를 하려고 한다. 그것이 진리와 동떨어진 관계로 끝나는 것은 당연하다고 하겠다. 지금까지의 이러한 도덕 계보학자들이 예컨대 '죄Schuld'라는 주요한 도덕 개념이 '부채Schulden'라는 지극히 물질적인 개념에서 유래되었음을 막연하게나마 짐작이라도 해보았겠는가? 또는 일종의 **보복**이라 할 수 있는 형벌이 의지의 자유와 부자유에 관한 어떠한 전제와도 전혀 무관하게 발전해 왔음을 짐작이라도 해보았겠는가? 그런데 오히려 '인간'이라는 동물이 '고의', '과실', '우연', '책임 능력'과 그것의 반대 개념을 훨씬 더 원시적으로 구별하기 시작하고, 형량을 매길 때 이를 감안하도록 하기 위해서는 언제나 먼저 **고도**의 인간화 작업이 필요할 정도였다.

오늘날에는 너무나 진부하고, 겉으로 보기에는 너무나 자연스러우며 너무나 피할 수 없는 저 생각, 정의감이라는 것이 대체 지상에 어떻게 나타났는지를 해명해야 했던 생각, '범죄자는 달리 행동할 수도 있었기에 처벌받아 마땅하다'는 사실을 받아들여야만 했던 생각은 사실 지극히 늦게 깨우쳐진, 그러니까 인간적 판단과 추리의 세련된 형식이다. 이러한 형식이 애초부터 있었던 것으로 여기는 사람은 고대 인류의 심리학을 우악스런 손길로 붙잡는 격이 된다.

인류 역사의 오랜 기간을 살펴보건대 악행을 저지른 장본인이 자신의 행위에 책임을 져야 한다는 이유 **때문에**, 즉 죄를 지은 자만이 벌을 받아야 한다는 전제 아래서 벌을 받은 것은 **아니었다**. 오히려 오늘날 부모가 자녀를 벌줄 때처럼, 손해를 입은 것에 대한 분노 때문에 벌을 받게 된 것이었다. 하지만 모든 손해에는 보상이 될 만한 그 **등가물**이 있으며, 심지어 가해자에게 **고통**을 주어서라도 실제로 배상받을 수 있다는 생각에 의해, 이 분노는 억제되고 변경되었다. 태곳적부터 깊이 뿌리박힌, 어쩌면 이제 다시는 뿌리 뽑을 수도 없을 이 생각, 즉 손해와 고통이 등가 개념이라는 이 생각은 어디서 힘을 얻었던 것일까? 내가 이미 밝힌 바이지만, 그 힘의 출처는 **채권자**와 **채무자** 사이의 계약관계에, '권리주체'라는 개념만큼이나 오래되고, 그 나름대로 다시 구매, 판매, 교역, 상업이라는 근본 형식으로 되돌아가는 계약관계에 깃들어 있는 것이다.

5

이러한 계약관계를 눈앞에 생생히 그려보면 물론 앞에서 언급한 것으로 애당초부터 예상할 수 있는 일이지만, 그러한 관계를 만들거나 허용한 고대 인류에 대한 상당한 의혹과 저항감이 생긴다. 그런데 바로 이러한 관계에서 **약속이 이루어지는** 것이다. 바로 이러한 관계에서 약속을 하는 자로 하여금 기억하게 **만드는** 것이 중요한 문제가 된다. 바로 이러한 관계에서 가혹함, 잔혹함, 곤혹스러운 상황이 생기는지도 모른다. 채무자는 사신이 되갚을 것이라는 약속에 신뢰를 일으키기 위해, 자신이 한 약속의 진지함과 신성함을 보증하기 위해, 되갚을 의무와 책임이 있다는 것을 자기 자신의 양심에 깊이 새겨두기 위해, 만일 그가 갚지 못하는 경우 계약을 맺은 결과 그가 그 외에 아직 '소유'하고 있는 어떤 것, 그 밖에 자신의 권한에 속하는 것을 채권자에게 저당 잡히는 것이다.

예를 들어 그 저당물은 자신의 몸이나 자신의 아내가 되기도 하고, 또는 자신의 자유나 자신의 생명이 되기도 한다(또는 특정한 종교적 전제 하에서는 자신의 축복이나 영혼의 구혼조차도, 결국에는 무덤 속의 평화까지 저당 잡히는 것이다. 그래서 이집트에서는 채무자의 시신은 무덤 속에서도 채권자로부터 안식을 얻을 수 없었다. 말할 것도 없이 이집트 사람들에게도 이러한 안식은 중요한 의미가 있었다). 특히 채권자는 채무자에게 갖은 수모를 안기고 고문을 가할 수 있었다. 예를 들면 부채 액수에 상응하는 양 만큼의 살을 도려낼 수 있었던 것이다. 그래서 이러한 관점에서 일찍부터 어디에서나 하나하나의 사지와 신체 각 부분에 대해 정확하게, 부분적으로는 끔찍하리만치 세세하게 **정당한** 가격을 산정해두었다. 그러한 경우 채권자가 도려낼 수 있었던 살의 양이 많고 적음은 중요하지 않다('좀 더 많이, 또는 좀 더 적게 도려내더라도 이는 법에 반하는 것이 아니다')고 로마의 12표법이 선포했는데, 나는 이것을 보다 자유롭고 보다 관대하며 보다 **로마적인** 법률관을 보여 주는 증거이자 진보라고 생각한다.

이 배상형식 전체의 논리를 자세히 살펴보면 그것은 참으로 이질적인 느낌을 준다. 즉 채권자는 손해를 본 대가로 직접적인 이득을 취하는 대신에(즉 금전이나 토지 및 어떤 종류의 소유물로 배상을 받는 대신에) 일종의 **쾌감**을 맛봄으로써 배상이나 보상을 받았던 것이다. 이는 무력한 자에게 자신의 권한을 마음껏 행사할 수 있다는 쾌감이기도 하고, '악을 저지르는 즐거움을 맛보기 위해 악을 저지른다'는 쾌락이기도 하며, 폭행을 가함으로써 누리는 만족감이기도 하다.

이러한 만족감은 채권자의 지위가 낮고 비천할수록 더욱 커지는데, 채권자는 그것을 더없이 맛좋은 음식으로, 그러니까 좀 더 높은 지위를 미리 맛보는 것으로 가볍게 생각할 수 있다. 채권자는 채무자에게 '형벌'을 가함으로써 주인의 권리에 가담하는 것이다. 그리하여 마침내 그도 한 인간을 '자기보다 낮은 존재'로 경멸하고 학대할 수 있다는 우월감을—아니면 본래적인 형벌권, 즉 형벌 집행권이 이미 '당국'에 넘어갔을 경우에는, 적어도 그 사람이 경멸당하고 학대당하는 모습을 **보는** 우월감을 맛볼 수 있게 된다. 그러므로 보상이란 잔인한 행위를 지시하고 요구하는 권리를 갖는다는 데에 그 본질이 있는 것이다.

6

그러므로 '죄', '양심', '의무', '의무의 신성함'과 같은 도덕적 개념 세계는 이 영역, 즉 채권법에서 발생한 것이다. 그 세계의 시작은 지상의 모든 대 사건의 시작과 마찬가지로 오랫동안 철저히 피로 물들여졌다. 그런데 저 세계는 실은 피와 고문의 냄새를 다시 완전히 씻은 적이 없다고 덧붙여 말해도 되지 않을까? (심지어 노년의 칸트의 경우에도 그렇지 않다. 그의 정언명령에는 잔인한 냄새가 난다······.) 이와 마찬가지로 여기에서도 '죄와 고통'이라는 저 무시무시하고, 어쩌면 다시는 풀수 없게 된 관념의 결합이 처음으로 서로 얽히며 고정되었다.

다시금 묻건대, 고통은 어느 정도까지 '부채'를 보상해줄수 있을까? 고통스럽게 **만드는** 것이 최고로 쾌감을 주는 정도까지이고, 피해자가 손해로 인한 불쾌감을 포함하여 그 손해에 대한 보상으로 이례적인 반대 만족감을 얻는 정도까지이다. 즉 고통스럽게 만드는 것, ─ 이것이 본래적인 **축제**였으며, 앞서 말했듯이 채권자의 신분이나 사회적 지위가 낮으면 낮을수록 더욱 높은 값이 매겨지는 것이었다. 이것은 추측해서 한 말이다. 왜냐하면 그러한 비밀에 싸인 일들은 실상을 들여다보기가 곤혹스러운 점은 차치하고서라도 그 일이 어렵기 때문이다. 그리고 이 경우 '복수'라는 개념을 어설프게 사용하는 사람은 문제에 대한 통찰을 보다 쉽게 하기보다는 오히려 덮어 버리고 모호하게 할 뿐이다(왜냐하면 복수의 문제 자체는 '고통스럽게 만드는 것이 어떻게 보상이 될 수 있는가?'라는 똑같은 문제로 되돌아가기 때문이다).

잔인함이 고대 인류의 축제에 어느 정도로 커다란 즐거움을 주었는지, 그들의 거의 모든 즐거움의 구성 요소에 어느 정도로 섞여 있었는지, 다른 한편으로 잔인함에 대한 그들의 욕구가 얼마나 순수하게, 얼마나 순진무구하게 나타났는지 그리고 바로 '사심 없는 악의'(또는 스피노자의 표현을 빌자면 악의적 동정sympathia malevolens)를 그들이 얼마나 원칙적으로 인간의 **정상적인** 속성으로 간주했는지 ─ 따라서 양심이 진심으로 **긍정**하는 어떤 것으로 여겼는지, 이러한 사실에 대해 온 힘을 다해 머릿속에 그려보는 일은 잘 길들여진 가축(말하자면 현대인인 우리를 가리킨다)의 섬세한 감각에, 더욱이 그들의 위선에 혐오감을 불러일으키는 것으로 생각된다. 보다 깊은 안목을 가진 사람이라면 아마 오늘날에도 인간의 가장 오래되고 가장 근본적인 축제의 즐거움을 충분히 인식할 수 있을 것이다.

『선악의 저편』229절에서(이미 그 전에 『아침놀』 18절, 77절, 113절에서) 나는 보다 높은 문화의 전체 역사를 관통하는(그리고 중요한 의미에서 따져본다면, 심지어 역사를 이루기까지 하는) 잔인함이 점점 정신화되고 '신격화'되는 추세를 조심스럽게 지적한 바 있다. 어쨌든 처형, 고문이나 종교 재판을 통한 처형을 빼놓고는 엄청난 규모의 제후의 결혼식이나 민속 축제를 생각할 수 없었던 것과, 또 서슴없이 자신의 악담이나 잔혹한 조롱을 퍼부을 수 있었던 상대방이 없이는 귀족의 가정생활을 생각할 수 없었던 것이 그리 오래 전의 일이 아니다(가령 공작부인의 궁정에서 읽히는 『돈키호테』를 떠올려보라. 오늘날 우리는 『돈키호테』의 어느 부분을 읽든 거의 고문당하는 것 같은 쓰디쓴 맛을 느끼는데, 원작자와 그의 동시대인은 이런 현상을 매우 낯설게 느끼며 도저히 이해하지 못할 것이다. 그들은 그것을 세상에서 가장 명랑한 책으로 여기며 전혀 양심의 가책을 느끼지 않고 읽었으며, 읽으면서 거의 죽도록 웃었던 것이다).

남의 고통을 보면 기분이 좋아지고, 남을 고통스럽게 만들면 더욱 기분이 좋아진다. 이것은 하나의 냉혹한 명제이다. 그러나 이것은 아닌 게 아니라 어쩌면 원숭이마저 동의할지도 모르는 오래되고 강력한, 인간적인 너무나 인간적인 주요 명제이다. 왜냐하면 원숭이는 괴상하기 짝이 없는 잔인한 짓거리를 생각해냄으로써 이미 인간의 모습을 미리 충분히 보여 주고 있으며, 마치 인간의 '서곡을 연주하는' 것으로 이야기되고 있기 때문이다. 축제에는 반드시 잔인함이 뒤따르는 법이다. 인간의 가장 오래되고 가장 장구한 역사가 그렇게 가르치고 있다. 그리고 형벌에도 **축제적인 요소**가 적지 않게 들어 있는 것이다!

7

말이 나온 김에 하는 말이지만, 이러한 생각으로 나는 삶의 권태라는 시끄러운 소리를 내는 삐걱거리는 물레방아에 새로운 물을 대는 우리의 염세주의자들을 도와줄 의도가 전혀 없다. 그 반대로 나는 인류가 아직 자신의 잔인함을 부끄러워하지 않았던 그때가 염세주의자들이 있는 현재보다 지상에서의 삶이 더 명랑하였음을 분명히 밝히고 싶은 것이다.

인간이 인간을 점점 수치스럽게 생각하는 것과 비례하여 인간의 머리 위의 하늘은 더욱 어두워져 갔다. 피로에 지친 염세적인 눈길, 삶의 수수께끼에 대한 불신, 삶에 대한 구역질에서 비롯된 차디찬 부정—이런 것들이 인류의 **최악의** 시대를 나타나는 표식은 아니다. 그것들은 오히려 늪지대의 식물처럼 그것이 자라기 알맞은 늪지대가 이루어졌을 때 비로소 세상에 모습을 드러낸다.

나는 '인간'이라는 동물로 하여금 마침내 자신의 모든 본능을 부끄럽게 여기도록 만드는 인간의 병적인 유약화와 도 덕화를 두고 하는 말이다. '천사'(여기서는 더 험한 말을 쓰지 말 자)가 되는 도중에 인간은 위(胃)를 망가뜨리고 혓바닥에 설 태(舌苔)가 끼게 해서, 동물의 즐거움과 순진무구함이 역겨워 졌을 뿐만 아니라 삶 자체가 무미건조하게 되었다. 그리하여 그는 때때로 자신의 코를 멍하니 거머잡고서 교황 이노센트 3세와 함께 불만스런 표정으로 자신이 싫어하는 것의 목록을 만드는 것이다('불결한 출산, 모태 내에서의 구역질나는 영양분 공 급, 인간을 발육시키는 물질의 더러움, 끔찍한 악취, 침의 분비, 오줌 과 대변의 배설'). 고통이 언제나 생존에 반대되는 제일의 논거 로서, 생존의 가장 고약한 의문부호로 간주되는 오늘날, 이와 는 반대로 판단했던 시대를 떠올려보는 것이 좋을 것이다. 그 때는 남을 고통스럽게 만들지 않고는 지낼 수 없고, 그것을 최 고의 매력으로, 삶에 대한 본래적인 유혹물이라고 생각했기 때문이다. 어쩌면 그때는―이렇게 말하면 유약한 사람에게 는 위로가 되겠지만―고통을 당해도 오늘날만큼 아프지 않 았을지도 모른다.

가장 좋은 체격을 지닌 유럽인조차 거의 절망하게 만드는 내부 염증에 걸린 흑인(이들을 선사시대 인간의 대표로 본다면) 을 치료해 본 의사라면 적어도 그런 결론을 내릴 것이다. 흑 인은 내부 염증을 앓아도 유럽인 만큼 그렇게 고통스러워하 지 않는다. 고통을 느끼는 인간의 감수성 곡선은 문화의 최상

층부에 속하는 만 명 내지는 천만 명을 지나자마자 이상스럽게도 갑작스레 하강하는 것 같다. 그리고 나 자신으로서도, 지금까지 과학 연구의 목적으로 해부의 대상이 된 모든 동물의 고통을 다 합해도, 히스테리컬한 교양 여성의 단 하룻밤의 고통에 비하면 전혀 아무것도 아님을 의심치 않는다. 게다가 어쩌면 잔인함에서 얻는 저 쾌감 역시 결코 사라지지 않을 것이라고 생각해 볼 수 있다. 다만 오늘날 고통이 더욱 심해지는 사정에 비추어 볼 때 이 쾌감은 나름대로 순화되고 세련될 필요가 있겠다. 무엇보다도 그것이 상상적인 것과 정신적인 것으로 변환되어, 극히 섬세한 위선적인 양심에도 아무런 의심을 불러일으키지 않을 만큼 별로 염려할 필요가 없는 명칭으로 장식되어 나타나야 할 것이다('비극적 연민'이 그러한 명칭이며, '십자가에 대한 향수'라는 표현도 또 다른 그러한 명칭이다). 사실 고통에 대해 분격하게 만드는 것은 고통 자체가 아니라 고통의 무의미함이다. 그러나 구원이라는 비밀스러운 장치로 고통을 해석해 온 기독교도에게도, 모든 고통을 방관자의 입장이나 고통스럽게 만드는 자의 입장에서 해석했던 고대의 순진한 사람에게도 그러한 **무의미한** 고통 같은 것은 존재하지 않았다.

숨겨지고 드러나지 않으며 눈에 띄지 않는 고통을 세상에서 없애 버리고, 솔직히 부정할 수 있기 위해서, 고대인들은 신들과 온갖 높이의 깊이를 지닌 중간적 존재, 요컨대 숨겨진 상태에서도 돌아다니고 어둠 속에서도 볼 수 있으며 고통스럽지만 재미난 구경거리는 쉽게 놓치지 않는 어떤 존재를 당시에 생각해내지 않을 수 없었다. 말하자면 그러한 존재를 생각해낸 덕분에 그 당시 사람들은 언제나 자신의 삶을 잘 이해하고 자기 자신을 정당화하며 자신의 '불행'을 정당화하는 재주가 능숙해지게 되었다. 오늘날 이렇게 하기 위해서는 어쩌면 다른 보조적인 발명(예를 들어 수수께끼로서의 삶이라든가 인식 문제로서의 삶)이 필요할지도 모른다. '신이 바라보고 즐거워하는 불행은 모두 정당화된다.' 고대의 감정 논리는 이렇게 울려 퍼졌던 것이다. 그런데 사실 고대에만 그랬던 것일까? 잔인한 광경을 보고 즐긴다고 생각되었던 신들―오, 이런 태곳적 생각 자체가 인간화된 우리 유럽의 문명 속에 지금도 얼마나 깊숙이 파고들어와 있는가! 이 점에 관해선 가령 루터나 캘빈을 생각하면 잘 알 수 있을 것이다. 어쨌든 그리스인만 해도 자신의 신들을 행복하게 해주기 위해서는 잔인함의 즐거움을 제공하는 것이 가장 기분 좋은 눈요기임을 알았음이 확실하다.

여러분은 호메로스가 자신의 신들로 하여금 인간의 운명을 어떤 눈으로 내려다보게 했다고 생각하는가? 트로이 전쟁이나 그와 유사한 끔찍한 비극적 사건들은 사실 어떤 궁극적 의미를 지니고 있었던가? 전혀 의심의 여지없이 이것들은 신들을 위한 **축제극**의 의미를 지녔던 것이다. 그리고 이러한 것

102

은 시인이 다른 사람들보다 더 '신적'인 속성을 지녔다는 점에서 어쩌면 시인들을 위한 축제극으로 볼 수 있을지도 모른다…… 훗날에 그리스의 도덕 철학자들이 도덕적 갈등, 덕이 있는 자의 영웅주의나 자학(自虐)을 신의 눈길이 내려다보고 있다고 생각한 것도 이와 같은 이유 때문에서였다. '의무를 진 헤라클레스'가 무대에서 각광을 받았는데, 그도 그런 사실을 알고 있었다. 목격자가 없는데 덕을 베푼다는 것은 배우 기질을 지닌 이 민족으로서는 도저히 생각할 수 없는 일이었다.

'자유의지'를 생각해낸 일, 즉 선악의 문제에서 인간이 절대적 자율성을 지니고 있다는 저 생각은 당시 우선 유럽을 위한 철학자의 실로 무모하고 숙명적인 발명이었지만, 이것 역시 무엇보다도 인간과 인간의 덕에 대한 신들의 관심이 **결코 고갈될 수 없다**는 생각을 정당화하기 위해 고안된 것이었다. 이 지상이라는 무대에는 정말 새로운 것, 정말 들어보지 못한 긴장, 갈등과 파국이 언제나 충분히 있어야 한다는 뜻일 테다. 전적으로 결정론적으로 움직이는 세계는 신들이 충분히 짐작할 수 있는 세계이며, 따라서 금방 싫증을 낼 것이기 때문이다. 그러므로 **신들의 친구**인 이 철학자들이 신들에게 그런 결정론적인 세계를 무리하게 요구하지 않는 데에는 나름대로 충분히 근거가 있는 것이다! 고대의 모든 인류는 구경거리와 축제가 있어야만 행복하다고 생각한 하나의 세계, 본질적으로 공개적이고 본질적으로 눈에 드러나는 세계인 '관중'을 아주 세심하게 배려했던 것이다. 그리고 앞서 말했듯이, 엄중한 **형벌**에도 축제적인 요소가 다분히 있는 것이다!……

8

우리의 원래 연구로 되돌아가 본다면, 죄책감과 개인적인 의무감은 이미 우리가 살펴본 바처럼, 존재하는 가장 오래되고 가장 근원적인 개인 관계에, 즉 구매자와 판매자, 채권자와 채무자 사이의 관계에 그 기원을 두었다. 즉 여기에서 우선 개인이 개인과 상대하였으며, 여기에서 우선 개인이 개인과 **서로 견주었던 것이다.**

아무리 저급한 문명이라 하더라도 이러한 관계가 약간이나마 드러나지 않은 문명이 발견되지 않은 적은 아직 없었다. 값을 정하고 가치를 측정하며 등가물을 생각해내서 교환하는 일―이러한 것은 어떠한 의미에서는 사고 그 자체라 할 수 있을 정도로 인간의 가장 원초적 사고를 지배하고 있었다. 여기에서 가장 오래된 종류의 명민성이 개발되었고, 마찬가지로 여기에서 인간의 자긍심이나 다른 동물에 대한 우월감의 싹이 최초로 키워진 것으로 추측할 수 있다. 아마 '인간Mensch(manas)'이라는 우리의 단어 또한 바로 **이러한 자부심** 같은 것을 표현하는 것이리라. 인간이란 가치를 재고 평가하고 측정하는 존재로, '평가하는 동물 자체'로 특징지어졌다.

구매와 판매는 그 심리적인 부속물과 아울러 심지어 어떠한 종류의 사회 조직이나 사회 집단의 시초보다도 더 오래된 것이다. 오히려 교환, 계약, 죄, 권리, 의무, 보상 등의 싹이 되는 감정은, 힘과 힘을 비교하고 재며 헤아려보는 습관과 더불어, 개인의 권리라는 가장 초보적인 형태에서 가장 조야하고 가장 원시적인 공동체 복합체(이것을 다른 유사한 복합체와 비교해 볼 때)로 **옮아갔다**. 이리하여 인간의 눈은 이제 이러한 관점에 초점을 맞추게 되었다. 움직이기는 어렵지만 일단 움직이기 시작하면 단호하게 같은 방향으로 계속 나아가는 고대 인류의 사고에 특유한 저 굼뜬 일관성으로, 사람들은 곧바로 '어느 사물에나 가격이 있다, **모든 것**에는 대가가 치러질 수 있다'고 뭉뚱그려 일반화하게 되었다. 이것은 **정의**에 관한 가장 오래되고 가장 순진한 도덕규범이며, 지상에서의 온갖 '선량함', 온갖 '공정성', 온갖 '선의', 온갖 '객관성'의 시작이었던 것이다. 이러한 최초의 단계에서 정의란 거의 동등한 힘을 가진 사람들끼리 서로 타협하고 조정을 통해 다시 '합의'를 보려는 선의이며, 그리고 보다 힘이 떨어지는 사람들에 관련해서는 그들끼리 조정에 이르도록 **강요하는** 선의이다.

9

선사시대의 척도로 재보면(아닌 게 아니라 선사시대란 어느 시대에나 존재하고 있거나 또는 다시 나타날 수 있다) 공동체와 그 구성원도 언제나 채권자와 채무자라는 저 중요한 근본 관계 속에 있다. 사람들은 누구나 공동체 속에 살면서 공동체의 편익을 누리고 있다(오오, 얼마나 큰 이점을 누리고 있는가! 우리는 오늘 날 이러한 사실을 때로 과소평가하는 경향이 있다).

사람들은 공동체 **밖에 있는** 인간, 즉 '법의 보호를 받지 못하는 자'에게 노출된 상해나 적의를 걱정하지 않고 보호와 보살핌을 받으며 평화와 신뢰 속에서 살아간다. 독일인은 '비참elend'[2]이란 말의 뜻이 본래 무엇인지 잘 알고 있다. 이처럼 사람들은 바로 상해와 적의를 감안하여 자신을 공동체에 저당 잡히고 공동체에 대한 의무를 지게 되었다. 그렇지 않고 이러한 서약관계가 파기되는 **다른 경우에는** 어떤 일이 일어날 것인가? 기만당한 채권자인 공동체는 어떻게 해서든지 변상을 받아낼 것이라는 점은 불문가지이다. 이 경우 손해를 입힌 자가 야기한 직접적인 손해는 전혀 문제 되지 않는다.

직접적인 손해를 끼친 것은 차치하고서라도 범죄자는 자신이 지금까지 혜택을 받은 공동체의 모든 재화와 편익에 관련하여, 무엇보다도 '위반자', **전체에 맞서** 계약을 어기고 약

---

2 '비참Elend'의 원뜻은 '외국Ausland'이었고, 고어에는 '추방'이나 '귀양'을 뜻했다.

속을 지키지 않은 자가 되는 것이다. 이 범죄자는 자신이 받아온 이득과 가불(假拂)을 되갚지 않을 뿐더러 심지어 자신의 채권자의 돈을 횡령하기까지 하는 채무자인 것이다. 이 때문에 그는 당연하게도 그 이후로 모든 이런 재화와 이득을 잃는 것은 물론 ― 오히려 이제는 **이런 재화가 자신에게 얼마나 중요한 것이었던가**를 새삼 깨닫게 될 것이다. 피해를 입은 채권자인 공동체는 분노해서 범죄자가 지금까지 받았던 보호를 취소하고, 법의 보호 밖에 놓인 야만적인 상태로 그를 다시 돌려보낸다. 즉 공동체가 그를 몰아내는 것이다. 그리고 이젠 그에게 온갖 종류의 적의를 드러내도 된다. 이런 문명화 단계에서 '형벌'이란 온갖 권리나 보호뿐만 아니라 온갖 은혜마저 잃어버린, 증오 받고 저항 능력이 없어져버린 굴복당한 적에게 취해지는 정상적인 태도를 단순히 모사하고 **흉내 낸 것**일 뿐이다. 그리하여 무자비하고 잔인한 모든 행위에는 '패배자는 가련하다vae victis!'는 군법과 승리의 축제가 있는 것이다. 이러한 점에서 역사를 통틀어 형벌이 나타나게 하는 온갖 **형식**을 제공한 것은 전쟁 자체(제물을 바치는 호전적인 제식(祭式)을 포함하여)라는 사실이 밝혀진다.

10

공동체는 힘이 세짐에 따라 개개인의 위반 행위를 더는 중요하지 않게 여기게 된다. 그러한 위반 행위가 공동체 전체의 존립에 예전만큼 더 이상 그리 위험하거나 파괴적인 것으로 비치지 않기 때문이다. 범죄자는 더 이상 '법의 보호밖에 놓이거나' 추방되지 않는다. 이젠 일반인도 예전처럼 개개인에게 마구 분노를 표출해서는 안 된다. 오히려 이제부터는 사회 전체가 이러한 분노, 특히 직접 피해를 입은 사람의 분노로부터 범죄자를 용의주도하게 지켜주고 보호해 준다. 우선 위법 행위를 당한 사람의 분노를 누그러뜨리기 위한 타협, 사건을 국한시켜 더 이상의 관여나 동요는 물론 일반적인 관여나 동요를 예방하려는 노력, 등가물을 찾아내어 전체 사건을 중재(조정Compositio)하려는 시도, 특히 모든 위반 행위를 어떤 의미로든 **변상할 수 있는** 것으로 간주하고, 그러므로 적어도 어느 정도까지는 범죄자와 그가 저지른 행위를 따로 **떼어서** 보려는 의지가 점점 더 확연하게 나타나는 것—이런 것들이 형법이 더욱 발전함에 따라 점점 더 뚜렷하게 각인되는 특징들이다.

공동체의 힘과 자신감이 커짐에 따라 형법도 점점 부드러워진다. 그러다가 공동체의 힘과 자신감이 약해지고 제법 심각한 위험에 처하게 될 때는 형법은 다시 보다 가혹한 형식을 드러내게 된다. '채권자'는 더 부유해짐에 따라 점점 더 인간적인 모습을 보이게 되었다. 결국은 채권자가 피해를 입고도 시달리지 않고 얼마나 견딜 수 있느냐가 그의 부유함을 재는 **척도**가 되기도 한다. 피해를 입힌 자를 **처벌하지 않고** 그대로 두는 것—이처럼 사회에 충분히 힘이 있어 그 안에서 부리는 가장 고귀한 사치를 그런대로 허용할 수 있다는 **힘의 자각**도 얼마든지 생각해 볼 수 있으리라. 그때 사회는 이렇게 말할지도 모른다. '이 기생충 같은 존재가 기실 나와 무슨 상관이란 말인가? 멋대로 생활하며 잘 살아가라지. 이에 대처할 힘이 내겐 아직 충분하니까!'…… '무엇이든 변상할 수 있다. 무엇이든 변상해야만 한다'는 명제로 시작된 정의는 잘못을 너그러이 보아 넘기고 변상 능력이 없는 자를 그냥 내버려두는 것으로 끝난다.

정의는 지상의 모든 좋은 것과 마찬가지로 **자기 자신을 지양하면서** 끝난다. 정의의 이 같은 자기지양—사람들은 이것이 어떤 아름다운 이름으로 불리는지 알고 있다. 즉 이것이 은총이다. 두 말할 필요 없이 은총이란 가장 힘이 센 자의 특권이며, 보다 적절하게 표현한다면 법의 저편이다.

11

정의의 기원을 이와는 전혀 다른 토양에서, 즉 원한의 토양에서 찾으려는 최근의 시도를 여기서 반박하고자 한다. 원한 자체를 한 번 면밀히 연구해 보려는 의향을 가진 심리학자가 있다면 먼저 그에게 다음과 같이 귓속말을 해주고 싶다. 원한이라는 이 식물은 지금 무정부주의자와 반유대주의자 사이에서 가장 아름답게 피어 있고, 더구나 향기는 다르지만 제비꽃처럼 항상 남의 눈에 띄지 않게 피어 있었노라고.

동일한 것에서는 어쩔 수 없이 동일한 것이 나타날 수밖에 없듯이, 그러한 무리의 시도 중에서, 이미 번번이 그랬던 것처럼(제1논문 14절을 참조하라) 복수를 정의의 이름으로 신성시하려는 시도—마치 정의란 실은 피해 감정이 한 단계 발전한 것에 불과한 것처럼—와, 복수를 해서 반동적 정동을 나중에 모두 통틀어 명예 회복시키려는 시도가 다시 나타난다 해도 그리 놀라운 일은 아닐 것이다. 후자의 시도 자체에 대해 나는 조금도 못마땅한 기분이 아니다. 이것은 심지어 생물학적 문제 전체(이 문제를 다루면서 지금까지 성동의 가치는 과소평가되어 왔다)와 관련해 볼 때 하나의 공적처럼 생각되기 때문이다. 다만 내가 한 가지 주의를 환기해 주고 싶은 점은 이러한 새로운 뉘앙스를 지닌 과학적 공정성(증오, 질투, 시기, 불신, 앙심, 복수를 위해)이 바로 원한의 정신 자체에서 발생한다는 사정이다. 즉 이러한 '과학적 공정성'은, 저 반동적인 감정보다도 생물학적으로 훨씬 가치가 높으며 따라서 과학적으로 평가되어 높은 평가를 받을 만한 것으로 생각되는 한 무리의 다른 정동들, 즉 지배욕, 소유욕과 같은 능동적인 정동들이 문제되자마자, 곧바로 사라져서 극단적인 적의와 편견을 강조하는 데 자리를 내주고 말기 때문이다. (오이겐 뒤링[3]의 『생명의 가치』, 『철학 강좌』와 아울러 사실 그의 저서에서 전반적으로 이런 점을 엿볼 수 있다.) 이러한 경향에 반대되는 일반적인 이야기는 그만 하기로 하자. 그러나 정의의 고향은 반동적 감정의 토양에서 찾을 수 있다는 뒤링의 개별적인 명제와 관련해서는, 진리를 사랑하는 마음에 이를 매정하게 뒤집어 '정의의 정신에 의해 정복된 최후의 토양이 반동적 감정의 토양이다!'라는 다른 명제를 그것에 대치시키지 않을 수 없다.

올바른 인간이 자기에게 피해를 입힌 자에게까지 올바른 태도를 취한다면(그냥 냉정하고 신중하거나 서먹서먹해 하거나 무관심한 것만은 아니다. 올바른 태도를 지닌다는 것은 언제나 하나의 적극적인 태도인 것이다), 개인적인 침해, 조롱, 비방을 당하면서도 올바른 **심판**의 눈으로 높고 맑으며, 깊고도 부드럽게 바라보는 객관성이 흐려지지 않는다면, 이것이야말로 지상에서의 완성품이자 최고의 걸작이다. 더욱이 여기서는 그런 것을 기대하지 않는 편이 현명하다 할 수 있으며, 어쨌든 그런 것이 있을 거라고 결코 너무 쉽게 **믿어서**는 안 되겠다.

일반적으로 올곧은 사람이라 할지라도 약간의 공격을 가하고 악의를 보이며 아첨하기만 하면 그의 눈이 충혈되어 눈에서 공정성이 상실될 것은 확실하다. 능동적인 인간, 공격적

---

3 뒤링(Karl Eugen Dühring, 1833~1921)은 독일의 철학자이자 정치경제학자로 유물론적인 실증주의의 입장에서 사회 민주주의 사상을 전개하여 마르크스를 비판하였다. 열렬한 애국자이자 반유대주의자인 그는 세계주의자 괴테와 그리스인을 혐오했고, 니체의 여러 저서에서 적대적인 공격의 표적이 된다. 엥겔스의 『반(反)뒤링론』의 주제(主題) 인물이다.

이고 침략적인 인간은 반동적인 인간보다 여전히 백 보쯤은 정의에 더 가까이 있다. 그러한 능동적인 인간은 반동적인 인간이 하거나 할 수밖에 없는 방식으로, 자기 앞의 대상을 선입견에 사로잡혀 그릇되게 평가할 필요가 전혀 없기 때문이다. 그런 이유로 보다 강하고 보다 용감하며 보다 고귀한 인간인 공격적인 인간은 사실상 시대를 막론하고 **보다 자유로운** 눈을 가졌고 양심의 가책을 **보다** 덜 느꼈던 것이다. 이와 반대로 이미 잘 알고 있듯이, 자신의 양심에 '양심의 가책'을 생각해낸 자는 누구인가—바로 원한의 인간이 아니던가! 마지막으로 역사를 살펴보기로 하자.

지금까지 대체로 어떤 영역에서 법의 전체적인 운용, 또한 법에 대한 본래적인 요구가 지상에서 친숙하게 느껴졌던가? 가령 반동적 인간의 영역에서였을까? 결코 그렇지 않다. 오히려 능동적이고 강한 인간, 자발적이고 공격적인 인간의 영역에서였다. 역사적으로 고찰해 볼 때, 지상에서의 법은—위에서 언급한 선동가의 비위를 거스를 것을 각오하고 하는 말이지만(그 자신은 언젠가 '정의의 붉은 실로서 내가 일관되게 연구하고 노력을 기울인 것은 복수설에 관해서였다'라고 고백한 적이 있었다)—바로 반동적 감정에 **맞서는** 싸움을 나타내고, 반동적인 파토스가 넘치지 않게 하고 절제를 요구하며 타협을 이루어내게끔 그 힘의 일부를 활용하는 능동적이고 공격적인 세력 쪽에서 그와 같은 반동적 감정과 투쟁하는 것을 나타낸다.

정의가 행해지며, 그것이 제대로 유지되는 곳에서는 어디서나 보다 강한 힘이 자신에게 예속되어 있는 보다 약한 자들(집단이든 개인이든)과 관련하여 원한이라는 터무니없는 분노를 종식시킬 수단을 모색하는 것을 볼 수 있다. 때로는 보다 강한 힘이 원한의 대상을 복수의 손아귀에서 빼내면서, 때로는 복수하는 대신 직접 평화와 질서의 적에 맞서 싸우면서, 때로는 타협책을 생각해내어 그것을 제안하고, 경우에 따라서는 강요하기도 하면서, 때로는 손해를 보상하는 등가물이 될 만한 것을 규범으로 삼아, 이후로는 원한을 이러한 기준으로 최종 결말을 지으면서 그런 수단을 모색하는 것이다.

그러나 최고 권력이 반대 감정이나 유감에 맞서 행하고 실시하는 가장 결정적인 것은—최고 권력은 그럴 만한 힘이 충분히 있으면 언제나 그렇게 한다—**법률**을 제정하는 것인데, 이것은 무엇보다 최고 권력의 눈으로 볼 때 무엇이 허용되고 옳으며, 무엇이 금지되고 옳지 않은 것으로 간주되어야 하는지를 알려주는 명령적 선언이다. 최고 권력은 법률을 제정한 이후엔 개개인이나 집단 전체의 침해 행위나 자의(恣意)적 행위를 법규 위반이나 최고 권력 자체에 반기를 드는 행위로 다룸으로써 최고 권력에 예속된 자들의 감정을 그러한 법규 위반으로 야기된 직접적인 피해로부터 다른 곳으로 돌리게 하여, 이로써 결국에는 피해자의 입장만을 고려하고 인정하는 모든 복수가 바라는 것과는 정반대의 결과에 이른다.

그 이후부터 사람들의 눈은 행위를 점점 더 비인격적으로 평가하도록 훈련되고, 피해자 자신의 눈마저 그렇게 훈련된다 (앞에서 언급했듯이, 비록 이것이 최후에 행해지는 것이긴 하지만). 그에 따라서 법률이 제정되고 나서야 '옳음(법)'과 '옳지 않음(불법)'이 있게 된다(뒤링의 말처럼 침해 행위가 있고 나서 그것이 존재하는 것이 아니다).

법과 불법을 **그 자체로** 논하는 것은 아무런 의미가 없다. 삶이란 **본질적으로**, 그 근본 기능을 볼 때 침해적이고 폭력적이며, 착취적이고 파괴적인 것이며, 이러한 성격 없이는 전혀 생각할 수 없는 것이므로, 침해도 폭력도 착취도 파괴도 그 자체로서는 당연히 '불법적인 것'이 될 수 없다. 더구나 우리는 더욱 우려스런 다음 사실을 인정하지 않을 수 없다. 즉 최고의 생물학적 견지에서 보면 법적 상태란 힘을 목표로 하는 본래적인 삶의 의지에 부분적인 제약을 가하는 것으로서, 그리고 이 삶의 의지의 전체적인 목적에 예속되는 개별적인 수단으로서, 말하자면 **보다 거대한 힘의 단위를 만들어내기 위한 수단으로서** 언제나 단지 **예외적 상태**일 뿐이라는 점이다. 가령 '각각의 의지는 각각의 의지를 동등한 것으로 보아야 한다'는 뒤링의 공산주의적 문구에 따라, 하나의 법질서를 힘 복합체들 사이의 싸움에 사용하는 수단으로서가 아니라, 무릇 온갖 **싸움**을 방지하는 수단으로서 절대적이고 보편적인 것으로 생각한다면, 이는 **삶**에 **적대적인** 원리이자, 인간을 파괴하고 해체하는 일이 될 것이고, 인간의 미래를 암살하려는 기도이며, 피로의 징조이자 무(無)에 이르는 샛길이 될지도 모른다.

12

여기서 형벌의 기원과 목적에 대해 한 마디 더 해야겠다. 제각기 별개의 문제이거나 별개의 문제여야 하는 두 가지 문제가 유감스럽게도 보통 하나의 문제로 취급되고 있는 것이다. 그런데 종래의 도덕 계보학자들은 이 문제를 어떻게 다루어 왔던가? 그들은 언제나 그래 왔듯이 이 문제를 순진하게 다루고 있다. 그들은 형벌에서 예컨대 복수나 위협과 같은 어떤 '목적'을 찾아내서, 그런 다음에는 천진난만하게 이 목적을 형법의 유발 요인causa fiendi으로서 처음에 다루고는, 이 문제가 끝난 것으로 여긴다. 그러나 '법의 목적'은 법의 발생사를 다룸에 있어서 최후에 활용해야 한다. 오히려 모든 종류의 역사에서 성취해내기는 무척 힘이 들지만 그래도 실제로 성취해내야 하는 다음 명제보다 더 중요한 명제는 없다. 즉 어떤 일의 발생 원인과, 그것의 궁극적인 효용성이나 그것의 실제적인 활용과 목적 체계로의 편입은 하늘과 땅만큼이나 동떨어진 것이라는 명제이다.

현존하는 어떤 것, 어떻게든 존재를 드러내고 있는 것은, 그것보다 우월한 힘을 지닌 것에 의해 번번이 새로운 견해로

재해석되고 새로 독점적으로 이용되어 새로운 용도로 유익하게 바뀌고 전환된다. 유기체 세계에서 일어나는 모든 일은 하나의 **제압**이자 **지배**이며, 그리고 다시 모든 제압과 지배는 하나의 새로운 해석이자 정리인데, 이로 인해 종래의 '의미'와 '목적'이 필연적으로 모호해지거나 지워질 수밖에 없게 된다. 어떤 생리 기관(또는 어떤 법률 제도, 사회 풍습, 정치 관습, 예술에서나 종교적 제의에서의 형식이나)의 **효용성**을 아무리 잘 파악했다 해도, 그것만으로는 아직 그것의 발생에 관해서는 아무것도 파악했다고 볼 수 없다. 이렇게 말하면 좀 고루한 사람의 귀에는 몹시 불편하고 언짢게 들릴지도 모른다. 왜냐하면 옛날부터 사람들은 어떤 사물, 어떤 형식, 어떤 제도의 명백한 목적과 효용성을 파악했다 해서 그것의 발생 근거도 파악한 것으로 생각해 왔기 때문이다. 예를 들어 눈은 보도록 만들어졌고, 손은 붙잡도록 만들어졌다고 생각해 온 것이다. 이와 마찬가지로 형벌도 처벌하도록 고안된 것이라고 생각했다. 하나만 모든 목적이나 모든 효용성은 어떤 힘에의 의지가 보다 힘이 약한 것을 지배하여, 그 약한 것에 자진해서 어떤 기능의 의미를 깊이 새겼다는 **표**시에 불과하다. 또 어떤 '사물', 어떤 기관, 어떤 관습의 전체 역사도 이와 같이 늘 새로운 해석과 정리라는 계속되는 기호의 연쇄일 수 있는데, 이때 그 해석과 정리의 원인 자체는 자기들끼리 연관성을 가질 필요가 없으며, 오히려 경우에 따라서는 그냥 우연히 잇따르고 교체될 뿐이다. 그에 따라서 어떤 사물, 어떤 관습, 어떤 기관의 '발전'이란 하나의 목표를 향한 진보가 아니며, 더구나 최소한의 힘과 희생으로 최단 경로로 도달하는 논리적 진보는 더더욱 아니다. 오히려 그 발전이란 다소간 깊어지고 다소간 서로 독립적인, 그 사물, 관습, 기관에서 벌어지는 제압과정의 연속이며, 덧붙여 말하자면 제압과정에서 매번 벌어지는 저항이며, 그 방어와 반(反) 작용을 목적으로 시도된 형식의 변화이자, 반격에 성공한 결과이기도 하다.

　형식이 유동적인 것이지만, 그 '의미'는 더욱 유동적이다…… 개개의 모든 유기체 내에서조차 사정은 별반 다르지 않다. 유기체 전체가 본질적으로 성장함에 따라 개별 기관의 '의미'도 바뀌는 것이다. 경우에 따라 그 기관의 일부가 소멸하거나(예를 들어 가운데 마디가 없어짐으로써) 그 수가 줄어드는 것은 힘의 증대나 완전성을 나타내는 표시일 수 있다. 내가 하고자 하는 말은 다음과 같다. 부분적으로 **효용이 없어지는 것**, 위축과 퇴화, 의미와 합목적성의 상실까지도, 요컨대 죽음까지도 실질적인 진보의 조건에 속하는 것이다. 이 실질적인 진보는 언제나 **보다 큰 힘**에의 의지와 행로라는 형태로 나타나며, 항상 다수의 더 작은 힘을 희생시킴으로써 실현된다. 더욱이 '진보'의 **정도**는 그것을 위해 희생되어야 한 모든 것의 양에 의해 **측정된다**. 집단으로서의 인류가 **보다 강한** 개별 인간 종족의 번성을 위해 희생된다는 것 — 이것이 진보일지도 모른다……

　나는 역사적 방법론의 이 같은 주요 관점이 사실상 오늘날 지배적인 본능과 시대적 취향과 상반되는 만큼 더욱 더 그것을 강조한다. 이 본능과 시대적 취향은 벌어지는 모든 일에 작용하는 **힘에의 의지**에 관한 이론보다는 오히려 벌어지는 모든 일의 절대적 우연성, 즉 기계론적 무의미함과 화합할지도 모른다.

　지배하고 있고 지배하려는 모든 것에 반대하는 민주적인 병적 혐기(嫌忌), 현대적인 **지배자 혐오주의**(나쁜 현상에 대해 나쁜 말을 만들어본다면)는 오늘날 가장 엄밀한, 겉으로 보기에 가장 객관적인 과학에 이미 한 발짝 한 발짝씩 침투하고, 침투해도 **무방할** 정도로 점차 정신적인 영역, 가장 정신적인 영역에 들어가서 자신의 모습을 위장하게 되었다. 사실 그것은 이미 전체 생리학과 생물학을 장악하고 있는 것으로 보인다. 그리고 그것은 생리학과 생물학에서 하나의 근본 개념, 즉 본래적인 **능동성**이라는 근본 개념을 요술로 슬쩍 없어지게 함으로써 그 학문에 피해를 입히고 있음은 두말 할 필요가 없다. 반면에 저 민주주의적 병적 혐기의 압력으로 제2급의 능동성, 즉 단순한 반동성이라 불리는 '적응'이라는 것이 전면에 나서게 된다. 그러니까 삶 자체도 외적 환경에 대한 점점 더 합목적적인 내적 적응이라고 정의되기에 이르렀다(허버트 스펜서). 그러나 이 정의는 삶의 본질을, 생명이 지닌 **힘에의**

의지를 오해하고 있다. 이 정의는 자발적이고 공격적이며 침략적인, 새롭게 해석하고 새롭게 방향을 정해 형태를 부여하는 여러 힘, 그것들의 작용으로 비로소 '적응'이 이루어지는 그 힘들의 원칙적인 우선권을 간과하고 있다. 이 정의는 또한 유기체 자체 내에서 삶의 의지가 능동적이고 형태를 부여하는 식으로 나타나는 여러 최고 기관의 지배적인 역할을 부인하는 것이다. 여기서 헉슬리[4]가 스펜서의 '행정적 허무주의'를 비난한 것을 떠올려보자. 하지만 이것은 '행정' 이상의 문제이다…….

13

그러므로 우리는 본론인 **형벌**의 문제로 되돌아가 그것의 두 가지 측면을 구별해야 한다. 그 중 하나는 형벌에서 비교적 **지속적인 것**, 즉 관례, 동작, '극(劇)', 여러 절차의 제법 엄격한 계승이며, 다른 하나는 형벌에서 **유동적인 것**, 즉 의미와 목적, 그러한 절차의 실행과 결부된 기대 등이다. 이와 관련하여 앞에서 살펴본 역사적 방법론의 주요 관점에 따라 유추해 보면 당장 다음의 사실을 전제할 수 있다. 즉 절차 자체가 형벌에서 그것을 이용한 것보다 다소 더 오래되고 앞선 것이

4 헉슬리(Thomas Henry Huxley, 1825~1895)는 영국의 생물학자이자 작가로 다윈주의를 수용해 불가지론이라는 단어를 만들어냈다. 『멋진 신세계』 (1932)의 저자인 올더스 헉슬리(Aldous Huxley)는 그의 손자이다.

며, 형벌에서 이용한 것은 후에 가서야(오래 전부터 존재했지만 다른 의미로 사용된) 절차에 **삽입되고** 해석되었다는 것, 요컨대 우리의 순진한 도덕 계보학자와 법률 계보학자가 지금까지 가정해 온 것이 사실에 부합되지 **않는다**는 점이다. 이들 계보학자들은 하나같이, 일찍이 손은 붙잡기 위한 목적으로 만들어졌다고 생각되었듯이, 절차란 형벌을 가할 목적으로 **고안되었다고** 생각해 왔다.

이제 형벌에서 다른 하나의 요소인 유동적인 것, 즉 형벌의 '의미'에 관해 말하자면, 지극히 후기의 문화 상태(예컨대 오늘날의 유럽)에서는 '형벌'이라는 개념은 사실상 단 하나의 의미를 나타내는 것이 아니라, '여러 의미'의 총합을 나타낸다. 지금까지의 형벌 일반의 역사, 즉 다양한 목적으로 형벌을 이용해 온 역사는 결국, 분해하고 분석하기 어려우며, 어떻게든 강조되어야 하지만 도무지 뭐라고 **정의할 수 없는** 일종의 통일체로 결정(結晶)화된다. (오늘날 사람들이 도대체 **무엇** 때문에 처벌을 받는지 분명하게 말하기는 불가능하다. 전체 과정이 그 안에 기호학적으로 농축되어 있는 개념은 모두 정의하기가 쉽지 않다. 역사가 없는 것만 정의할 수 있을 뿐이다.) 반면에 문화의 초기 단계에서는 '여러 의미'의 저 종합이 아직은 분해할 수 있고, 또한 변경할 수 있는 것으로 보인다.

우리는 각각의 개별적인 경우에 종합의 요소들이 어떻게 자신의 결합가(結合價)를 변화시키고 그에 따라 새로이 배치를 바꿀 수 있는지를, 그리하여 때로는 이런 요소가 때로는 저런 요소가 여타의 요소를 희생시키며 나타나서 지배하는 가를, 그러니까 경우에 따라서는 하나의 요소(가령 위협하려는 목적과 같은)가 나머지 요소 전체를 폐기해 버리는 듯한 것을 아직 인식할 수 있다.

형벌의 '의미'가 얼마나 불확실하고 얼마나 뒤늦게 덧붙여지며 얼마나 우연적인지, 그리고 하나의 동일한 절차가 근본적으로 다른 의도에 따라 어떻게 이용되고 해석되며 정리될 수 있는지에 대해 적어도 하나의 표상을 제시하기 위해, 비교적 얼마 안 되는 우연히 입수한 자료를 토대로 내 자신이 관심을 집중해 온 도식을 여기서 살펴보자.

위험성을 없애는 것, 더 이상의 피해를 방지하는 것으로서의 형벌. 피해자에게 어떤 형태로든(정동의 보상 형태로도) 손해를 변상하는 것으로서의 형벌. 교란의 확산을 방지하기 위해 균형 교란자를 격리하는 것으로서의 형벌. 형벌을 정하고 집행하는 자들에 대한 두려움을 불러일으키기 위한 것으로서의 형벌. 범죄자가 그때까지 누려온 이득에 대한 일종의 대응 조치로서의 형벌(예들 들어 범죄자가 광산의 노예로 이용되는 경우). 퇴화적 요소를 제거하는 것으로서의(경우에 따라서는 중국법에서 보는 바처럼, 종족의 순수성을 보존하거나 어떤 사회 유형을 고수하기 위해 일족 전체를 제거하는 것으로서의) 형벌. 축제로서, 즉 마침내 물리친 적을 능멸하고 조롱하는 것으로서의 형벌. 수형자에 대해서든, 형 집행을 목격하는 자에 대해서든, 소위 '교도(矯導)'라는 이름으로 기억을 새기게 하는 것으로서의 형벌. 범법자를 극단적인 복수로부터 지켜 주는 권력 쪽에서 맺은 사례비 지불로서의 형벌. 자연 상태의 복수가 강한 종족에 의해 아직 유지되고 있고, 특권으로 요구되고 있는 한, 자연 상태의 복수와 타협하는 것으로서의 형벌. 평화, 법률, 질서, 정부 당국의 적에 대한 선전포고나 전투수칙으로서의 형벌인데, 공동체에 위험이 되는 이 적은 공동체의 존립조건인 계약을 파기한 자이자 반역자, 배신자, 평화의 파괴자로 바로 전쟁에서 사용할 만한 무기로 무찔러야 하는 대상이다.

14

이 목록이 완전하지 않은 것은 확실하다. 형벌에 온갖 종류의 효용성을 지나치게 부담시킨 것은 분명한 사실이다. 그러므로 물론 상식적인 생각으로는 가장 본질적인 것으로 간주되는 **잘못 추정된** 효용성을 형벌에서 제거할 수 있는 것이다.

오늘날 여러 가지 이유 때문에 흔들리고 있는 형벌에 대한 믿음은 바로 그 효용성에서 가장 강력한 지지대를 발견하고 있다. 형벌은 죄지은 사람에게 **죄책감**을 일깨우는 가치를 지녀야 한다. 그래서 사람들은 '양심의 가책'이니 '죄의식'이라 불리는 저 정신적 반응의 본래적인 도구를 형벌에서 찾고 있다. 하지만 그렇기 때문에 오늘날에도 현실과 심리가 잘못 파악되고 있는 것이다. 그러니 인류의 가장 오랜 역사인 인류의 선사시대에 대해서는 얼마나 엄청난 오류가 저질러졌겠는가! 범죄자나 수형자가 양심의 가책을 느끼는 일은 극히 드물어서, 감옥이나 교도소는 이러한 설치류 좀이 번식하기에 좋은 부화 장소가 아니다. 많은 경우 그와 같은 판단을 내리기를 매우 꺼려하며 그런 판단을 자신의 본래 소망에 반하는 것이라고 하는 양심적인 관찰자들도 이 점에 대해서는 다들 의견 일치를 보이고 있다.

일반적으로 말해서 형벌은 인간을 냉혹하고 비정하게 만든다. 형벌은 자기중심적으로 만든다. 형벌은 소외감을 높인다. 형벌은 저항력을 키워 준다. 형벌이 인간의 활력을 꺾어 버리고 가련한 의기소침과 자기비하를 초래하게 된다면, 그러한 결과는 무미건조하고 음울한 엄숙함이라는 특징을 지니고 있는 형벌의 평균적인 효과보다 확실히 더 못하다고 할 수 있다. 그러나 우리가 인간의 역사가 있기 이전의 수 천 년을 생각해 본다면, 죄책감의 발달은 바로 형벌을 통해 가장 강력하게 **억제되었다**고 주저 없이 단정할 수 있다. 적어도 형벌권에 의해 처벌받은 희생자와 관련해서 살펴보면 그러하다. 말하자면 범죄자가 재판 절차나 형 집행 절차 자체를 봄으로써 자신의 행위나 행동 방식을 **그 자체로** 비난받을 만한 일로 느끼는 데 얼마나 방해받는지에 대해 우리는 과소평가해서는 안 된다. 왜냐하면 범죄자는 바로 똑같은 종류의 행위가 정의를 위해 행해지고, 그러고 나서 훌륭하다고 불리며 양심의 거리낌이 없이 행해지는 것을 보기 때문이다. 즉 간첩행위, 계략, 매수, 모함이나 경찰과 검찰의 교활하며 닮고 닮은 술책 전체, 다양한 종류의 형벌에 뚜렷이 나타나는 것처럼, 감정상으로는 용서할 수 없는 일이지만 원칙적으로는 허용되는 강탈, 폭압, 모욕, 감금, 고문, 살해 등―이 모든 것을 자신의 판사는 결코 **그 자체로** 비난받거나 처벌받아야 할 행동으로 생각하는 것이 아니라, 오히려 범죄자가 보기에 그 행동들을 단지 어떤 관점에서 적용하기 위한 것으로만 생각하기 때문이다.

'양심의 가책'이라는 우리 지상의 초목 중에서 가장 으스스하고 흥미로운 이 식물은 이러한 형벌의 토양에서 자란 것이 아니다. 사실 재판관이나 형 집행인들조차도 극히 오랜 세월 동안 자신들이 '죄인'과 관계하고 있음을 의식하지 **못했**다. 오히려 그들이 다룬 대상은 피해를 일으킨 자, 무책임한 하나의 숙명적인 존재였던 것이다. 그리고 그 후에 형벌이 다시 한 움큼의 숙명처럼 범죄자의 머리 위에 떨어졌을 때, 그 자신은 예측하기 어려운 어떤 사건, 끔찍한 자연 현상이 갑자기 일어난 것 같은 느낌, 어디선가 갑자기 바윗덩어리가 굴러 떨어져 세게 짓누르는 바람에 도저히 더 이상 손쓸 수 없게 된 느낌 말고는 아무런 '내적인 고통'도 느끼지 못했던 것이다.

15

언젠가 스피노자는 이런 사실을 자신도 모르는 사이에 불현듯 의식하게 되었다(예컨대 구노 피셔[5]처럼 스피노자를 이런 점에서 어떻게든 오해하려고 노력하는 그의 해석자들은 언짢아하고 있다). 그가 어떤 추억을 더듬던 중에, 과연 자신에게도 유명한 양심의 가책이란 게 남아 있을까 하는 의문에 잠겨 있던 어느 날 오후에 그런 일이 일어났던 것이다. 선과 악을 인간의 상상력 아래에 있는 것으로 치부한 그는, 신은 모든 일을 선한 이성 아래에서 한다("하지만 이 말은 신을 운명에 종속시킨다는 뜻이어서, 진실로 모든 불합리한 것 중에서 최악의 것이 될 것이다"[6])고 주장하는 저 신을 모독하는 자들에 분연히 맞서 자신의 '자유로운' 신의 명예를 옹호했다.

스피노자는 세계가 양심의 가책을 생각해내기 이전의 순진무구한 상태로 다시 되돌아간 것으로 보았다. 그럼 양심의 가책은 어떻게 되었단 말인가? 그는 마침내 자신에게 이렇게 말했다. "즐거움의 대립물로서, 우리의 모든 기대를 저버

---

5   피셔(Guno Fischer, 1824~1907)는 현대 철학의 역사를 다룬 10권에서 현대 철학자들에게 대한 훌륭한 논문을 실었는데, 그 중에서 한 권이 스피노자를 연구한 책이다.

6   스피노자 『윤리학*Ethica*』 I, 정리 33, 주석 2.

린 지나간 사건을 생각할 때 생기는 것이 슬픔이다."(『윤리학 Ethica』제3부, 정리 18, 참조 1, 2) 나쁜 짓을 저질러 처벌을 받게 된 자들이 수천 년 동안 자신의 '범행'에 대해 느낀 감정도 스피노자가 느낀 것과 다르지 않았다. 즉 "여기서 뜻하지 않게 일이 잘못 되었구나" 하는 느낌이지 "그런 일을 하지 말았어야 하는데" 하는 느낌은 아니었다. 사람들이 병이나 불행이나 죽음에 복종하는 것처럼, 그들은 반항을 모르는 저 과감한 숙명론으로 형벌에 복종했던 것이다. 예를 들어 러시아인들은 그러한 과감한 숙명론이 있기에 우리 서구인들보다 삶을 다루는 데에 이점이 있는 것이다. 만일 당시에 행위에 대한 비판이 있었다면 행위에 비판을 가한 것은 바로 현명함이었다. 즉 의심의 여지없이 우리는 **형벌**의 본래적인 효과를, 무엇보다도 현명함을 높인다는 점에서, 더욱 오래 기억하게 한다는 점에서, 앞으로는 보다 신중하게 보다 의심을 품고 보다 은밀하게 일에 임하려는 의지에서, 많은 일을 단 한 번 만에 끝내기에는 힘이 미약하다는 깨달음에서, 자기비판을 해야 그나마 개선이 있다는 점에서 찾아야 한다.

　인간이나 동물의 경우에 형벌이란 대체로 공포를 증가시키고 현명함을 높이며 욕망을 제어하게 해줄 뿐이다. 따라서 형벌은 인간을 **길들이긴** 하지만, 인간을 '더 나은' 존재로 만들지는 못한다. 오히려 그 반대 주장이 더 옳을지도 모른다. ("손해를 봐야 약아진다"는 속설이 있다. 그런데 손해를 보면 약아지기도 하지만 못돼지기도 한다. 다행히도 못 말릴 정도로 어리석어지는 경우도 종종 있다.)

16

이 시점에 이르러 나는 이제 '양심의 가책'의 기원에 대한 나의 가설을 일단 잠정적이나마 표현하는 것을 더 이상 피할 수 없게 되었다. 그 가설은 쉽게 알아듣기 힘들지도 모르며, 오랫동안의 사려며 주의와 숙고를 요할 것이다.

나는 양심의 가책을 인간이 체험한 모든 변화 중에서 가장 철저한 저 변화의 압력으로 걸리지 않을 수 없었던 심각한 병이라고 간주한다. 저 변화란 인간이 결국 사회와 평화의 속박에 갇혀 있음을 알았을 때의 변화를 말한다. 육지동물이 되든가 아니면 사멸하지 않을 수 없었을 때 수생동물에게 일어나야 한 것과 똑같은 상황이, 야생 생활, 전쟁, 방랑 생활, 모험에 잘 적응한 인간이라는 이 반(半) 동물에게도 일어난 것이다. 갑자기 그들의 모든 본능은 가치를 상실하고 '핵심이 빠지게' 되었다.

그들은 지금까지는 물에 의해 운반되었던 곳을 이제부터는 두 발로 걸어서 '자기 자신을 운반'해야 했다. 끔찍한 무게가 그들을 짓눌렀다. 그들은 극히 간단한 일을 처리하는 것조차도 서투르다고 느꼈다. 그들에게는 이 새로운 미지의 세계를 헤쳐 나가게 이끌어 줄 옛 안내인, 규율하며 자신도 모르게 안전하게 이끌어줄 본능이 더 이상 없었다. 이 불행한 인간인 그들은 단지 사유, 추리, 예측하고, 원인과 결과를 결합하는 존재로 쪼그라들었고, 그들의 가련하기 짝이 없고 걸핏하면 잘못을 범하기 쉬운 '기관'인 그들의 의식에만 의지하게 되었던 것이다! 내 생각으로는 지상에 일찍이 그러한 비참한 감정, 그러한 납덩이처럼 묵직한 불쾌감은 없었다. 그렇다고 해서 저 낡은 본능이 늘 하던 요구를 단번에 그만둔 것은 아니었다! 단지 그 요구를 충족시키기가 곤란했고 거의 불가능했을 뿐이다. 주로 이 낡은 본능은 새로운, 말하자면 은밀한 만족을 추구하지 않을 수 없었다. 외부로 발산되지 않는 본능은 모두 **안으로 향하게** 마련이다. 내가 인간의 **내면화**라고 부르는 것이 바로 이것이다. 이로써 사람들이 훗날 '영혼'이라고 부르는 것이 비로소 인간에게서 자라나게 된다. 원래는 두 개의 피부 사이에 끼어 있는 것 같던 얇디얇은 전체 내면세계가 인간 본능이 밖으로 발산되는 것이 저지됨에 따라 점차 분화되고 팽창되어 깊이와 너비와 높이를 더하게 되었다.

자유라는 오래된 본능으로부터 스스로를 지키기 위해 국가 조직이 구축해 놓은 저 끔찍한 방벽(防壁)—특히 형벌도 이러한 방벽 중의 하나이다—은 야생 생활을 하고 아무 거리낌 없으며 이리저리 유랑하던 인간의 저 모든 본능을 반대 방향으로 돌려 **인간 자신을 향하게** 했다. 적의, 잔인함, 그리고 박해, 기습, 변혁 및 파괴의 욕구―이 모든 것이 그러한 본능을 소유한 자를 향해 방향을 돌리는 것, 이것이 바로 '양심의 가책'의 기원인 것이다. 외부의 적과 저항이 없어지고, 관습의 답답한 기분을 주는 협소함과 규칙성 속에 처넣어진 인간은 도저히 참을 수 없어 자기 자신을 찢어 버리고 책망하고 물어뜯고 몰아대고 학대했다. '길들여' 보려고 했지만 자신이 갇힌 우리의 쇠창살에 몸을 부딪쳐 상처투성이가 된 이 동물, 황야를 그리워하며 그에 대한 향수로 야위어 가며 제 스스로 모험, 고문대, 불안하고 위험한 야생 상태를 만들어내지 않을 수 없었던 동물―이 바보, 이 그리움에 지쳐 절망한 죄수가 '양심의 가책'을 생각해낸 것이다. 그러나 이와 더불어 인류가 지금까지도 치유하지 못하고 있는 가장 중대하고도 무시무시한 병, 즉 인간이 **인간**에게, **자기 자신**에게 시달리는 병이 시작되었던 것이다. 이것은 인간이 자신의 동물적인 과거를 억지로 떼어놓은 결과이고, 말하자면 새로운 상황이나 생존 조건에 뛰어들었다가 나둥그러진 결과이며, 이제까지 자신의 힘이며 욕망과 공포의 기반이었던 오랜 본능에 선전포고를 한 결과이다.

바로 여기서 덧붙여 말하자면, 다른 한편으로는 동물의 영혼이 자기 자신에게 등을 돌리고 자기 자신과 반대되는 편을 든 사실로 지상에 너무나 새롭고 심원하며, 들어보지 못하고 수수께끼 같으며, 모순투성이고 **미래로** 충만한 것이 주어지게 되었으며, 그로 인해 지상의 모습은 근본적으로 변하게 되었다. 사실상 그것으로 시작하여 아직 전혀 그 결말의 실마리가 보이지 않던 그 광경의 진가를 평가하기 위해서는 신과 같은 관객이 필요했다. 그것은 어떤 우스꽝스러운 천체에서 아무 의미 없이 눈에 띄지 않게 벌어지기에는 너무나 미묘하고 불가사의하며 모순투성이의 광경이었던 것이다! 그때부터 인간은 헤라클레이토스의 '커다란 어린이'―제우스나 우연이라고 불리기도 하는―가 하는 가장 예측하기 어렵고 가장 스릴 넘치는 행운의 주사위 놀이[7]의 하나로 생각되었다. 인간은 마치 인간이라는 존재로 무언가가 통고되고 준비되기라도 하는 것처럼, 마치 인간이란 목표가 아니라 다만 하나의 길이자 에피소드이며, 하나의 다리이자 커다란 약속이기라도 하는 것처럼, 흥미와 긴장과 희망과 거의 확신 같은 것을 불러일으킨다.

17

양심의 가책의 기원에 대한 이러한 가설의 전제는, 첫째

---

7   양자역학의 확률론적 해석을 비판하면서 아인슈타인은 '신은 우주를 대상으로 주사위 놀이 따위는 하지 않는다'고 하지만 차라투스트라는 '세상은 주사위 놀이를 하는 신들의 도박대'라고 말한다. 차라투스트라가 말하는 주사위 놀이의 성격은 목적론의 거부이다. 마치 어린아이 놀이처럼 행복하고 질리지 않는 놀이로서의 삶을 말한 사람이 헤라클레이토스이다.

그러한 변화가 점진적인 변화나 자발적인 변화가 아니고, 새로운 조건에 유기체의 발육처럼 적응해가는 것으로 나타나지도 않고, 오히려 단절과 비약, 어떠한 투쟁이나 아무런 원한조차 없었던 피할 수 없는 숙명으로 나타난다는 사실이다. 그러나 둘째로, 지금까지는 구속을 받지 않고 형태가 없던 주민을 고정된 틀 속에 끼워 넣는 작업이 폭력 행위로 시작되었듯이 순전히 폭력 행위로만 끝을 맺게 되었다는 점이며, 그에 따라서 가장 오래된 '국가'는 끔찍한 폭정으로, 인정사정 없이 으깨 버리는 기계장치로 드러났고, 그런 행위를 계속한 결과 민중과 반(半) 동물이라는 그러한 원료는 마침내 충분히 반죽되어 유순해졌을 뿐만 아니라 **형태를 갖추게** 되었다는 것이다.

나는 '국가'라는 용어를 사용했지만, 그것이 뜻하는 바는 굳이 말하지 않아도 자명하다. 그것은 한 무리의 금발의 맹수, 정복자 종족과 지배자 종족을 뜻하는 것이다. 전투 체제로 편성되어 있고, 조직화된 힘을 갖고 있는 이들은 수적으로는 아마 훨씬 우세하겠지만 아직 형태를 갖추지 못하고, 아직 유랑하고 있는 주민에게 주저 없이 무서운 발톱을 들이댔다. 그러니까 이런 식으로 '국가'가 지상에서 시작된 것이다. 이것으로 나는 국가가 '계약'으로 시작되었다는 몽상이 끝났다고 생각한다.

명령할 능력이 있는 자, 천성적으로 '지배자'의 성격을 지닌 자, 하는 일이나 거동에서 폭력적인 모습을 드러내는 자─이러한 자에게 계약이라는 게 무슨 의미가 있겠는가! 그러한 존재는 고려의 대상이 아니다. 그들은 아무런 이유나 이성도, 아무런 고려나 구실도 없이 운명처럼 다가오는 것이다. 그들은 마치 번개처럼 어느새 와 있는 것이며, 또한 단순히 미움을 받기에는 너무 무섭고 너무 급작스러우며, 너무 확신에 차 있고 너무 '다르다'. 그들은 본능적으로 형식을 창조하며 형식을 새겨 넣는 일을 한다. 그들은 이 세상에 존재하는 가장 비의도적이고, 가장 무의식적인 예술가이다. 그들이 나타나는 곳에는 머지않아 무언가 새로운 것이 생겨나고, 살아 있는 어떤 지배 구조가 만들어진다. 이 지배 구조 내에서 여러 부분과 기능은 엄격히 구분되면서 관계를 맺게 되고, 그 어느 것도 전체와 관련해서야 비로소 하나의 '의미'를 갖게 된다. 그들, 이 타고난 조직자들은 죄가 무엇인지, 책임이 무엇인지, 고려가 무엇인지 알지 못한다. 그들은 마치 어머니가 자식에게서 정당성이 입증되듯이, '작품' 속에서 그 정당성이 영원히 입증된다는 것을 미리 알고 있는, 청동처럼 반짝이는 저 끔찍한 예술가 이기주의에 지배되고 있다.

'양심의 가책'이 그들에게서 자라나지 않았다는 사실은 애당초부터 자명하다. 그러나 이 보기 흉한 식물은 그들이 없었다면 자라나지 않았을지도 모른다. 이 식물은 그들의 망치질과 예술가적 폭압 아래 엄청난 양의 자유가 세계에서, 적어도 눈에 보이는 세계에서 창출되고, 말하자면 **잠재적인 것으**로 되지 않았다면, 생겨나지 않았을지도 모른다. 폭력에 의해 잠재적인 것으로 된 이 **자유의 본능**—우리가 이미 파악하고 있는 바이지만—, 억눌리고 뒤로 물러나서 내면으로 유폐된 다음 마침내 자기 자신에게만 겨우 발산하고 분출하게 된 이 자유의 본능, 이것, 오직 이것이야말로 **양심의 가책**이 생겨나게 된 발단인 것이다.

18

이러한 전체 현상이 애당초부터 보기 흉하고 고통을 안겨 준다고 해서 이를 하찮게 평가하지 않도록 해야 한다. 사실상 저 폭력적 예술가와 조직자들에게서 비교적 대규모로 작용하여 국가를 건설하는 것과 동일한 능동적인 힘이 여기서는 내면적으로 보다 작아지고 보다 옹색한 규모로, 반대 방향으로, 괴테의 말을 빌면 '가슴의 미궁' 속에서 양심의 가책을 만들어내고, 부정적 이상을 건설하는 것이다. 이것이 바로 **자유의 본능**(나의 말로 하자면 힘에의 의지이다)이다. 이 힘의 조형적이고 폭력적인 성질이 표출되는 소재가 여기서는 바로 인간 자신이고, 인간의 오래된 동물적인 자기 전체일 뿐이지, 좀 더 규모가 크고 명백한 저 현상에서처럼 **다른 인간, 다른 인간**들이 아닌 것이다.

이러한 은밀한 자기 학대, 이러한 예술가적 잔인함, 묵직하고 반항적이며 괴로워하는 소재인 자기 자신에게 형태를 부여하여, 그것에 의지, 비판, 모순, 경멸, 부정을 구워 넣는 이러한 쾌감, 괴롭히는 쾌감 때문에 스스로를 괴롭히며 자기 자신과 기꺼이 심적 갈등을 일으키는 영혼의 이러한 무시무시하고 끔찍하리만치 기분 좋은 일─이러한 **능동적인** '양심의 가책' 전체는 결국─이미 짐작하고 있겠지만─이상적이고 상상적인 현상의 본래적인 모태로서도 충분한 양의 새롭고 의아스런 아름다움과 긍정을 내보였는데, 어쩌면 이로써 비로소 아름다움 그 자체를 내보인 것일지도 모른다……

만일 애초에 아름다움과 모순되는 것이 자기 자신의 의식에 떠오르지 않았다면, 만일 애초에 추한 것이 자기 자신에게 '나는 추하다'라고 말하지 않았다면, 대체 '아름다움'이라는 게 있을 수 있겠는가?…… 적어도 이런 귀띔을 받은 후에는 **몰아**(沒我), **자기부정**, **자기희생**과 같은 모순되는 개념들 속에 이상이며 아름다움이 어느 정도만큼 암시되어 있을 수 있는가 하는 수수께끼는 그다지 풀기 어렵지 않을 것이다. 따라서 다음의 한 가지 사실을 이제 알게 될 터인데, 그 점에 대해서 나는 의심치 않는다. 즉 몰아의 경지에 **빠진** 자, 자기부정자, 자기희생자가 맛보는 **쾌감**은 원래 어떤 종류의 것인가 하는 점이다. 이러한 쾌감은 잔인성의 일종인 것이다. **도덕적** 가치로서의 '비이기적인 것'의 유래와 이 가치가 자라난 토양을 표시하는 일에 대해서는 우선 다음 사실만을 지적해두기로 하겠다. 즉 양심의 가책과 자기학대에의 의지야말로 비이기적인 것의 **가치**를 낳는 전제가 되는 것이다.

19

양심의 가책이란 하나의 병이다. 이것은 의심의 여지가 없는 사실이다. 그러나 이것은 임신이 하나의 병이라는 것과 같은 의미에서의 병이다. 이 병이 가장 끔찍하고 가장 숭고한 정점에 이르게 된 조건들을 찾아보기로 하자. 우리는 이 병과 더불어 과연 무엇이 세상에 처음으로 모습을 드러냈는지 알게 될 것이다. 그러나 그러기 위해서는 끈질기게 참고 기다리는 것이 필요하다. 그리고 먼저 우리는 또다시 앞에서 말한 관점으로 되돌아가야 한다. 이미 비교적 장황하게 거론한 바 있는 채무자의 그의 채권자에 대한 사법(私法)적인 관계는 또한 번, 그것도 역사적으로 매우 주목할 만하고 예사롭지 않은 방식으로, 우리 현대인으로서는 가장 이해하기 어려운 관계로, 즉 **현재 세대**의 그들 **조상**에 대한 관계로 확대 해석되었다.

원래적인 종족 집단—원시 시대를 두고 하는 말이다—내부에서 볼 때 현재의 세대는 앞선 세대에 대해, 특히 종족의 기초를 세운 시조(始祖)에 대해 법률적인 의무를 지고 있음을 매번 인정한다(그런데 이것이 단순히 감정상의 책무는 결코 아니다. 인류의 장구한 역사를 살펴볼 때 이러한 감정상의 책무를 부정하는 것은 나름대로 근거가 있다고 하겠다). 여기서는 종족이 전적으로 조상의 희생과 업적에 의해서만 **존속한다**는 확신, 희생과 업적을 통해 조상에게 **되갚아야** 한다는 확신이 지배한다. 즉 이 말은 이 조상이 강력한 혼령의 형태로 계속 존속해서 그들의 힘으로 종족에게 새로운 이익과 선불을 베풀기 때문에 그 부채가 계속 늘어난다는 것을 인정한다는 뜻이다. 가령 조상은 그냥 공짜로 그러는 것일까? 하지만 저 조야하고 '영혼이 빈약하던' 시대에 '공짜'란 없다. 후세 사람이 조상에게 되돌려줄 수 있는 게 무엇일까? 제물(가장 거칠게 이해하자면 처음에는 음식물), 축제, 축가, 의례(儀禮), 무엇보다도 복종이었다. 왜냐하면 관습은 조상이 만든 것으로서, 그들의 법령이자 명령이기 때문이다. 그러면 조상의 은덕에 충분히 보답하는 것일까? 이러한 의혹은 계속 남아서 자꾸 커져간다. 때때로 이러한 의혹은 한꺼번에 크게 변상할 것을, '채권자'에게 무언가를 엄청나게 되갚을 것을 강요한다(예를 들어 악명 높은 첫 아이의 희생을 말하는데, 어떤 경우에도 피, 사람의 피를 강요한다).

조상과 그들의 힘에 대해 느끼는 **두려움**, 조상에 대한 부채 의식은 이러한 종류의 논리에 따라 종족 자체의 힘이 커가는 것에 정비례하여, 종족 자체가 점점 더 빛나는 승리를 거두고 더욱 독립적이 되어 존경을 받고 두려움을 받는 것에 정비례하여 반드시 커지게 마련이다. 결코 그 반대가 아닌 것이다!

종족이 위축되어가는 각각의 단계, 온갖 비참한 사건, 퇴화하고 해체되기 시작하는 모든 징조는 오히려 언제나 시조의 혼령에 대한 두려움도 **감소시키고**, 시조가 현명하고 용의주도하며 그의 힘이 지금 함께 한다는 생각을 점점 더 약화시킨다. 이런 투박한 종류의 논리가 결국 어떤 결말에 이르는지 생각해 보자. 즉 결국 **가장 힘센** 종족의 조상은 두려움 자체가 커지자 상상 속에서 어마어마한 존재로 자라나서, 신적인 무서움과 신비의 어둠 속으로 밀려들어가지 않을 수 없다. 이리하여 조상은 결국 필연적으로 **신**의 모습으로 변형되고 마는 것이다. 아마 이것이 바로 신들의 기원, 그러므로 **두려움**에서 비롯한 기원일지도 모른다!……

'그런데 경건에서 비롯한 기원일지도 모른다!'라고 덧붙일 필요가 있다고 생각하는 사람은 인류의 저 가장 오랜 시대인 선사시대에 대해서는 자신의 주장을 내세우기가 어려울지도 모른다. 하물며 고귀한 종족이 형성된 **중간 시대**에 대해서는 두 말할 필요가 없을 것이다. 이 고귀한 종족은 사실 그러는 사이에 자신들에게 분명히 드러난 모든 특성, 즉 고귀한 특성을 물려받은 대가로 자기들의 시조와 조상(영웅과 신들)에게 이자까지 쳐서 갚았던 것이다. 우리는 신들의 귀족화와 고귀화(물론 신들의 '신성화'는 결코 아니다)에 대해서는 나중에 가서 다시 살펴볼 것이다. 지금은 죄책감이 발전해가는 모든 과정만을 우선 끝까지 밝히도록 하자.

20

역사가 가르쳐주고 있는 것처럼, 신성(神性)에 부채를 지고 있다는 의식은 '공동체'라는 혈연에 기초한 조직 형태가 몰락한 후에도 결코 사라지지 않았다. 인류는 '좋음과 나쁨'의 개념을 세습 귀족(위계질서를 세우려는 그들의 심리적인 기본 성향과 함께)에게서 물려받은 것과 똑같은 방식으로, 종족신이나 부족신과 더불어 아직 갚지 못한 부채의 부담과 그 부채를 상환해야겠다는 부담도 유산으로 물려받았다. (수많은 노예와 농노가 이러한 과도기적 역할을 수행하는데, 이들은 강제에 의해서든 굴종이나 모방에 의해서든, 자기들 주인의 신에 대한 의식(儀式)에 적응해 버렸다. 그런 다음에 그들로부터 이러한 유산이 온 사방으로 넘쳐흐르게 된다.)

신에 빚을 지고 있다는 죄책감이 수천 년에 걸쳐 끊임없이 자라났고, 그것도 지상에서 신의 개념과 신의 감정이 자라나서 고조되는 것과 정비례하여 계속 자라났던 것이다. (민족 간의 전투, 승리, 화해 및 융합에 관한 모든 역사는, 모든 위대한 인종을 종합하는 일에서 모든 민족 요소들의 최종적 위계질서에 선행하는 모든 것은 그들 신들의 뒤죽박죽인 계보에, 그들의 전투와 승리와 화해의 전설에 고스란히 반영되어 있다. 보편 제국에 이르는 길은 언제나 보편 신에 이르는 길이기도 하고, 독립적인 귀족을 제압하고 행해지는 전제정치는 언제나 어떤 것이든 일신교로 나아가는 길을 터는 것이기도 하다.) 따라서 지금까지 도달된 최고의 신인 기독교

신의 출현은 그 때문에 또한 최고치의 죄책감을 지상에 나타내 보였다.

만약 우리가 점차 **정반대**의 운동을 일으켰다면 기독교 신에 대한 신앙은 십중팔구 끊임없이 쇠퇴해 갔을 것이므로, 오늘날에는 인간의 죄책감도 이미 상당히 줄어들었을 거라고 추론할 수 있을지도 모른다. 그러니까 무신론이 완벽하게 결정적 승리를 거둠으로써 인류가 자신의 시초에, 제1원인causa prima[8]에 대해 부채가 있다는 이러한 전체 감정에서 해방될지도 모른다는 전망을 배제할 수 없다. 무신론과 일종의 제2의 **순진무구함**은 상호 의존관계에 있는 것이다.

21

이상으로 우선 간략하게나마 '죄', '의무'라는 개념과 종교적 전제와의 연관성에 관해 말하였다. 나는 지금까지 이들 개념의 본래적인 도덕화 작업(그러한 개념을 양심 속에 되밀어 넣는 일, 보다 명확히 말하자면 양심의 가책을 신의 개념과 연루시키는 일)은 일부러 제쳐놓았다. 그리고 심지어 앞 절의 끝 부분에 가서는 마치 이러한 도덕화가 전혀 존재하지 않는 것처럼, 따라서 그 개념들의 전제가 되는 우리의 '채권자'인 신에 대

---

8 철학에서 모든 원인의 연쇄가 궁극적으로 거슬러 올라가는 자기창조된 존재인 신을 말하는 용어.

한 신앙이 무너진 후에는, 이제 그러한 개념들도 어쩔 수 없이 몰락하기라도 하는 것처럼 말했다. 그런데 사실은 그것과 끔찍할 정도로 판이하다.

죄와 의무라는 개념을 도덕화하여, 그것을 양심의 **가책** 속에 되밀어 넣는 것과 아울러, 사실상 앞서 언급한 발전 방향을 **반대로 되돌리려는** 시도, 최소한 그 움직임을 정지시키려는 시도가 행해졌다. 그리하여 비관적인 일이지만 이제 이번을 끝으로 부채를 완전히 갚을 전망이 꼭꼭 닫혀 버려야 하고, 이제 시선은 어찌 할 수 없는 절대적인 불가능에 부딪쳐 절망적으로 되 튕겨 와야 하며, 이제 '죄'나 '의무'와 같은 저 개념은 뒤로 향해야 **한다**―그런데 대체 **누구를** 향한단 말인가? 의심할 것도 없이 그것은 무엇보다도 '채무자'를 향했던 것이다. 이제부터 양심의 가책은 채무자에게 뿌리를 내리고 파고들어 뻗어가서 해파리처럼 자라나서는, 부채를 해결할 수 없는 것과 아울러 속죄도 해결 할 수 없다는 생각, 즉 죄는 갚아 나갈 수 없다('영원한 형벌')는 생각이 싹트게 되었다. 그러나 그 개념은 결국 '채권자'에게까지 향하게 된다. 그런데 이 점에 대해서는 인간의 제1원인과 인간 종족의 시초를, 이제부터 저주에 붙잡혀 있는 인류의 시조('아담', '원죄', '의지의 부자유')를 생각해 보라. 또는 인간이 생겨나게 한 모태이나 이제는 악의 원리가 들어가 있는 자연('자연의 악마화')을 생각해 보라. 또는 **무가치한 것 그 자체**로 남아 있는 생존 일반(허무주의적으로 생존을 등지는 것, 무(無)에 대한 갈망, 또는 생존의 '반대 개념', 달리 존재함(他在), 불교나 그와 유사한 것에 대한 갈망)을 생각해 보는 것도 좋을 것이다. 그리하여 급기야 우리는 고통을 받는 인류가 잠시 위안을 얻었던 역설적이고 끔찍한 방편인 **기독교**의 저 독창적 착상과 갑작스레 맞닥뜨리게 된 것이다. 즉 신 자신이 인간의 죄를 속죄하기 위해 스스로를 희생한다. 신 자신이 자기 자신한테 스스로를 속죄 받는다. 신이란 인간 자신으로서는 상환할 수 없게 된 것을 인간으로부터 상환할 수 있는 유일한 존재이다. 채권자가 자신의 채무자를 위해 자신을 희생한다, 사랑 때문에, 이것을 믿어도 될까?, 자신의 채무자에 대한 사랑 때문에!……

22

사실 여러분은 이 모든 사정으로, 이 모든 사정 **하**에서 무슨 일이 일어났는지 이미 짐작했을 것이다. 내면화되어 자기 자신 속으로 내몰린 동물적 인간, 길들이기 위해 '국가' 속에 갇힌 동물적 인간의 저 자학에의 의지, 저 억압된 잔인성이 일어났던 것이다. 이 갇힌 인간은 남을 괴롭히려고 하는 생각의 **보다 자연스러운** 출구가 막혀 버리자 자기 자신을 괴롭히기 위해 이러한 양심의 가책을 생각해냈다. 양심의 가책을 지닌 이 인간은 자기 고문을 말할 수 없이 소름끼칠 만치 가혹하고 준엄하게 몰아가기 위해 종교적 전제를 받아들여 자기 것으로 했다. 신에게 죄를 지었다는 사실—이러한 생각이 그에게 고문의 도구가 된다.

인간은 '신'을 자신의 본래적이고 변상할 길 없는 동물적 본능의 궁극적인 대립물로 파악한다. 그는 이러한 동물적 본능 자체를 신에 대한 죄로('주님', '아버지', 시조 및 세계의 시초에 대한 적의, 반항, 반란으로) 새롭게 해석한다. 그는 '신'과 '악마' 사이의 모순에 스스로를 옭아맨다. 인간은 자기 자신과 자기 존재의 본성, 자연성, 사실성에 대한 부정을 모두 자신의 바깥으로 내던져 버리고, 이를 하나의 긍정으로, 육체를 가지고 현실적으로 존재하는 것으로, 신으로, 신의 신성으로, 신의 심판으로, 신의 처형으로, 저편의 세계로, 영원으로, 끝없는 고통으로, 지옥으로, 헤아릴 수 없는 형벌과 죄로 생각했다. 이것이야말로 정신의 잔인함 속에 자리 잡고 있는 정말 그 무엇과도 비길 데 없는 일종의 의지의 착란이다. 즉 이것은 자신이 속죄할 수 없을 만치 죄가 있고 비난받아 마땅하다고 보는 인간의 의지이다. 이것은 어떠한 형벌을 받아도 자신이 지은 죄와는 상응할 수 없다고 생각하는 인간의 의지이다. 이것은 이러한 '고정 관념'의 미궁에서 빠져나갈 탈출구를 이번에야말로 단호하게 차단하기 위해, 사물의 가장 깊은 근저를 벌과 죄의 문제로 감염시키고 유독하게 만들려는 인간의 의지이다. 하나의 이상—'신성한 신의 이상- 을 세워 그 앞에서 자신의 절대적인 무가치함을 분명히 확인하려는

142

인간의 의지이다.

오, 인간이라는 이 미쳐 버린 가련한 짐승이여! **짐승처럼 행동**하는 것을 조금이라도 방해받기만 하면, 그대들은 어떤 생각이 들며, 어떤 부자연스러움이, 어떤 어처구니없는 발작이, 어떤 **관념의 금수성(禽獸性)**이 곧바로 폭발해 버리는 건가!…… 이 모든 일은 지극히 흥미로운 일이지만, 또한 암담하고 음울하며 쇠약해지게 하는 슬픔을 띠고 있기도 해서, 어떻게 해서든 이 심연을 너무 오랫동안 바라보지 않도록 해야 한다. 의심할 것 없이 여기에 **병**이, 지금까지 인간 속에서 맹위를 떨쳤던 가장 무서운 병이 있는 것이다. 이 고통과 불합리의 어둠 속에서 **사랑**의 외침이, 그리움에 불타는 환희의 외침이, **사랑**을 통한 구원의 외침이 어떻게 울려 퍼졌는지 아직 들을 수 있는 사람(그러나 오늘날에 이 소리를 들을 수 있는 귀를 가진 사람은 더 이상 없는 것이다!)은 이겨낼 수 없는 전율에 휩싸여 고개를 돌려 버리고 말리라……인간 속에는 이처럼 끔찍한 것이 너무 많다!…… 지상은 너무 오랫동안 이미 정신 병원이었던 것이다!…….

23

이제 '신성한 신'의 유래에 관해서는 이것만으로도 충분할 것이다. 신들에 관한 개념이 **그 자체로는**, 우리가 잠깐이나마 머릿속에 그려보기도 한 이러한 상상력의 악화를 필연적으로 초래하지는 않는다는 사실, 유럽이 지난 수천 년에 걸쳐 탁월한 수완을 보여 왔던 인간의 이러한 자기고행이나 자기모독을 위해 신이라는 허구를 지어내 사용한 것보다 더 **고귀한 방식**이 있다는 사실―이것은 다행히도 **그리스 신들**을 얼핏 살펴보기만 해도 누구에게서나 쉽게 알 수 있다.

이처럼 그리스 신들은 고귀하고 독단적인 인간의 모습이 반영된 것인데, 그것에 비추어 인간 속의 **동물**은 스스로 신격화되었음을 느껴서, 자기 자신을 찢어발기거나 자기 자신에 대해 광분하지도 **않았던 것이다!** 바로 이들 그리스인들은 '양심의 가책'이 자신에게 근접하지 못하도록, 영혼의 자유를 즐길 수 있도록 오랫동안 그들의 신들을 이용했다. 그러니까 그들은 기독교가 자신의 신을 사용해 왔던 것과는 정반대의 분별력을 보인 것이다. 그들, 훌륭하고 사자처럼 용맹한 이 지각없는 자들은 그런 점에서 **너무 도가** 지나쳤다. 그리하여 호메로스의 제우스가 다름 아닌 자신의 권위로 그들이 너무 경솔함을 때때로 넌지시 암시하곤 했다. "놀라운 일이로다!" 제우스가 언젠가 말했다. 그것은 **매우** 고약한 짓을 저지른 아이기스토스[9]의 경우를 두고 한 말이었다.

9　그리스 신화에서 티에스테스의 아들인 아이기스토스는 자신의 정부인 클리타임네스트라와 공모하여 그녀의 남편 아가멤논을 살해하는 인물이다. 후에 아가멤논의 아들 오레스테스가 성장을 하여 아이기스토스와 클리타임네스트라를 살해한다.

놀라운 일이로다,

죽음을 면치 못할 자들이

소리 높여 신들을 책망하다니!

오직 우리에게서만 악이 나온다고

그들은 잘못 생각하지만,

그들 자신은 어리석음 때문에

운명에도 없는 비참함을 맛보는구나.**10**

　하지만 사람들은 이와 동시에 올림피아의 이 관찰자이자 심판자가 그렇다고 인간에게 화를 내거나 악의를 품지 않는다는 것을 보고 듣는다. "그들은 얼마나 어리석은 존재인가!" 제우스는 죽음을 면치 못할 자들의 악행을 보고 그렇게 생각하는 것이다. '어리석음', '불합리', 약간의 '머릿속의 혼란', 이러한 것을 가장 강하고 가장 과감한 시대의 그리스인들조차 숱한 고약한 일과 불행의 원인으로 **인정했다.** 죄가 아니라 어리석음을 인정했던 것이다! 여러분은 무슨 말인지 알아듣겠는가?…… 그러나 이러한 머릿속의 혼란조차도 하나의 문제였다.

　"아니, 머릿속의 혼란이 어떻게 일어날 수 있단 말인가?

10　호메로스의 『오딧세이』 제1장 32~34행.

귀족 혈통을 지닌 우리, 행복하고 성공한 우리, 최상의 사회에 살고 있는 우리, 고귀한 품성을 지니고 덕이 있는 **우리** 같은 인간의 머리에서 대체 어떻게 그러한 혼란이 일어날 수 있단 말인가?" 수세기 동안 그 고귀한 그리스인은 자신과 같은 어떤 인간이 저지른 자신으로서는 도저히 이해할 수 없는 온갖 만행과 악행을 볼 때마다 스스로에게 그렇게 물었다. "아마 신이 그를 우롱한 모양이야." 마침내 그는 고개를 설레설레 흔들며 중얼거렸다…… 이것은 그리스인의 **전형적인** 해결책이다…… 이처럼 당시에는 어느 정도까지 고약한 일을 저지른 인간을 변호하는 데도 신을 이용한 것이다. 신들은 악의 원인으로 이용되었다. 당시에는 신들은 벌주는 일을 떠맡지 않고, **보다 고상한** 일이라 할 수 있는 죄를 떠맡았다…….

24

나는 이제 여러분이 보게 될 세 가지 물음을 던짐으로써 끝내고자 한다. "여기서 사실상 하나의 이상이 세워지고 있는 것인가 아니면 하나가 허물어지고 있는 것인가?" 사람들은 아마 내게 이렇게 물을지도 모른다…… 그러나 여러분은 지상에서 **온갖** 이상을 세울 때마다 얼마나 값비싼 대가를 치렀는지 스스로에게 충분히 물어보았는가? 그 때문에 얼마나 많은 현실이 언제나 비방되고 오해되었고, 얼마나 많은 거짓이 신성화되었고, 얼마나 많은 양심이 혼란에 **빠졌으며**, 얼마나 많은 신이 매번 희생되어야 했던가? 하나의 성전이 세워지려면 **하나의 성전이 허물어져야 한다.** 이것이 법칙인 것이다. 이 법칙이 적용되지 않는 경우가 있으면 내게 제시해 보라!…… 우리 현대인, 수천 년에 걸친 양심의 해부와 자신의 동물성 학대를 물려받은 자이다. 이런 점을 우리는 아주 오래오래 연습해 왔고, 그런 점에 어쩌면 우리의 예술가 기질이, 아무튼 우리의 세련됨, 잘못 버릇들인 취향이 있을지도 모른다.

　인간은 너무 오랫동안 자신의 자연스런 성향을 '나쁜 눈초리'로 바라보았기 때문에, 급기야는 인간 속의 자연스런 성향이 '양심의 가책'과 떼려야 뗄 수 없는 밀접한 관계가 되고 말았다. 정반대의 시도가 **그 자체로** 가능할지도 모른다. 하지만 그렇게 할 수 있을 만치 충분히 강한 자가 있겠는가? 정반대의 시도란, 즉 저편 세계에 속하는 것, 감각적인 것, 본능에 반하는 것, 자연에 반하는 것, 동물성에 반하는 것에 대한 온갖 열망, 요컨대 삶에 적대적이자 세계를 비방하는 지금까지의 이상들을 양심의 가책과 밀접하게 관계 맺으려는 **부자연스러운** 성향들인 것이다. 그런데 오늘날 **그러한** 희망과 요구로 누구에게 도움을 청한단 말인가?…… 이로써 우리는 바로 선한 사람들과 상대하게 될지도 모른다. 게다가 당연한 말이지만, 편안하고 유화적인 인간, 허영기가 있고 몽상적인 인간, 피로에 지친 인간과 상대하게 될지도 모른다……

자기 자신을 엄격하고 고매하게 대하는 태도를 알아채게 하는 것보다 더 심하게 사람의 마음을 상하게 하고, 그렇게 하는 것만큼 정떨어지게 하는 것이 뭐가 있겠는가? 또 다른 한편으로―우리가 모든 세상 사람들처럼 행동하고, 모든 세상 사람들처럼 '그저 되는 대로' 살아가면 모든 세상 사람들은 곧장 우리에게 얼마나 호의적이며 얼마나 친절한 모습을 보이겠는가!…… 저 목표를 달성하기 위해서는 바로 이 시대에 있을 법한 것과는 **다른** 종류의 정신이 필요할 것이다. 그것은 전쟁과 승리에 의해 단련된 정신으로, 전쟁, 정복과 모험, 고통까지도 필요로 하게 된 정신이다.

이 정신에 도달하기 위해서는 고지의 매서운 바람, 겨울의 방랑, 모든 의미에서의 얼음과 산악지대에 익숙해질 필요가 있을 것이다. 그러기 위해서는 일종의 숭고한 악의조차 필요할 것이며, 위대한 건강에 속하는, 자기 확신을 갖는 최종적인 인식의 불손함이 필요할 것이다. 요컨대 좀 못되게 말하자면, 바로 이러한 **위대한 건강**이 필요할지도 모른다!…… 이것이 오늘날에도 가당키나 할까?…… 하지만 언젠가 이 썩어 문드러지고 자신에 회의적인 현재보다 더 강한 시대가 오면, 커다란 사랑과 경멸을 품은 **구원**의 인간이, 어쩔 수 없는 힘에 의해 멀리 떨어진 저편의 온갖 세계에서 자꾸만 떠밀려 나오는 창조적 정신이 우리에게 오고야 말 것이다. 그 자의 고독은 마치 **현실로부터**의 도피인 것처럼 사람들의 오해를 받는다. 하지만 그것은 그가 단지 현실 속에 몰입하고 파묻히며 몰두해 있는 것에 지나지 않으며, 따라서 그가 언젠가 거기서 빠져나와 다시 모습을 드러낼 때 이러한 현실의 **구원**을, 즉 지금까지의 이상이 현실에 부과한 저주로부터의 구원을 가져다줄 것이다. 이 미래의 인간은 지금까지의 이상으로부터 우리를 구원해줄 뿐만 아니라, 그 이상에서 **자라날 수밖에 없었던** 것, 즉 커다란 구토, 무(無)에의 의지, 허무주의로부터도 우리를 구원해 줄 것이다. 정오와 커다란 결단의 이 종소리는 다시 우리를 자유롭게 해주며, 대지에는 그 목표를, 인간에게는 그의 희망을 되돌려준다. 이 안티그리스도이자 반(反)허무주의자, 신과 무(無)를 이겨낸 자─**그는 언젠가 오고야 말 것이다**…….

25

그런데 내가 여기서 무슨 말을 하고 있는가? 그만 됐어! 이제 그만 됐어! 이 자리에서 내게 어울리는 것은 단 한 가지, 입을 다무는 일이다. 그렇지 않으면 나는 나보다 더 젊은 자, '더 미래적인 자', 더 강한 자에게만 허용된 권한을 침해하는 셈이 될 것이다. 오직 **차라투스트라**에게만, 신을 부인하는 자인 **차라투스트라**에게만 허용된 권한을…….

제3논문 | 금욕적
이상이란
무엇을
의미하는가?

아무 거리낌 없고, 조소적이며, 난폭하게—
지혜는 우리에게 이런 것을 원한다.
지혜는 여성이며, 지혜는 언제나
오직 전사(戰士)만을 사랑한다.

　　　　　　　　　　　—『차라투스트라는 이렇게 말했다』

1

금욕적 이상이란 무엇을 의미하는가? 예술가에게는 아무 것도 의미하지 않을 수 있거나 많은 것을 의미할 수도 있다. 철학자나 학자에게는 높은 사유 능력을 갖는 데 가장 유리한 전제 조건을 위한 직감이나 본능과 같은 것이다. 여성에게는 기껏해야, 더욱 유혹적인 사랑스러움이나 아름다운 육체의 부드러운 모습이거나 포동포동한 귀여운 동물의 천사 같은 모습을 의미한다. 신체 불구자나 기분이 언짢은 자(죽음을 면치 못하는 대다수의 인간의 경우)에게는 이 세상에 자신을 '너무 선하게' 보이려는 시도이고, 방종의 성스러운 형식이며, 만성 적인 고통이나 권태와 싸울 때 그들의 주요한 수단을 의미한다. 사제에게는 사제로서의 본래적인 신앙이나 권력을 부리는 최상의 도구, 또한 권력을 얻는 '최상의' 면허를 의미한다.

마지막으로 성자에게는 동면을 위한 구실, 최후의 영광을 얻기 위한 욕망novissima gloriae cupido, 무(無)('신') 속에서의 안식, 망상의 형식을 의미한다. 그러나 금욕적 이상이 인간에게 그토록 많은 것을 의미한다는 것에는 인간 의지의 근본적인 사실, 즉 그 의지가 공허하다는 공포horror vacui가 표현되어 있다. 인간 의지에는 하나의 **목표가 필요하다.** 그리고 그 의지는 의욕하지 **않는** 것보다는 차라리 무를 의욕하려고 한다. 내 말을 알아듣겠는가?…… 내 말을 알아들었는가?…… **"전혀 모르겠어요, 이보세요!"** 그럼 우리 처음부터 시작해 보기로 하자.

2

금욕적 이상이란 무엇을 의미하는가? 또는 걸핏하면 사람들이 나의 조언을 구한 개별적인 사례를 들어보자. 예컨대 리하르트 바그너 같은 예술가가 만년에 가서 순결한 생활에 경의를 표한다면 이것은 무엇을 의미하는가? 물론 어떤 의미에서는 그는 언제나 순결한 생활을 해왔다. 그러나 금욕적 의미에서는 극히 최근에 와서야 그런 생활을 해왔다.

이러한 '의미'의 변화, 이러한 근본적인 의미의 급변은 무엇을 의미하는가? 왜냐하면 바그너가 곧장 자신의 대립물로 급변한 것이 그러한 경우이기 때문이다. 한 예술가가 자신의 대립물로 급변한다는 것은 어떤 의미일까?…… 여기에서 우리가 이 질문에 대해 대답할 거리를 잠시 생각해 보면, 곧장

154

바그너의 생애에서 아마 가장 좋고, 가장 강하며, 가장 신나고, 가장 용기 있었을 시절을 떠오른다. 즉 「루터의 결혼식」에 대한 악상에 마음속 깊이 몰두해 있던 시절이었다. 그런데 우리가 오늘날 이 결혼식 음악 대신에 「뉘른베르크의 명가수」를 갖게 된 것이 대체 어떤 우연 때문인지 누가 알겠는가? 그리고 후자에는 어쩌면 전자에서 아직 느낄 수 있었던 감흥이 얼마나 남아 있단 말인가? 그러나 이 「루터의 결혼식」에서도 순결을 칭송했으리라는 점에는 의심의 여지가 없다. 말할 것도 없이 관능을 칭송하기도 했을 것이다. 이러한 점은 내가 보기에 정상으로 생각되고, 바로 그런 점이 '바그너적'이라 할 수 있을 것이다. 왜냐하면 순결과 관능이 반드시 대립되는 것은 아니기 때문이다. 모든 선한 혼인, 본래적인 모든 깊은 애정이란 이러한 대립을 뛰어넘는 것이다. 내 생각에는, 바그너가 사랑스럽고 용감한 루터의 희극의 도움으로 독일인이 이러한 유쾌한 사실을 다시 한 번 가슴 깊이 명심하도록 해주었으면 좋았을 것이다. 왜냐하면 독일인 중에는 언제나 관능을 비방하는 자가 많이 있고, 과거에도 많았기 때문이다.

　루터의 가장 큰 공적이라면 아마도 자신의 **관능**을 실행할 용기를 가졌다는 점일 것이다(당시에 관능이란 말은 아주 은근하게 '복음주의적인 자유'라고 불렸다……). 그러나 실제로 순결과 관능 사이의 대립이 있는 경우라 해도 그 대립이 다행히도 굳이 비극적인 대립으로 갈 필요는 없다. 최소한 이것은

'동물과 천사' 사이의 불안정한 균형을 즉각적으로 생존의 반대 근거에 포함시키지는 않는 보다 행실 바르고 명랑한 모든 인간에게 해당될 것이다. 괴테나 하피스[1]처럼 **더없이** 섬세하고 더없이 명석한 사람들은 그런 데서 심지어 삶의 자극을 더 많이 느끼기까지 했다. 그러한 '모순'이야말로 사람을 생존하도록 유혹하는 것이다…… 다른 한편으로 언젠가 사고를 당한 돼지들이 순결을 숭배하게 된다면―그러한 돼지들이 있는 법이다!―그들은 순결 속에서 단지 자신들의 대립물, 사고를 당한 돼지들의 대립물만을 보며 숭배할 것은 너무나 당연한 이치이다.

오, 얼마나 비장하게 꿀꿀거리며 열성적으로 그럴지 상상할 수 있으리라! 리하르트 바그너가 의심할 것 없이 말년에 가서도 곡을 붙여 무대에 올리려고 했던 저 민망하고도 쓸데없는 대립물을 말이다. **그렇지만 무엇 때문에?** 라고 의당 물어볼 수 있을 것이다. 돼지들이 바그너와 무슨 관계가 있으며, 또 우리와는 어떤 관계에 있단 말인가? 라고.

3

물론 여기서 또 다른 질문을 비켜갈 수 없다. 참으로 저 남

---

1   하피스(Mohamed Schemseddin Hafis, 1326~1390)는 페르시아의 시인으로, 괴테는 하피스의 시들을 보고 『서동시집』을 쓰게 됨.

자다운 (아, 그러나 실은 남자답지 못한) '순진한 시골 청년', 바그녀의 교묘한 수단에 걸려 결국 가톨릭 신자가 된 저 가련한 녀석이자 야성적인 젊은이인 파르치팔이 바그녀와 무슨 관계가 있단 말인가? 라는 질문을—어땠겠는가? 이 파르치팔은 대체 **진지한** 취급을 받았던가? 말하자면 사람들은 그 반대라고 추측하고 심지어는 그렇게 바라고 싶은 기분이 들지도 모른다.

바그녀의 『파르치팔』은 마치 종막극이나 사티로스극**2**이나 되는 것처럼 명랑하게 취급되었다는 기분을 줄지도 모르는데, 비극작가 바그녀는 그 작품으로 자신에게 어울리는 합당한 방식으로 우리와, 또한 자신과도, 무엇보다도 **비극과** 작별을 고하려고 했다. 즉 비극적인 것 자체에 대해, 이전부터 나타나는 완전히 소름끼치는 세속적인 진지함과 세속적인 참담함에 대해, 금욕적 이상의 부자연스러움에 깃든 결국은 극복된 **더없이 조야한 형식**에 대해 극단적이고 더없이 경솔한 패러디를 지나치게 사용하여 작별을 고하려고 했던 것이다. 그렇게 하는 것이, 앞서 말했듯이, 위대한 비극작가에게야말로 합당했을지도 모른다. 모든 예술가가 다 그렇듯이, 비극작가는 자신과 자신의 예술을 자기 **아래로** 내려다볼 줄 알 때,

---

2   옛 그리스에서 비극 다음에 상연되던 익살극으로, 사티로스 모습의 합창대가 등장함.

자신에 대해 웃을 줄 알 때에야 비로소 위대성의 마지막 정점에 도달하게 된다.

바그너의 『파르치팔』은 자신의 은밀한 우월감에서 나온 자기 자신에 대한 웃음인가? 그가 성취한 궁극적이고 지고한 예술가의 자유와 예술가의 내세 지향성의 승리인가? 이미 말했듯이 사람들은 그것을 바랄 것이다. 대체 **진지한** 파르치팔이란 어떤 모습이겠는가? 정말 그에게서(사람들이 내게 반대하여 말한 바와 같이) '인식, 정신, 관능에 대한 광적인 증오의 산물'을 보아야 한단 말인가? 하나가 된 증오와 호흡 속에서 감각과 정신에 대한 저주를 보아야 한단 말인가? 기독교적이고 병적이며, 반(反)계몽주의적인 이상으로의 배신과 전향을 꼭 보아야 한단 말인가? 그리고 급기야는 그때까지 온 힘을 다해 그와 반대되는 것을, 말하자면 자기 예술에 대해 최고로 정신화하고 관능화하는 일을 추구해 온 한 예술가가 자기 자신을 부정하고 자기 자신을 말살하는 것을 보아야 한단 말인가? 그것도 자신의 예술뿐만 아니라 자신의 삶에 대해서도 말이다.

바그너가 한때 철학자 포이어바흐[3]를 얼마나 열광적으로 추종했는지 생각해 보라. '건강한 관능'이라는 포이어바흐의 말―이것은 1830년대와 1840년대의 많은 독일인들(그들은 '청년 독일파'[4]라 불렸다)에게서와 마찬가지로 바그너에게는 구원의 말처럼 들렸다. 결국 그가 그것에 대해 **다르게 사고하는**

법을 배웠단 말인가? 적어도 마지막에는 그것에 대해 다르게 사고하는 법을 가르치려는 의지가 그에게 있었던 것 같기 때문이다…… 그리고 파르치팔의 나팔로 무대 위에서만 그렇게 한 것이 아니다. 그의 말년의 미심쩍은, 당혹스러울 뿐만 아니라 부자유스러운 저작에는 어떤 은밀한 소망과 의지가, 사실상 전향, 개종, 부정, 기독교, 중세를 설교하며, 그의 제자들에게 "그것은 좋지 않다! 다른 곳에서 구원을 찾으라!"라고 말하는 낙담하고 불안하며 은폐된 어떤 의지가 드러나는 대목이 수없이 많이 있다. 심지어 어떤 대목에서는 '구원자의 피'까지 요구하고 있다…….

---

3   포이어바흐(Ludwig Andreas Feuerbach, 1804~1872)는 독일의 청년 헤겔 철학자이자 도덕가로 카를 마르크스에게 미친 영향과 휴머니스트적 신학으로 유명하다. 『철학과 기독교에 대하여』에서 그는 '그리스도교는 사실 오래 전부터 인류의 이성뿐만 아니라 인류의 삶에서도 추방되었으며, 이제는 하나의 고정관념에 지나지 않는다'라고 주장했다. 자신의 가장 중요한 저서인 『기독교의 본질』에서는 인간의 고유한 사유 대상은 어디까지나 인간이라고 주장하고, 종교를 무한자에 대한 의식으로 축소했다.

4   1830년대 이래 독일 문단에서 활약한 한 유파. 프랑스 7월 혁명의 영향을 받아 예술 지상주의를 표방하는 고전주의·낭만주의에 맞서 문학의 정치 참여를 주장하고, 자유 민주주의와 경향적 리얼리즘을 내세우며 절대주의 국가를 부정하고 신흥 시민계급의 의사를 대표하였다. 하이네와 뵈르네가 주도적 역할을 하였는데 1935년에 이 청년 독일파의 모든 작품이 판매 금지 되었다.

4

　여러 모로 난처한 점이 있는 그러한 경우에 나의 견해를 말하고자 한다―그리고 이것이 하나의 **전형적인** 경우이다. 즉 어떤 예술가를 되도록 그의 작품과 멀찌감치 떼어놓고 예술가 자신을 그의 작품처럼 진지하게 취급하지 않는 것이 분명 가장 좋은 자세이다. 따지고 보면 예술가란 그의 작품의 전제 조건이고 모태이자 토양에 불과하며, 경우에 따라서는 그 위에서 또 그 속에서 작품이 자라날 수 있게 해주는 비료이자 거름인 것이다. 따라서 대부분의 경우 작품 자체를 즐기려 할 때는 예술가란 존재를 잊어야 한다.

　어떤 작품의 유래에 대해서는 정신의 생리학자나 해부학자가 들여다볼 일이지, 그것은 결코 미학적 인간이나 예술가와 관계되는 일이 아니다!『파르치팔』의 작가이자 작곡가는 중세적 영혼의 명암(明暗) 속으로 깊고 철저히 파고들어 심지어 거기에 끔찍할 만치 익숙해지고 동화된 나머지, 정신의 모든 높이와 엄격함, 훈육에 적대감을 품고, 일종의 지적인 **도착**(倒錯)(이런 표현을 쓰는 것을 관대히 보아 주길 바란다)에 빠지지 않을 수 없다. 이는 마치 임신한 여성이 임신에 따르는 메스꺼움이나 입덧을 느끼지 않을 수 없는 것과 마찬가지이다. 이러한 것은, 앞서 이야기했듯이, 어린 아기의 출생을 기뻐하기 위해서는 **잊어버려야** 한다.

　심리학적으로 접근해 볼 때, 예술가가 자칫하면 빠져들기 쉬운 혼동인데, 영국인들의 말을 빌려 표현하자면 우리는 예술가 자신이 그가 묘사하고 생각해내거나 표현할 수 있는 것과 같은 존재인 양 혼동하지 않도록 주의해야 한다. 정말이지 예술가가 바로 그러한 존재라면, 그는 그러한 것을 결코 묘사하고 생각해내거나 표현하지 않을 것이다. 호메로스가 아킬레스이고, 괴테가 파우스트였다면, 호메로스는 아킬레스라는 인물을, 괴테는 파우스트라는 인물을 만들어내지 않았을 것이다. 완전무결한 예술가란 '실재적인 것'이나 '현실적인 것'과 영원히 별개의 존재이다.

다른 한편으로 사람들은 예술가가 자신의 가장 내적인 존재의 이러한 영원한 '비실재성'에 때로는 절망적일 정도로 싫증 나 있다는 사실을, 그래서 그가 바로 자신에게 가장 금지되어 있는 것, 즉 현실적인 것에 관여하여 현실적으로 **되려**고 한다는 사실을 이해할 수 있으리라. 그래서 얼마나 성공을 거둘 수 있을까? 그것은 대충 알아맞힐 수 있다…… 이것이 예술가의 **전형적인 무기력한 의욕**이다. 늙어 버린 바그너도 바로 이러한 무기력한 의욕에 빠져들어 너무나 값비싼 숙명적인 대가를 치러야 했다(그 바람에 바그너는 친구들도 대거 잃어버렸다). 그러나 결국, 이러한 무기력은 의욕은 완전히 제쳐두더라도, 바그너가 파르치팔로서가 아니라, 보다 의기양양하고 보다 자신 있게, 보다 바그너적으로—자신의 전체 의욕과 관련해 덜 헷갈리게 하고 덜 애매하며, 덜 쇼펜하우어적으로,

덜 허무주의적으로, 그러니까 우리나 자신의 예술과 다른 식으로 작별을 고했으면 하고 바그너 자신을 위해 바라지 않을 사람이 누가 있겠는가?……

5

그러므로 금욕적 이상이란 무엇을 의미하는가? 우리가 차츰 알게 되겠지만 예술가의 경우에는 그것은 **전혀 아무것도 아닌 것이다!**…… 또는 그것이 전혀 아무것도 아니라 할 정도로 많은 것을 의미한다!…… 먼저 예술가들을 따로 떼 내어 살펴보자. 이 예술가들은 그들의 가치 평가나 그 가치 평가의 변화 자체가 관심을 끌만큼 세계 속에서나 세계에 대항하여 오랫동안 충분히 독립적이지 못했다! 그들은 어느 시대든 도덕이나 철학 또는 종교의 시종이었다. 그들이 유감스럽게도 그들의 추종자나 후원자에게 너무 낯간지러운 말로 아첨하는 사람이었고, 구세력이나 신흥세력에게 눈치 빠르게 비위를 맞추는 사람이었음은 전혀 차치하고서라도 말이다. 그들에게는 항상 적어도 방어물이나 버팀목, 이미 세워진 권위가 필요하다. 즉 예술가는 결코 따로 독립해 존재하지 못하며, 홀로 서는 일은 그들의 가장 깊은 본능에 반하는 것이다. 그리하여 예를 들어 리하르트 바그너는 '쇼펜하우어의 시대가 왔을 때' 철학자인 그를 앞사람이자 방어물로 삼았다.

쇼펜하우어 철학이라는 버팀목이 없이도, 1870년대에 우위를 점하게 된 쇼펜하우어라는 권위 없이도 바그너가 용기 있게 금욕적 이상을 추구할 수 있었으리라고 누가 생각이나 할 수 있겠는가? (이럴 경우 새로운 독일에서 경건한, 제국에 대해 경건한 사고방식을 품게 하는 우유를 마시지 않고도 어떤 예술가가 과연 존재할 수 있었겠는가의 문제는 고려하지 않기로 하겠다). 이로 말미암아 우리는 보다 진지한 문제에 봉착하게 되었다. 진정한 **철학자**, 즉 쇼펜하우어처럼 진정 독립적인 정신을 가진 자, 자기 자신에 대한 용기를 지니고, 홀로 설 줄 알며 앞사람과 윗사람의 지시를 기다리지 않는 강철 같은 눈빛을 지닌 남자이자 기사(騎士)가 금욕적 이상을 신봉한다면, 이는 무엇을 의미하는 것일까?

여기서 수많은 부류의 사람을 매혹시킨, 쇼펜하우어의 예술에 대한 주목할 만한 입장을 곧장 살펴보기로 하자. 왜냐하면 분명 이것 때문에 **처음에** 바그너가 쇼펜하우어에게 넘어가게(우리가 알고 있듯이, 시인 헤어베그[5]에게 설득당하여) 되었

---

5   헤어베그(Georg Herwegh, 1817~1875)는 혁명정신을 호소하여 당대 젊은 시인들의 주목을 끈 시인으로, 당시의 혁명적 시인들과는 다른 서정적 감수성을 지닌 그의 시 작품들은 하인리히 하이네의 작품들에 필적한다. 독일 젊은이의 기상을 표현한 정치시를 모은 『살아 있는 자의 시』로 명성을 얻었다. 1848년 혁명이 발발하자 프랑스인과 독일 노동자들을 위해 봉기에 참가했으나 실패하고 스위스로 도피했다가 1866년 독일로의 귀환이 허가되는 사면을 받을 때까지 취리히와 파리에 살았다. 사후에 『새로운 시들』이 출판되었다.

고, 그리고 이것 때문에 바그너의 초기와 후기의 미학적 신념 사이에 완전한 이론적 모순이 생겨나는 정도까지 되었기 때문이다. 예를 들어 그의 초기의 미학적 신념은『오페라와 드라마』에 표현되어 있고, 후기의 미학적 신념은 1870년 이후부터 간행된 저서에 표현되어 있다. 어쩌면 가장 놀랄 만한 일이라 할 수 있는 것인데, 특히 이때부터 바그너는 **음악** 그 자체의 가치와 위치에 대한 판단을 가차 없이 바꾸었다. 그때까지 바그너는 음악을, 번성하기 위해서는 정말이지 하나의 목표와 남성을 필요로 하는, 즉 드라마를 필요로 하는 하나의 수단이며 매개체이자 '여성'으로 보았지만, 이젠 그런 것이 그에게 중요하지 않게 된 것이다! 그는 쇼펜하우어의 이론과 혁신으로, 즉 쇼펜하우어가 파악했던 것처럼, 음악이 **주권**을 지닌다는 생각으로, 음악에 더 큰 영광을 돌리기 위해 **더 많은** 일을 할 수 있음을 단번에 깨닫게 되었다.

쇼펜하우어가 생각하는 음악이란 다른 모든 예술과는 다른 위치에 있는 것으로, 독립적인 예술 그 자체이며, 다른 예술처럼 현상의 모습을 모사하는 것이 **아니라**, 오히려 그 의지 자체의 언어를 직접 '심연'에서 끄집어내어, 그것의 가장 고유하고 가장 근본적이며 가장 본원적인 계시로서 말하는 것이다. 쇼펜하우어 철학에서 생겨난 것으로 보이듯이, 음악의 가치가 이처럼 이례적으로 올라감으로써 단번에 **음악가** 자신의 값어치도 전례 없이 상승했다. 이제 음악가는 신탁을 전하는 자, 사제, 아니 사제 이상의 존재, 사물들 '그 자체'에 대한 일종의 대변자, 저편 세계의 전화기가 되었다. 그 후로 그는, 신의 이 복화술사(複話術師)는 음악만을 말하지 않고 형이상학을 말하게 되었다. 그러던 그가 어느 날 마침내 **금욕적 이상**을 말하게 되었다 해서 뭐 그리 놀라운 일이겠는가?……

6

쇼펜하우어는 미학적 문제에 관해 칸트의 표현 방식을 이용했다. 비록 그가 칸트적인 눈으로 그 문제를 보지 않은 것은 아주 분명하지만 말이다. 칸트는 미의 속성 가운데 인식을 명예롭게 하는 것들, 즉 비개인성과 보편타당성을 우대하고 전면에 내세울 때 예술을 명예롭게 한다고 생각했다. 이것이 본질적으로 잘못 되었는가 아닌가는 이 자리에서 논할 문제가 아니다. 내가 오로지 강조하려는 것은 모든 철학자와 마찬가지로 칸트도 예술가(창작자)의 체험으로부터 미학적 문제를 바라보는 대신에, 단지 '구경꾼'의 관점에서 예술과 미에 대해 심사숙고하면서, 자기도 모르게 '구경꾼' 자신도 미의 개념에 끌어들였다는 점이다. 그러나 적어도 이 '구경꾼'만이라도 미를 다루는 철학자들에게 웬만큼 알려졌더라면! 말하자면 어떤 중요한 **개인적**인 사실이나 경험으로, 미의 영역에서 더없이 고유한 강한 체험, 욕구, 놀람, 황홀의 충만함으로 알려져 있었더라면! 그러나 나는 항상 그 반대가 아닌가

하는 생각이 들었다.

칸트가 미에 관해 내린 저 유명한 정의에서와 마찬가지로, 보다 섬세한 자기 경험의 부족이 근본 오류라는 살진 벌레의 형태로 들어 있는 그들의 정의를 우리는 처음부터 받아들였다. 칸트는 "미란 **무심하게** 마음에 드는 것이다"라고 말했다. 무심하다니! 이 정의를 진정한 '구경꾼'이자 예술가로 미를 일찍이 행복의 약속이라 부른 스탕달이 내린 저 다른 정의와 비교해 보자. 어쨌든 여기에서 스탕달은 칸트가 오로지 미적 상태라고 강조한 **것을** 거부하고 지워 버렸다. 칸트와 스탕달 중에 누구의 견해가 옳단 말인가? 만약 우리 미학자들이 칸트의 편을 들어, 미의 마법으로 **심지어는** 실오라기 하나 걸치지 않은 여인의 조각상마저 무심하게 줄곧 바라볼 수 있다면 물론 우리는 그들의 그런 쓸데없는 노력을 약간 비웃어도 좋을 것이다.

예술가의 경험은 이런 미묘한 문제에 대해 '더 관심이 있으며', 그리고 어쨌든 피그말리온[6]이 반드시 '역겨운 인간'은 아니었다. 그러한 논거에 반영되어 있는 우리 미학자들의 순

---

6 피그말리온Pygmalion은 키프로스 섬에 살았던 전설의 왕이자 조각가로, 여성의 결점을 너무 많이 보았으므로 독신으로 살기로 결심하고, 상아로 된 조각상을 만들어 자기 아내라 부르며 사랑에 빠졌다. 이를 가엾게 여겨 아프로디테가 상아상에 생명을 불어넣어 주자 피그말리온은 그녀와 결혼하여 파포스라는 아들을 낳았는데, 아프로디테에게 바쳐진 파포스라는 마을 이름은 여기에서 유래했다.

진무구함을 그런 만큼 더욱 좋게 평가하기로 하자! 예를 들어 칸트가 시골 목사로서 순진하게 촉각의 독특한 속성을 가르칠 줄 알았다는 것을 그의 명예로 생각하기로 하자! 그럼 우리 여기서 칸트보다 훨씬 더 예술과 가까웠고, 그렇지만 칸트가 내린 정의의 마력(魔力)에서 빠져나오지 못했던 쇼펜하우어에게 되돌아가 보기로 하자. 이것은 어찌된 연유인가? 놀랍기 그지없는 일이다. 그는 '무심하게'라는 용어를 극히 개인적인 방식으로, 그에게 가장 일상적인 것으로 볼 수 있는 경험에 근거하여 해석했던 것이다.

쇼펜하우어는 그 어느 것보다 미적 관조의 효과에 관해 가장 자신 있게 말했다. 그는 미적 관조야말로 루풀린이나 장뇌(樟腦)와 비슷하게, 바로 성적(性的) '관심'을 억제하는 기능을 한다고 말한다. '의지'로부터 이렇게 벗어나는 것이야말로 미적 상태의 커다란 이점이자 효용이라며 쇼펜하우어는 지칠 줄 모르고 칭송했다. 사실 사람들은 '의지와 표상'에 관한 그의 기본 개념, 오직 '표상'에 의해서만 '의지'로부터 구원될 수 있다는 그의 기본 개념이 그러한 성적 경험을 일반화해서 생겨난 것이 아닌가 묻고 싶을지도 모른다. (쇼펜하우어 철학에 관한 모든 질문을 할 때, 덧붙여 말하자면, 그 철학이 26세 젊은이의 개념이었다는 사실, 그래서 그것이 쇼펜하우어의 특수한 점뿐만 아니라 그 연령 또래의 특수한 점에도 관련되어 있다는 사실을 결코 간과해서는 안 된다.) 예를 들어 그가 미적 상태를 칭송하기 위해 쓴 수많은 구절 가운데 가장 명백한 어떤 구절을 살펴보자.(『의지와 표상으로서의 세계』제1권, 231쪽[7]) 그런 말들에 담겨 있는 어조, 고통, 행복, 감사에 귀 기울여 보자. "그것이 에피쿠로스가 최고선이자 신들의 상태라고 찬양한 고통이 없는 상태이다. 우리는 그 순간 수치스런 의지의 충동에서 벗어나게 되고, 의욕의 강제 노동이 맞게 될 안식일을 축하하며, 익시온[8]의 바퀴도 멈추기 때문이다."…… 얼마나 격렬한 말인가! 참으로 고통과 오랜 권태를 나타내는 모습이 아닌가! '그 순간'과 그 외에 '익시온의 수레바퀴', '의욕의 강제 노동', '수치스런 의지의 충동' 사이의 거의 병적인 시간 대립을 나타내는 것이 아닌가!

그러나 쇼펜하우어 자신으로서는 그의 견해가 백 번 옳다고 해도, 그것으로 어떻게 미의 본질을 통찰할 수 있단 말인가? 쇼펜하우어는 미의 한 가지 효과, 즉 의지를 진정시키는 효과에 대해 기술했다. 그런데 한결같이 그런 효과가 날 수 있겠는가? 앞서 말했듯이, 쇼펜하우어 못지않게 감각적이지

---

7   프라우엔슈태트Frauenstädt 판에서 인용한 글.

8   익시온Ixion은 그리스 신화에서 헤라를 모독한 죄로 영원히 도는 바퀴에 묶여 있는 사람임. 익시온이 신들의 초대를 받고 천상에 갔을 때 손님의 신분임을 잊고 헤라를 넘보려 하자, 제우스는 구름으로 헤라와 비슷한 모습을 만들어 익시온으로 하여금 그것과 동침하도록 만들었다. 그 뒤 제우스는 그를 영원히 도는 바퀴에 묶어 영겁의 벌을 받도록 했다.

만 행복한 천성을 갖고 태어난 스탕달은 미의 다른 효과, 즉 '미는 행복을 **약속한다**'는 것을 강조한다. 그는 미를 통한 의지의('관심의') **자극**을 사실로 여긴다. 우리는 특히 쇼펜하우어 자신에게 다음과 같이 이의를 제기할 수 있을 것이다. 즉 이런 점으로 볼 때 그가 자신을 칸트주의자라고 생각하는 것은 지극히 부당하며, 그는 미에 관한 칸트의 정의를 전혀 칸트가 말한 의미로 이해하지 않았다고 할 수 있다. 그에게도 미는 어떤 '관심'에서, 심지어 극히 강력하고 극히 개인적인 관심에서, 즉 고통에서 벗어나려는 고통 받는 자들의 관심에서 마음에 드는 것이라고 말이다…… 그럼 이제 "어떤 철학자가 금욕적 이상을 신봉한다면 그것은 무엇을 의미하는가?"라는 우리의 최초의 질문으로 되돌아가보자. 적어도 여기서 우리는 '그 철학자가 고통에서 벗어나려고 한다'는 첫 번째 암시를 얻게 된다.

7

'고통'이라는 말이 나왔다고 해서 곧장 우울한 표정을 짓지 않도록 하자. 바로 이 경우에 고통이라는 말을 상쇄시키고 완화시킬 것이 충분히 있고, 심지어는 웃어넘길 만한 것도 있는 것이다. 특히 우리는 다음 사실을 과소평가해서는 안 될 것이다. 즉 성욕을 사실 개인적인 적(성욕을 해소하는 도구인 여성, 즉 '악마의 도구instrumentum diaboli'를 포함하여)으로 취급한 쇼펜하우어도 기분이 좋아지기 위해서는 적이 필요했다는 사실, 그도 분노해서 신랄하고 혹독한 악담을 좋아했다는 사실, 격한 나머지 화를 내기 위해 화를 내기도 했다는 사실, 그의 적들, 즉 헤겔, 여성, 관능, 생존하고 살아남으려는 온전한 의지가 없었더라면 병이 들어, **염세주의자**(왜냐하면 그는 아무리 그러고 싶었더라도 그런 존재가 아니었기 때문이다)가 되었을 것이라는 사실을 말이다. 장담하건대 그런 것이 없었더라면 쇼펜하우어는 살아남지 못했을 것이고, 삶을 도저히 견뎌내지 못했을 것이다. 그러나 그의 적이 그를 꼭 붙잡고 있었고, 그의 적이 그를 생존하도록 자꾸만 유혹했던 것이다. 그의 분노는 고대 견유학파 사람들의 경우와 꼭 마찬가지로 그의 청량제이자 원기 회복제였으며 보상이고 구토 방지제이자 그의 **행복**이었다. 쇼펜하우어의 경우 지극히 개인적인 것에 대해서는 이 정도로 해두자. 즉 다른 한편 그에게는 아직 무언가 전형적인 것이 있는 것이다. 그런데 여기서 일단 다시 우리의 문제로 되돌아가기로 하자.

지상에 철학자들이 있는 한, 그리고 철학자들이 있었던 곳에서는 어디서나(철학에 재능을 지닌 대립된 양극을 들자면, 인도에서 영국에 이르기까지) 관능에 관해 본래 철학자들이 과민한 반응을 보이고 못 마땅해 했다는 것은 논란의 여지가 없는 사실이다. 쇼펜하우어는 단지 그들 중의 가장 언변이 좋은, 그리고 그런 것을 들을 수 있는 귀를 가진 자에게는, 가장 매력적이고 가장 황홀하게도 하는 예외적 현상일 뿐이었다. 금욕적 이상 전체와 관련해 철학자들의 편견과 애정이 있는 것은 사실이다. 그런 사실에 대해 그리고 그렇지 않다면서 우리는 스스로를 속여서는 안 된다. 앞서 말했다시피, 그 두 가지는 전형에 속한다. 어떤 철학자에게 두 가지가 부족하다면 그는—그 점은 확신할 수 있겠다— '자칭 철학자'일 뿐이다. 이것은 무엇을 **의미하는가**? 왜냐하면 이러한 사실을 먼저 해석해야 하기 때문이다. 즉 이러한 사실 **그 자체**는 모든 '**사물 자체**Ding an sich'와 마찬가지로 영원토록 우둔한 상태로 존재하기 때문이다.

철학적 동물도 포함하여 모든 동물은 자신의 힘을 완전히 발산하여 최고로 힘 있는 상태에 도달할 수 있는 최적의 유리한 조건을 본능적으로 추구한다. 모든 동물은 본능적으로, 그리고 '모든 이성보다 상위에 있는' 예민한 후각으로, 최적의 상태에 이르는 길을 막거나 막을지도 모르는 온갖 종류의 방해자와 장애물을 꺼려서 피하게 된다(이것은 내가 말하는 '행복'에 이르는 길이 아니라, 힘, 행동, 가장 강력한 행동에 이르는 길이며, 그리고 대부분의 경우 사실 불행에 이르는 길이기도 하다). 이런 이유로 철학자는 결혼하도록 설득하는 것을 포함해서 **결혼**을, 즉 최적 상태에 이르는 길을 가로막고 있는 장애물이자 재난인 결혼을 피하고 꺼린다. 지금까지 위대한 철학자 중에 결혼한 사람이 누가 있었던가?

헤라클레이토스, 플라톤, 데카르트, 스피노자, 라이프니츠, 칸트, 쇼펜하우어 ─ 이들은 결혼하지 않았다. 더구나 우리는 결혼한 그들을 **생각**조차 할 수 없다. 결혼한 철학자는 희극(喜劇)에 속한다는 것이 나의 명제이다. 예외적인 철학자로 심술궂은 소크라테스는 아이러니하게도 유독 바로 **이러한** 나의 명제에 시위라도 하기 위해 결혼한 모양이다. 모든 철학자는 자기 아들이 태어났다는 말을 들었을 때 일찍이 석가가 한 것과 같은 말을 할지도 모른다.

"라후라Râhula가 태어났어. 내게 족쇄가 씌워졌구나."(여기서 라후라는 작은 악령을 의미한다.) '자유로운 정신을 지닌 사람'이라면 누구에게나, 그가 이전에 아무 생각 없이 살았다면, 일찍이 석가가 그랬던 것처럼, 숙고의 시간이 분명 올 것이다. "부정(不淨)한 장소인 집에서의 생활은 갑갑하고 답답하다고 그는 생각했다. 집을 떠나야 자유를 얻을 수 있다." 즉 "이렇게 생각해서 그는 집을 떠났던 것이다."

금욕적 이상에는 독립에 이르는 수많은 다리가 암시되어 있기에, 어떤 철학자는 어느 날 온갖 부자유를 부정한다면서 어딘가 **황야**로 떠나버린 저 단호하게 결심한 모든 사람들의 이야기를 듣고, 그 자가 비록 힘센 나귀에 불과하고 강력한 정신과는 반대되는 존재였다 해도, 속으로 쾌재를 부르며 박수를 치지 않을 수 없을 것이다. 그렇다면 금욕적 이상이 철학자에게는 무엇을 의미하는가? 나의 대답은 이러하다 ─ 여러분은 이에 대해 진작부터 알고 있었으리라. 철학자는 가장 높고 가장 대담한 정신성을 추구할 수 있는 최적 조건을 바라보며 미소 짓는다. 그렇다고 해서 그는 '생존'을 부정하지는 않는다. 이런 점에서 오히려 그는 자신의 생존을, 오직 자신의 생존만을 긍정하는 것이다. 그리고 아마도 '세계가 망하더라도 철학은 살고, 철학자도 살고, 나도 살아남으리라!'라는 방자 무도한 소망을 품을 정도로 생존을 긍정할지도 모른다…….

8

앞에서 본 바와 같이 이러한 철학자들은 금욕적 이상의 가치에 대해 현혹되지 않은 증인이거나 판관이 아니다! 그들은 자신만을 생각하고 있으며, '성자'가 그들에게 무슨 상관이란 말인가! 이때 그들은 그들에게 바로 가장 없어서는 안 되는 것을 생각한다. 즉 강제나 방해, 소음으로부터의 자유, 일이나 의무, 걱정으로부터의 자유와 명석한 두뇌며 사고의 무도, 도약, 비상(飛翔)을 생각하고 있는 것이다. 모든 동물적 존재는 보다 정신적으로 만들고 날개를 달게 되는 고지의 공기처럼 희박하고 맑으며, 자유롭고 건조한 좋은 공기를 생각한다. 온갖 지하실에서의 안식을, 쇠사슬에 묶여 귀엽게 누워 있는 온갖 개를 생각한다. 적개심과 너절한 원한을 계속 떠벌일 생각을 하지 않고, 손상된 명예심을 갉아먹는 설치류를 생각하는 것도 아니다. 그들은 물레방아처럼 부지런하지만 멀게 느껴지는 겸손하고 순종적인 내장을 생각하고, 낯선 저편 세계, 미래와 사후 세계에 파묻힌 마음을 생각한다. 요컨대 그들은 금욕적 이상 하면 신격화되고 날 수 있게 되어, 가만히 쉬기보다는 삶 위를 날아다니는 동물의 명랑한 금욕주의를 생각하는 것이다.

알다시피 금욕적 이상의 세 가지 커다란 슬로건은 청빈과 겸손과 순결이다. 그러면 이제 위대하고 생산적이며 독창적인 정신을 지닌 모든 사람들을 좀 자세히 살펴보기로 하자. 거기서 모두 세 가지를 어느 정도까지는 항상 발견하게 될 것이다. 자명한 일이지만, 그것은 가령 그들의 '덕'과 같은 것이 결코 아니고―이런 부류의 인간에게 덕이 무슨 상관이란 말인가!―그들의 **최선의** 생존과 **가장** 멋진 생산성을 위한 가장 본래적이고 가장 자연스런 조건들이다. 이럴 경우 그들의 우세한 정신성은 맨 먼저 제어하기 어렵고 매력적인 자부심이나 제멋대로의 관능을 제어해야만 했을 것이고, 또는 그들의 정신성이 사치벽이나 정선된 물품을 좋아하는 성향에 맞서, 또한 대단히 낭비적인 자유주의 성향에 맞서 '사막'에의 의지를 유지한다는 것은 아마 퍽이나 어려웠을 것이다. 그러나 그 정신성은 다른 모든 본능에 대해 자신의 요구를 관철한 **우세한** 본능으로서 그 의지를 유지했으며, 아직도 그러한 것이다. 만약 그렇지 않다면 정신성이 사실 우세하지 못할 것이다. 그러므로 이것은 '덕'과 아무런 관계가 없다. 뿐만 아니라 내가 방금 말한 **사막**, 강하고 독립적인 기질을 지닌 정신의 소유자가 물러나와 외롭게 지내고 있는 사막이란—아, 그것은 교양 있는 사람들이 꿈꾸어 온 사막과는 얼마나 다른 모습일까!—경우에 따라서는 말하자면 이 교양 있는 사람들, 그들 자신이기도 한 것이다. 정신의 연기자는 누구도 사막에서 도저히 견대내지 못할 것임은 확실하다. 그들에게 사막이란 더 이상 낭만적이지 않고 충분히 시리아적이지도 않으며 이젠 무대용 사막도 아니다! 물론 거기에도 낙타가 없지는 않다. 하지만 전적으로 비슷한 점은 그것뿐이다. 어쩌면 자발적인 암흑 상태, 자기 자신으로부터의 도피, 소음이나 존중, 신문, 영향에 대한 혐오, 사소한 직무나 일상적인 일, 드러내기보다는 감추어 둘 만한 어떤 것, 바라보면 기분이 좋아지는 무해하고 명랑한 동물이나 새와 때때로 사귀는 일, 산을, 그러나 죽어 있는 산이 아니라 **눈**(말하자면 호수가 있는 산)이 덮인 산을 벗 삼는 일, 경우에 따라서는 사람들이 다 비슷비슷해서 혼동될 수 있으며, 누구와 대화를 나누어도 처벌받지 않는 아주 평범한 여관의 방 한 칸—이것이 여기서 말하는 '사막'인 것이다. 아, 거기가 무척 외로운 곳이라는 내 말을 믿어 주렴!

헤라클레이토스가 어마어마한 아르테미스 신전의 뜰과 주랑 속으로 숨어들었다면 나는 이 '사막'이 보다 가치 있었다고 인정한다. 우리에겐 왜 그런 신전이 **없단** 말인가? (어쩌면 우리에게 그런 신전이 없지 **않을지도** 모른다. 지금 나는 산 마르코 광장의 더없이 아름다운 내 서재를 떠올리고 있다. 가령 봄철의 아침나절로 10시와 12시 사이의 시간을.) 그러나 헤라클레이토스가 피했던 것은 우리가 지금 피하는 것과 똑같다. 즉 에페소스 사람들의 시끄러운 소리와 민주주의자들의 잡담, 그들의 정치, '제국'(당연히 페르시아를 말한다)에 대한 새로운 소식, '오늘'에 대한 그들의 시시콜콜한 관심이 그것이다. ─ 왜냐하면 우리 철학자들은 맨 먼저 한 가지 사실로부터, 즉 '오늘'로부터 휴식을 취할 필요가 있어서이다.

우리는 정적과 냉정함, 고귀함과 먼 곳, 지나간 것을 존중한다. 또한 바라보고 있어도 영혼이 굳이 자신을 방어할 필요가 없거나 붙들어맬 필요가 없는 모든 것, 그러니까 **큰 소리로** 말하지 않더라도 말할 수 있는 것을 존중한다. 하나의 정신이 말을 할 때 그것에 담겨 있는 음색에도 귀 기울여보라. 즉 모든 정신은 자신의 음색을 지니고 있으며, 자신의 음색을 사랑하는 것이다. 예를 들어 거기서 그 정신은 선동자, 말하자면 속이 빈 얼간이거나 속이 빈 용기(容器)임에 틀림없다. 또한 그 속으로 들어간 것은 무엇이든 커다란 공허함의 메아리로 바뀌어, 둔탁하고 먹먹한 소리가 되어 되돌아 나온다. 저곳의 저 정신은 거의 매번 쉰 목소리로 말한다. 혹시 쉰 목소리로 **생각한** 것이 아닐까? 아마 그럴지도 모른다 ─ 생리학자에게 물어보라―그러나 **말로** 생각하는 자는 사상가로서가 아니라 연설가로 생각하는 것이다(이러한 점은 그가 실은 사실을 생각하거나 객관적으로 생각하는 것이 아니라, 사실에 관한 것만을 생각하고, 본래 **자신**과 자신의 청중을 생각하고 있음을 드러낸다). 그곳의 이 세 번째 정신은 귀찮을 정도로 끈질기게 말한다. 그가 우리 몸에 너무 바짝 다가와서, 그의 숨결이 우리에게 느껴진다. 그가 비록 우리에게 책을 통해 말할지라도 우리는 자신도 모르게 입을 다문다. 그 문체의 울림이 그 이유를 말해 준다. 즉 그가 시간이 없고, 자기 자신을 제대로 신뢰하지 못하며, 오늘 말해야 하지 그렇지 않으면 영원히 다시는 말할 기회가 없다는 것을. 그러나 자기 자신에 대해 확신하는 어떤 정신은 나지막이 말하고, 은둔해 있으려고 하며, 자신을 기다리게끔 한다. 세 가지 현란하고 요란한 것, 즉 명예, 군주, 여성을 피한다는 것이 철학자다운 점이다. 그렇다고 해서 이 세 가지가 그들에게 다가오지 않는다는 말은 아니다. 철학자는 너무 밝은 빛을 기피한다. 그 때문에 그는 자신의 시대와 그 '대낮'을 기피한다. 그 안에서 그는 그림자처럼 지낸다. 그래서 해가 질수록 철학자는 더 커지게 된다.

그의 '겸손'에 관해 말하자면, 그는 어둠을 참아내듯, 어떠한 종속이나 등화관제도 참아낸다. 더구나 그는 번개에 의해 방해받는 것을 두려워하고, 날씨가 나쁠 때마다 변덕을 부리고, 변덕을 부릴 때마다 날씨가 나빠지게 하는, 무방비 상태로 외딴 곳에 버려져 있는 나무를 보고 흠칫 놀란다. 자신의 내부에서 자라고 있는 것에 대한 은밀한 사랑인 철학자의 '모성' 본능은 그로 하여금 **자신**에 대해 생각하지 않도록 하는 상황에 처하게 한다. 이와 동일한 의미에서 여성 내부의 모성 본능은 지금까지 여성으로 하여금 대체로 종속적인 상황에 처하게 했다. 알고 보면 이들 철학자들의 요구 사항은 별 것 아니다. 그들의 표어는 "소유하는 자는 소유 당한다"라는 것이다. 내가 거듭 말하지 않을 수 없듯이, 그 이유는 덕 때문이거나, 분수와 소박함에 대한 기특한 의지 때문이 **아니라**, 그들의 최고 지배자가 그들에게 **그러라고** 요구하기 때문에, 교활하게 가차 없이 요구하기 때문이다. 즉 최고 지배자는 한 가지 일에만 의미를 두며, 모든 것, 즉 시간이나 정력, 사랑이나 관심과 같은 것을 오직 그 일을 위해서만 축적하고, 오직 그 일을 위해서만 저축하는 것이다. 이러한 부류의 인간은 적의에 의해 방해받는 것을 싫어하고, 우정에 의해 방해받는 것도 싫어한다. 그런 사람은 쉽게 잊거나 쉽게 무시한다. 그런 사람은 순교자를 만드는 것을 악취미라고 생각한다.

"진리를 위해 **고통 받는 것**"─그는 이러한 일을 야심가, 무대의 주역이나 그 밖에 그런 일을 할 만큼 충분한 시간이 있는 자에게 맡긴다(그들 자신, 철학자들은 진리를 위해 할 일이 있다). 그들은 호언장담을 잘 하지 않는다. 사람들 말로는 '진리'라는 단어조차 허풍을 떠는 것처럼 들리므로 그들의 귀에 거슬린다고 한다…… 마지막으로 철학자들의 '순결'에 관해 말하자면, 이러한 종류의 정신은 분명 어린이들 마음속에서 와는 다른 곳에 생산성이 있다. 아마 다른 곳에서 그들의 이름이 계속 살아남아 작으나마 불멸성을 누릴지도 모른다(고대 인도의 철학자 중에는 보다 노골적으로 이렇게 표현한 사람이 있었다. "자신의 영혼이 세계인 자에게 무엇 때문에 후손이 필요하단 말인가?"). 그런 태도에는 금욕적 회의나 관능에 대한 증오에서 비롯하는 순결 같은 것이 없다. 이는 운동선수나 경마기수가 여자를 멀리한다고 순결이 아닌 것과 마찬가지이다. 적어도 임신해서 배가 불러 있는 기간 중에는 그들의 우세한 본능은 오히려 여자를 멀리하려고 할 것이다. 예술가라면 누구든 정신적으로 크게 긴장하고 있거나 작품을 준비하는 상태에 있을 때 동침하는 것이 얼마나 해로운 작용을 하는지 알고 있다. 그들 중에 가장 강하고 확실한 본능을 지닌 자라면 그런 것을 알기 위해 굳이 먼저 경험을, 안 좋은 경험을 할 필요까지는 없다. 오히려 이 경우 만들고 있는 작품을 위해 비축하고 축적하고 있던 모든 힘과 동물적 활력을 남김없이 쓰는 것이 예술가의 '모성' 본능인 것이다. 즉 더 큰 힘이 더 작은 힘을 **다 써버리는** 것이다. 게다가 이러한 해석에 따라 앞서 논의한 쇼펜하우어의 경우를 정리해 보자.

그의 경우에는 미를 바라보는 행위가 분명 그의 본성의 **주된 힘**(사고력과 통찰력)을 불러일으키는 자극을 준 결과 이러한 힘이 폭발하여 단번에 의식의 주인이 되었다. 이로써 미적 상태 특유의 저 독특한 감미로움과 충만함이 바로 '관능'이라는 성분에서 유래되었을 수도 있다는(사춘기 소녀의 고유한 특성인 저 '이상주의'도 이러한 관능이라는 원천에서 유래하는 것처럼) 가능성이 배제되어서는 안 된다. 그러므로 관능이란 쇼펜하우어의 생각처럼, 미적 상태가 나타날 때 지양되는 것이 아니라, 단지 변형되는 것에 불과하며, 성적 자극으로서 더 이상 의식에 떠오르지 않을 뿐이다. (나는 이러한 관점에 대해 지금까지 다루어지거나 밝혀지지 않은 미학의 생리학이라는 보다 미묘한 문제와 관련해 추후에 다시 언급할 것이다.)

9

우리가 앞에서 살펴보았듯이, 어떤 금욕주의, 최선의 의지를 품은 엄격하고 보다 쾌활한 체념은 최고 높은 정신성에 도달하기 위한 유리한 조건에 속하며, 또한 그 정신성의 가장 자연스런 결과에 속한다. 그리하여 바로 철학자들이 금욕적 이상에 대해 언제나 약간의 편견을 품고 다루어 왔음은 애당초부터 하등 놀랄 일이 아니다. 역사적으로 진지하게 따져보면 심지어 금욕적 이상과 철학 사이의 유대가 무척 밀접하고 견고하다는 사실이 증명된다. 사람들은 철학이 이러한 이상의 **걸음마 끈**을 잡고서야 지상에서 첫 발걸음을 내딛는 법을 배웠다고 말할 수 있을지도 모른다. 아, 아직 너무나 서투르게, 아, 아직 너무나 마지못해 하는 표정으로, 아, 넘어져서 바닥에 엎어질 것 같은 모습으로, 구부러진 다리로 겁내며 아장아장 걷는 이 조그맣고 연약한 자여!

처음에 철학의 사정은 모든 좋은 것들의 그것과 같았다. 그것들은 오랫동안 자기 자신에 대한 용기를 갖지 못했고, 자신을 도와주러 오는 사람이 없는지 마냥 주위를 둘러보았으며, 더욱이 자신을 지켜보는 모든 자들을 두려워했던 것이다. 철학자가 지니고 있는 여러 충동과 덕을 하나하나 순서대로 살펴보자. 의심하려는 그의 충동, 부정하고 기다리려는('억제하려는') 그의 충동, 분석하고 조사하며, 탐구하고 감행하려는 그의 충동, 비교하고 조정하려는 그의 충동, 중립성과 객관성을 지향하는 그의 의지, 모든 '분노도 열정도 **없는**' 상태를 지향하는 그의 의지가 그것이다. 이 모든 것이 아주 오랫동안 도덕과 양심의 첫 번째 요구에 접근했음을 혹시 사람들이 이미 파악했을까? (루터가 약은 여자, 약은 창녀라고 부르기를 좋아한 이성에 관해서는 굳이 말할 필요도 없이).

철학자가 자신의 존재를 의식했을 경우 스스로를 '**금단의 영역**에 발을 들여놓는nitimur in vetitum' 화신으로 느꼈어야만 했을 것이며, 따라서 '자신을 느끼고', 자신을 의식하지 않도록 **주의했다**는 것을 사람들이 이미 파악했을까?…… 앞서 말했듯이, 오늘날 우리가 자랑스럽게 생각하는 모든 좋은 것들의 사정도 다르지 않다. 심지어 고대 그리스인의 척도로 재어

본다 해도 우리의 현대적인 모든 생활양식은, 그것이 약함이 아니라 힘이고 힘이 있다는 의식인 한, 순전히 오만불손함이나 신의 부정처럼 보인다. 오늘날 우리가 존중하는 것과 바로 정반대되는 것들이 아주 오랫동안 양심을 자기편으로 삼고 신을 자신의 파수꾼으로 삼았기 때문이다.

오늘날 자연을 대하는 우리의 모든 태도, 기계의 도움으로, 그리고 아무런 생각 없이 발명해내는 기술자나 엔지니어의 재주의 도움으로 자연을 능욕하는 것이 바로 오만불손함이다. 오만불손함은 신에 대한, 말하자면 인과성이라는 거대한 어망 뒤에 숨어 있는 이른바 목적이나 윤리의 거미에 대한 우리의 태도이다―우리는 루이 11세와 맞서 싸운 대담한 찰스 왕처럼, "나는 우주적인 거미와 싸우노라"라고 말할 수도 있으리라. 오만불손함은 우리에 대한 우리의 태도이다. 왜냐하면 우리는 동물에게는 할 수 없는 방식으로 우리 자신에 대해 실험을 하고, 즐거운 기분으로 호기심에 차 우리 몸의 영혼을 해부하기 때문이다. 영혼의 '구원'이라는 게 우리와 무슨 상관이란 말인가! 그런 뒤에 우리는 우리 자신을 치유한다. 병에 걸려 있는 상태는 교육적이며, 건강한 상태보다 더 교육적임을 우리는 믿어 의심치 않는다.

오늘날 우리에게는 **꾀병을 부려 집에서 쉬는 일**이 어떤 의사나 '구세주'보다 더 필요한 것 같다. 우리가 우리 자신을 능욕하고 있음은 의심의 여지가 없다. 우리는 영혼의 호두를 까는 사람들이며, 마치 삶이 호두를 까는 것과 다름없는 것인 양 의문스럽고 미심쩍은 자들이다. 따라서 우리는 반드시 매일 더욱 미심쩍고, 더욱 물을 만한 **가치** 있는 존재가 되어야 하는가? 따라서 어쩌면 더욱 살 만한 가치 있는 존재가 되어야 하는가?…… 좋은 것은 모두 이전에는 나쁜 것이었다. 모든 원죄에서 하나의 원덕(原德)이 생겨났다. 예를 들어 결혼이란 오랫동안 공동체의 권리를 침해하는 것으로 생각되었다. 옛날에는 뻔뻔스럽고 주제넘게 한 여자를 차지하기 위해서는 그에 대한 대가를 치러야 했다(예컨대 초야권初夜權 jus primae noctis이 그것인데, 오늘날에도 캄보디아에는 '오래된 미풍'의 수호자인 승려에게 이런 특권이 있다).

온화하고 호의적이며 관대하고 동정적인 감정에는—이런 감정은 점차 가치가 높아져, 거의 '가치 그 자체'가 되었다—아주 오랜 세월 동안 자기 자신에 대한 자기 경멸이 담겨 있었다. 오늘날 사람들은 가혹함을 부끄럽게 여기는 것처럼 온화함을 부끄럽게 여겼다.(『선악의 저편』 260절 참조) 법에 대한 **복종**—오, 지상 곳곳의 고귀한 종족들은 나름대로 복수심을 버리는 데에, 또 법의 권력에 고개 숙이는 데에 얼마나 양심의 저항을 하였던가! '법'이란 오랫동안 하나의 금지 vetitum였고, 하나의 불법행위였으며 하나의 혁신이었다. 그것은 폭력**으로** 나타났고, 사람들은 그것에 복종하는 것을 자기 자신에 대한 치욕으로 느꼈을 뿐이다.

어떤 조그만 발걸음이라도 전에는 정신적이고 육체적인 고통을 당하는 대가가 치러졌다. 이러한 모든 관점, 즉 '앞으로 나아가는 것뿐만 아니라, 그렇다, 발걸음을 딛고 움직이며 변화하기 위해서는 수많은 순교자가 필요했다'는 표현은 오늘날 우리에게 무척 생소하게 들린다. 나는 이를 『아침놀』 18절에서 다음과 같이 밝혔다.

"오늘날 우리가 자랑스럽게 생각하는 얼마 안 되는 인간의 이성과 자유의 감정보다 더 비싼 대가를 치른 것은 없었다. 그러나 이러한 자긍심이 있었기에 인류의 성격을 규정지었던 실제적이고 결정적인 주된 역사인 '세계사'에 앞서는 '풍습의 윤리'에 대해 우리는 이제 저 엄청난 시간적 거리감을 거의 느낄 수 없게 되었다. 거기서는 어디서나 고통이 덕으로, 잔인성이 덕으로, 위장이 덕으로, 복수가 덕으로, 이성의 부정이 덕으로 통용된 반면, 평안이 위험으로, 지식욕이 위험으로, 평화가 위험으로, 동정이 위험으로, 동정 받는 것이 모욕으로, 노동이 모욕으로, 광기가 신성한 것으로, **변화가 부도덕하고 불길한 것** 자체로 통용되었던 것이다."

10

바로 그 책 42절에서는 명상적 인간이라는 가장 오래된 종족이 어떤 평가를 받으며, 평가에 관한 어떤 **압력**을 받으며 살아야 했는지를 깊이 다루었다. 즉 그들이 두려움의 대상이 아닐 때는 그만큼 경멸당했던 것이다! 명상이 맨 처음 지상에 모습을 드러냈을 때는 위장한 형태와 모호한 모습을 보였고, 사악한 마음씨와 때로는 근심에 찬 머리를 지녔다. 그 점은 의심의 여지가 없다. 명상적 인간의 본능 속에 자리한 비활동적이고 심사숙고하며 비전투적인 요소 때문에 그들은 오랫동안 주위 사람들에게 깊은 불신의 대상이 되었다. 이에 대처하는 유일한 방법은 단호하게 그들 자신에 대한 **두려움**을 불러일으키는 것이었다. 예를 들어 고대의 브라만들은 그렇게 하는 방법을 터득하고 있었던 것이다!

이 가장 오래된 철학자들은 자신들의 존재와 출현에 어떤 의미나 근거, 배경을 부여할 줄 알았는데, 그러한 것에 의해 사람들은 그들을 **두려워하게** 되었다. 보다 자세히 살펴보면 더욱 근본적인 욕구에서, 즉 그들 자신을 두려움과 경외의 대상으로 만들기 위해 그렇게 했던 것이다. 왜냐하면 그들은 그들 자신의 내부에서 자신에 **대항하는** 모든 가치 판단을 발견했고, '그들 자신 안의 철학자'에 대항하는 온갖 종류의 의심과 저항을 제압해야 했기 때문이다.

무서운 시대에 살았던 그들은 그들 자신에 대항하는 잔인함과 독창적인 자기 거세라는 무서운 방법을 써서 그런 일을 해냈던 것이다. 이것은 그들 스스로 자신을 **신뢰**할 수 있기 위해, 자신의 내부에서 먼저 신들이나 인습적 요소를 억압할 필요가 있었던 힘에 목마른 이러한 은자(隱者)들이나 사상의 혁신자들의 주요 수단이었다.

비슈바미트라 왕[9]에 관한 유명한 이야기가 생각난다. 그는 수천 년에 걸친 자기고행을 통해 힘의 감정과 자신감을 얻게 되어, 지상에서 철학자들에 관한 가장 오래되고 가장 나중의 이야기를 말해 주는 무시무시한 상징인 **새로운** 천국을 건설하려고 했다. 즉 언젠가 새로운 천국을 건설해 본 사람이라면 누구든 자신의 **지옥** 속에서만 그럴 수 있는 힘을 발견했다…… 이러한 전체 사실을 몇 개의 간단한 표현으로 압축해 보자. 철학적 정신은 어떻게든 그나마 **존재할 수 있기** 위해서 먼저 언제나 명상적 인간이라는 **이전부터 확정되어 있던** 유형인 사제나 마법사나 예언가로, 즉 개괄적으로 말해 종교적 인간으로 변장하고 위장해야 했다. 즉 **금욕적 이상**은 오랫동안 철학자의 현상 형태이자 존재 조건으로서 도움을 주었다. 철학자는 철학자로 살아가기 위해서는 그런 이상을 **나타내야만** 했고, 그런 이상을 나타내려면 바로 그 금욕적 이상을 신뢰해

---

9   비슈바미트라Viçvamitra 왕은 인도 베다 시대의 금욕적 철학자이자 왕이다. 그는 '고행의 화신'이라 불릴 정도로 지극한 고행을 한 성자로, 본래 크샤트리아 계급인 왕인데 브라만 계급인 성자가 되기 위해 혹독한 고행을 했다. 그는 히말라야의 깊은 산 속에서 천 년 동안 한 발로 선 채 비바람과 눈보라를 견뎌내는 고행을 하였고, 다시 천 년 동안 물구나무서서 눈도 깜박이지 않는 고행을 했다. 이어서 바위 위에 앉아 물도 음식도 먹지 않고 숨을 쉬지 않은 채 천 년 동안 고행을 한 결과 살가죽이 뼈 안으로 말려 들어갈 만큼 우주의 기가 그에게 빨려 들어갔다. 결국 그는 계급을 뛰어넘어 브라만의 성자가 되었으며, '우주의 친구'라는 뜻인 비슈바미트라라는 이름을 얻게 되었다.

야만 했다.

철학자들 특유의 세계 부정적이고 삶을 적대시하며, 감각을 불신하고, 관능을 멀리하는 태도는 최근까지 지속되어 거의 **철학자의 태도 그 자체**로 통용되게 되었다. 그 태도는 무엇보다도 철학이 생겨나게 해서 존속하게 한 긴급한 조건들이 빚어낸 결과인 것이다. 즉 금욕적 가리개나 의복이 없었더라면, 금욕적 자기오해가 없었더라면 철학은 지상에서 아주 오랫동안 **결코 존속할 수 없었을** 거라는 점에서 그러하다. 이를 구체적이고도 일목요연하게 표현해 본다면 **금욕적 사제**는 극히 최근에 이르기까지 역겹고 음울한 애벌레 형태를 취하고 있었는데, 그런 형태로만 철학이 살아서 기어 다닐 수 있었기 때문이다…… 그런 것이 정말로 **변화**했단 말인가? 이러한 애벌레가 자신 안에 숨기고 있던 알록달록하고 위험한 날짐승인 저 '정신'이 정말이지 보다 햇빛이 잘 들고 보다 따스하며 보다 밝아진 세계 덕분에 결국 옷을 내던져 버리고 빛 속으로 나올 수 있었던가? 오늘날에는 진실로 이제 '철학자'가 지상에 존재할 수 있을 만치 이미 자부심, 대담성, 용기, 자신감, 정신의 의지, 책임에 대한 의지, 의지의 **자유**가 충분히 존재한단 말인가?……

11

금욕적 사제들을 살펴본 지금에서야 금욕적 이상이란 무

엇을 의미하는가라는 우리의 문제를 진지하게 다루어 보도록 하자. 이제야 그 문제가 '진지'해졌다. 이제부터 우리는 **진지함의 본래적인 대표자**와 마주하는 셈이다. "진지함이란 모두 무엇을 의미하는가?"—어쩌면 이 시점에서 이러한 보다 근본적인 질문이 이미 우리의 입술 위에서 맴돌지도 모른다. 이는 당연히 생리학자에게 물어봐야 할 질문이겠지만 당분간은 좀 접어두기로 하자.

금욕적 사제는 그러한 이상에 자신의 신념뿐만 아니라 자신의 의지와 힘이며 자신의 관심까지도 포함시켰다. 그의 생존에의 **권리**는 저 이상과 더불어 서 있을 수도 쓰러질 수도 있다. 말하자면 만약 우리가 저 이상에 적대적인 자라면, 우리가 여기서 무서운 적대자, 즉 저 이상을 부정하는 자와 맞서 자신의 생존을 위해 싸우는 그러한 자와 맞닥뜨린다고 해서 뭐가 놀랄 일이겠는가?…… 다른 한편 애당초부터 우리의 문제에 대해 그 정도로 편향적인 입장을 취하면 이 문제를 해결하는 데 별로 유익할 것 같지 않다.

금욕적 사제는, 여성이 '여성 그 자체'를 변호하려고 하면 실패를 맛보곤 하는 것과 같은 이유에서, 자신의 이상을 가장 잘 변호해 주는 일조차 쉽지 않게 된다. 하물며 그가 여기서 열띤 논쟁거리가 된 것을 가장 객관적으로 판단하고 심판할 수 없음은 말할 필요도 없다. 그러므로 오히려 우리는 그에 의해 너무 잘 논박당하는 것을 겁내기보다는 그가 우리에

188

대항해 자신을 잘 변호할 수 있도록 그를 도와주어야 할 것이다—이것은 이제 이미 명백한 사실이다…… 여기서 논쟁이 되고 있는 사상은 금욕적 사제 쪽에서 우리의 삶을 어떻게 **평가**하느냐이다. 그는 우리의 삶을(우리의 삶이 소속하고 있는 것, 즉 '자연', '세계' 생성하고 무상하게 스러져가는 모든 영역과 아울러), 그 삶이 가령 자기 자신에 맞서거나, **자기 자신을 부정하는 경우가** 아니라면, 우리의 삶이 반대하고 배척한 전혀 다른 종류의 삶과 관련시킨다. 이러한 경우, 즉 금욕적 삶의 경우에 삶이란 저 다른 생존을 위한 다리로 간주된다.

금욕주의자는 삶을 처음 출발한 지점으로 결국 되돌아갈 수밖에 없는 미로처럼, 또는 행동을 통해 바로 잡거나 바로 잡아야 **하는** 오류처럼 취급한다. 왜냐하면 금욕주의자는 남들이 자기와 함께 가기를 **요구**하고, 가능하다면 생존에 대한 **자신**의 가치 평가를 강요하기 때문이다. 이는 무엇을 의미하는가? 그러한 터무니없는 가치 평가방식은 인류의 역사에서 예외적인 경우나 진기한 일로 기록되는 것이 아니라, 지금까지 있었던 일 가운데 가장 폭 넓고 가장 오래된 사실들 중의 하나이다.

멀리 떨어진 별에서 읽어본다면 우리 지구상에서의 생존이라는 대문자는 아마 다음과 같은 결론을 내리도록 유혹할지도 모른다. 즉 지구는 본래 **금욕적 별**이며, 자신에 대한, 지구에 대한, 온갖 삶에 대한 깊은 불만에서 결코 벗어나지 못한 채 고통스러워하는 것을 즐기면서, 필경 유일한 즐거움으로 알며, 되도록 자기 자신에게 많은 고통을 주는 불만에 차 있고 오만하며 보기 싫은 피조물이 사는 외진 곳이라는 결론을 내리도록 말이다. 금욕적 사제가 거의 어느 시대든 막론하고 얼마나 규칙적으로, 얼마나 보편적으로 나타나는가를 잘 생각해 보라. 이는 개별 종족에 한정되는 현상이 아니다. 금욕적 사제는 어디서나 번성하고, 모든 계층에서 생겨난다. 그는 가령 자신의 가치 평가방식을 유전으로 길러내어 번식시키지 않는다. 실은 그 반대이다. 대체적으로 말해서 오히려 깊은 본능이 그에게 번식을 금지시킨다. **삶에 적대적인** 이러한 종(種)을 자꾸만 자라게 하고 번성하게 하는 대단히 절실한 필요성이 있는 게 분명하다. 자기 모순적인 그러한 유형이 사멸하지 않는 것이 **삶 자체의 관심사**일지도 모른다. 왜냐하면 금욕적 삶이란 하나의 자기모순이기 때문이다. 여기에는 비길 데 없는 원한이, 즉 살아 있는 어떤 것에 대해서가 아니라, 삶 자체, 그 삶의 더없이 심원하고 강력하며 가장 밑바닥에 있는 조건들을 지배하고 싶어 하는 탐욕스런 본능과 힘에 대한 의지의 원한이 지배하고 있다. 여기서는 힘의 원천을 폐쇄하기 위해 힘을 사용하려는 시도가 행해진다. 여기서는 생리적인 발육 자체가, 특히 그 발육의 표현이나 아름다움이나 즐거움은 따가운 눈총을 받게 된다. 반면에 잘 되지 못한 것, 발육부전, 고통, 재난, 추한 것, 자발적인 희생, 자아 상실, 자기

탄핵, 자기희생에 대해서는 만족감을 느끼거나 **추구**한다. 이 모든 것은 지극히 역설적이다.

우리는 여기에서 자기 자신이 분열되기를 **바라는**, 이러한 고통 속에서 자기 자신을 **향유**하는, 그리고 더구나 그 자신의 전제 조건인 생리적인 생활 능력이 **줄어듦**에 따라 점점 더 자신만만해하고 의기양양해 하는 분열에 직면해 있는 것이다.

금욕적 이상은 예로부터 '바로 죽음의 고통 속에서의 승리'라는 이러한 최상의 기호 아래에서 싸워왔다. 유혹의 이러한 수수께끼 속에서, 희열과 고통의 이러한 이미지 속에서 그 이상은 자신의 가장 밝은 빛과 자신의 구원이며 자신의 최종적인 승리를 인식했다. 십자가와 호두와 빛―금욕적 이상에서 볼 때 이 세 가지는 하나인 것이다.

12

모순과 부자연스러움에의 화신인 그러한 의지가 **철학적으로 사색**하게 되었다고 가정해 보자. 그 의지는 자신의 가장 내적인 자의(恣意)를 어디에 발산할 것인가? 가장 확실하게 진실하며 실재적이라고 느껴지는 것에 발산할 것이다. 즉 그 의지는 본래적인 삶의 본능이 가장 무조건적으로 진리라고 정하는 곳에서 **오류**를 찾아낼 것이다. 예컨대 베단타 철학의 금욕주의자들이 그랬던 것처럼, 그 의지는 육체적인 것을 환영(幻影)으로 격하시키고, 이와 동시에 고통과 다수성이며, '주관'과 '객관'이라는 전체적인 개념의 대립도, 오류라고, 오류에 지나지 않는다고 격하시킬 것이다!

자신의 자아에 대한 믿음을 거부하고, 자기 자신의 '실재성'을 부정하는 것은—이 얼마나 대단한 승리인가!—이미 더 이상 단순히 감각이나 외관에 대한 승리가 아니라 훨씬 더 차원이 높은 종류의 승리이며, 이성에 대한 능욕이자 잔인성이다. 즉 그것은 이성의 금욕적 자기경멸이나 자기조소가 "진리와 존재의 왕국이 있기는 하지만, 바로 이성은 거기서 **축출되었다!**"고 선언할 때 최고조에 달하는 관능적 쾌락인 것이다…… (덧붙여 말하자면 '사물의 예지적 성격'이라는 칸트의 개념에서조차 이성으로 하여금 이성에 대립하도록 하는 이러한 금욕주의자의 육욕을 탐하는 분열적인 면모가 남아 있다. 즉 칸트에게서 '예지적 성격'이란, 지성으로서는 사물의 속성에 관해 **전혀 아무것도 파악할 수 없다**는 것 정도만 지성이 파악하게 되는 일종의 사물의 속성을 의미한다.) 결국 인식하는 자인 우리는 정신이 너무 오랫동안 겉보기에 방자하고 무익하다고 자기 자신에 대해 화를 내게 한 익숙한 관점과 가치 평가를 그토록 단호하게 역전시킨 것에 결국 고맙게 생각하도록 하자. 그런 식으로 한 번 다르게 보고, 다르게 보려고 하는 것은 언젠가는 '객관성'을 얻기 위한 지성의 제법 엄한 훈련이며 준비이다. 여기서 객관성이란 '무관심한 직관'으로 이해되어서는 안 되고(이것은 어처구니없고 불합리한 것이다), 지성의 찬반을 **마음대로** 통제해서 적절하게 조절할 수 있는 능력으로 이해되어야 한다. 그래서 사람들은 관점과 정동 해석의 **상이성**을 인식을 얻는 데 이용할 줄 알게 된다.

철학자 여러분, 우리는 이제부터 "순수하고 의지가 없으며, 무시간적인 하나의 인식 주관"을 설정한 위험하고 낡은 개념의 허구를 더욱 경계하도록 하자. '순수 이성'이니 '절대적인 정신성'이니 '인식 그 자체'와 같은 모순적인 개념의 촉수(觸手)를 경계하도록 하자. 여기서는 언제나 도저히 생각할 수도 없는 하나의 눈이 있음을 생각하도록 요구받는다. 이는 결코 어떤 방향을 가져서는 안 되는 눈이고, 그 눈의 경우에 보는 것을 일단 무언가를 보는 행위로 만드는 능동적이고 해석적인 힘은 저지되어야 하고 있어서는 안 된다. 여기서는 그러므로 눈이란 언제나 불합리나 어처구니없는 것을 요구한다. 오직 관점주의적 시각과 오직 관점주의적 '인식 행위'만이 존재할 뿐이다.

우리가 어떤 사물에 대해 **더 많은** 정동이 발언할 기회를 얻게 할수록, **더 많은** 눈, 상이한 눈을 같은 사물에 동원할 줄 알수록, 이러한 사물에 대한 우리의 '개념'이나 우리의 '객관성'은 더욱 완벽해질 것이다. 그러나 의지를 통틀어 제거하고, 정동을 모조리 없애 버리는 일, 만약 우리가 이런 일을 할 수 있다면 이는 무엇을 의미하는 것일까? 그것은 지성을 거세한다는 의미가 아닐까?……

13

그러나 우리의 문제로 되돌아가 보자. 금욕주의자에게서 나타나는 것 같은 '삶에 **맞서는** 삶'이라는 자기모순은—이것은 우선 명백한 사실이다—더 이상 심리학적으로가 아니라 생리학적으로 따져보면 그야말로 터무니없는 말이다. **겉보기에만** 자기모순처럼 보일지도 모른다. 자기모순이란 일종의 잠정적인 표현, 하나의 해석, 형식, 정리임이 분명하고, 그 본래적인 성질이 오랫동안 이해될 수 없었고, 오랫동안 **그 자체로** 지칭될 수 없었던 무언가에 대한 심리학적인 오해임이 틀림없다. 이것은 인간의 인식 속에 벌어져 있는 오래된 **틈새에** 끼어있는 단순한 말에 불과하다. 이에 대한 사실을 간략하게 서술해 보겠다. 즉 모든 수단을 강구해 자신을 보존하려고 하며, 자신의 생존을 위해 싸우는 **퇴화해가는 삶의 방어 본능과 구원 본능에서 금욕적 이상이 생겨난 것이다.** 그러한 삶은 부분적으로 생리학적인 장애가 있고 피로에 지쳐 있음을 암시하는 반면, 더없이 깊은 온전히 남아 있는 삶의 본능은 새로운 수단이나 착상으로 끊임없이 투쟁하는 것이다.

금욕적 이상이란 그러한 하나의 수단이다. 그러므로 실상은 이러한 이상의 숭배자들이 생각하는 것과는 정반대이다. 즉 삶은 그 이상 속에서 그러한 이상을 통해 죽음과 싸우고 죽음에 대항해 싸우며, 금욕적 이상은 삶을 **보존하기** 위한 술

책인 것이다. 역사에서 알 수 있듯이, 이와 같은 이상이 인간을 다스리고 지배할 수 있었다는 것, 특히 문명이며 인간의 길들이기가 관철된 곳에서는 어디서나 그랬다는 것 속에는 지금까지의 인간 유형, 적어도 길들어진 인간 유형에 깃든 **병적인 것**이 인간의 죽음과의 생리학적인 싸움(보다 자세히 말하자면 삶의 권태, 피로, '종말'에 대한 소망과의 싸움)이라는 중요한 사실이 표현되어 있다.

금욕적 사제는 다르게 되고 싶고, 다른 곳에 있고 싶다는 소망이 육신으로 나타난 것이고, 더구나 이러한 소망의 최고 정점이며, 그 소망의 본래적인 열정이자 정열이다. 그러나 사실 그 소망의 힘이야말로 그를 여기에 붙들어 매는 족쇄이다. 사실 이로써 그는 여기에 있고 인간으로 존재하기 위한 보다 유리한 조건을 만들어내는 일에 매진해야 하는 도구가 된다. 사실 이러한 **힘**을 가지고 그는 온갖 종류의 잘 되지 못한 자, 기분이 언짢은 자, 실패한 자, 불행을 당한 자, 자기 스스로 괴로워하는 자들의 전체 무리 앞에 본능적으로 목자로 나서면서 그들에게 생존을 권유하는 것이다. 여러분은 내 말을 이미 알아들었으리라. 이 금욕적 사제, 겉보기에 삶의 적으로 보이는 이 사람, 이 **부정하는 자**, 바로 그는 삶의 아주 커다란 **보존하는 힘과 긍정하는 힘**에 속하는 것이다…… 저 **병적인 것**은 어디서 나온 것일까? 왜냐하면 인간이란 다른 어느 동물보다 병적이고 불안정하며, 변덕스럽고 불확실하기 때문이다. 그

점에는 의심의 여지가 없다.

인간은 병든 동물이다. 어쩌다가 그렇게 되었는가? 확실히 인간은 다른 모든 동물을 다 합친 것보다 더 대담하고 혁신적이며, 반항적이고 운명에 도전적이었다. 자기 자신에 대한 위대한 실험자인 인간, 동물, 자연, 신들과 최종 지배를 두고 싸우는 만족할 줄 모르고 탐욕스러운 인간, 여전히 정복되지 않는 자, 자신의 밀어 붙이는 힘 때문에 더는 안식을 얻지 못하는 영원히 미래적인 자, 그래서 그의 미래가 박차처럼 모든 현재의 살 속에 가차 없이 파고드는 인간―이처럼 용기 있고 풍요로운 자질을 부여받은 동물이 가장 위험하며, 모든 병든 동물 중에서 가장 오랫동안 가장 깊이 병든 존재가 아니란 말인가?……

인간은 이제 걸핏하면 싫증이 났고, 이러한 싫증이 모두에게 번지는 유행병이 있다(죽음의 무도가 번졌던 1348년 무렵에 그랬듯이). 그러나 이러한 혐오, 이러한 피로, 자기 자신에 대한 이러한 불쾌감조차도―이 모든 것이 그에게서 너무나 강력하게 나타나기 때문에 그것은 곧장 다시 새로운 족쇄가 되고 만다. 인간이 삶에 대해 말하는 부정은 마치 마법에 의한 것처럼 보다 은근한 긍정의 충만함을 드러내 보인다. 파괴나 자기 파괴의 대가인 이러한 인간이 자신에게 **상처를 입힐지라도**―훗날 그로 하여금 **살도록** 강요하는 것은 바로 이 상처 자체인 것이다…….

196

14

인간에게서 병적인 상태가 정상적인 것이 될수록—우리는 그것이 정상적인 상태임을 부정할 수 없다—우리는 정신과 육체의 강함이라는 드문 경우를, 인간이 얻은 **뜻밖의 행운**을 더욱 높이 존중해야 하며, 성공한 인간들을 최악의 공기, 병자의 공기로부터 더욱 엄격하게 지켜주어야 한다.

우리는 이런 일을 하고 있는가?…… 병자는 건강한 자에게 가장 큰 위험이다. 강자에게 화를 불러일으키는 존재는 가장 강한 자가 **아니라** 가장 약한 자이다. 우리는 이런 사실을 알고 있는가?…… 대체적으로 말하자면, 인간에 대한 두려움이 줄어들기를 바랄 필요가 전혀 없다. 왜냐하면 이러한 두려움은 강자를 더욱 강하게 만들고, 경우에 따라서는 무서운 존재가 되게 하기 때문이다. 두려움이 성공한 인간의 유형을 **똑바로** 서 있게 하는 것이다. 두려워해야 할 일, 다른 어떤 숙명보다 더 숙명적인 작용을 하는 일은 커다란 두려움이 아니라 인간에 대한 커다란 **혐오**일지도 모른다. 또한 마찬가지로 인간에 대한 커다란 **동정**일지도 모른다. 만약 이 두 가지가 어느 날 짝짓기를 한다면 불가피하게 곧장 더없이 무시무시한 것, 즉 인간의 '최후의 의지', 그의 무에 대한 의지, 허무주의가 세상에 출현할지도 모른다. 그리고 사실상 이를 위해 많은 것이 준비되고 있다. 냄새 맡을 코뿐만 아니라 눈과 귀도 가지고 있는 자는 그가 가는 곳마다 거의 어디서든 정신병원이나 병원의 공기 같은 것을 감지한다.

내가 말하고 있는 것은 당연히 인류의 문화권이나, 지구상에 차츰 존재하는 온갖 종류의 '유럽'에 관한 것이다. 인간의 가장 커다란 위험은 악한 자나 '맹수'가 아니라 **병적인 자**이다. 애당초부터 불행을 당한 자, 패배한 자, 좌절한 자—**가장 약한 자**들인 이들은 인간의 삶의 토대를 가장 많이 허물어뜨리고, 삶과 인간이나 우리자신에 대한 우리의 신뢰를 가장 위험하게 해치고 문제 삼는 자들이다.

어디에서 우리는 그를, 깊은 슬픔이 밴 저 감추어진 눈길을, 그러한 인간이 자기 자신에게 중얼거리고 있음을 드러내는 선천적 불구자의 내향적인 눈길을—하나의 탄식이라 할 수 있는 저 눈길을 피한단 말인가? 그 눈길은 이렇게 탄식한다. "내가 어떤 다른 사람이었으면 좋았을 것을! 그러나 그럴 희망이 없다. 나는 바로 나 자신인 것이다. 어떻게 하면 내가 나 자신으로부터 벗어난단 말인가? 그런데—난 나 **자신에 진저리가 나구나!**"…… 자기 경멸이라는 그러한 토양 위에서, 본래 늪지대라 할 수 있는 곳에서 온갖 잡초며 온갖 독초가 꽁꽁 숨어서 아주 조그마하게, 너무나 비열하고 너무나 불쾌하게 자라는 것이다. 여기에는 복수심과 **유감**이라는 벌레가 우글거리고 있다. 여기의 공기는 비밀스러움과 은폐의 악취를 풍긴다. 여기서는 더없이 악의적인 모반의—성공한 자나 승

198

리한 자들에 대항하는 고생하는 자들의 모반의 그물이 계속 만들어진다. 여기에서 승리한 자의 모습은 **증오**의 대상이 된다. 그런데 이러한 증오를 증오로 인정하지 않기 위해 얼마나 기만적인 일이 벌어지고 있는가! 얼마나 호언장담하고 허세를 떠는 것이며, 얼마나 '지독한' 비방의 기술인가! 이 실패한 자의 입술에서 얼마나 고귀한 웅변이 흘러나오고 있는가! 그들의 눈은 달짝지근하고 끈적거리며 굴종적인 복종에 얼마나 허우적거리고 있단 말인가! 그들이 진정으로 바라는 것은 무엇인가? 최소한 정의, 사랑, 지혜, 우월감을 **나타내는** 것─그것이 이 '최하층 사람들'인 이러한 병자들의 야심인 것이다! 그러한 야심은 사람을 얼마나 능란하게 만드는가! 특히 여기서 덕의 특징을 새기는 일, 심지어 덕이 울리는 소리, 덕의 금빛 음색마저 모방하는 위조자의 능숙한 기량은 경탄할 만하다. 그들, 이러한 약자들이나 불치의 병자들이 이제 덕을 완전히 독점했음은 의심의 여지가 없다. 그들은 이렇게 말한다.

"우리만이 선하고 의로운 인간이다. 우리만이 선한 의지를 지닌 인간이다." 그들은 인간의 모습을 한 비난이자 우리에 대한 경고로서 우리 주변을 돌아다닌다. 마치 건강, 성공, 강함, 자긍심, 힘의 감정 자체가 사람들이 언젠가 대가를, 쓰라린 대가를 치러야 할 악덕인 양 말이다. 오, 그들은 사실 대가를 치르게 **만들려고** 얼마나 벼르고 있으며, **사형 집행인이**

되려고 얼마나 갈망하고 있는가! 그들 중에는 재판관으로 위장한 복수심에 불타는 사람들이 허다하다.

한결같이 '정의'라는 말을 유독한 타액(唾液)처럼 입에 담고 다니는 이들은 입을 쑥 내밀고, 만족한 모습으로 사물을 바라보며 기분 좋게 거리를 활보하는 모든 사람에게 언제라도 침을 뱉을 준비가 되어 있다. 그들 중에는 또한 허영에 찬 저 더없이 역겨운 종도 없지 않고, '아름다운 영혼'을 나타내려고 하는, 그리고 가령 그들의 꼴사나운 관능을 시구나 포대기에 싸서 '심정의 순수함'이라며 시장에 내놓는 거짓 불구자도 없지 않다. 즉 도덕적인 자위행위를 하는 자들이나 '수음(手淫)하는 자'의 종(種) 말이다.

어떤 형태의 우월감을 나타내려고 하는 병자의 의지, 건강한 자들을 억압할 수 있게 해주는 비밀 통로를 찾으려는 그들의 본능―바로 가장 약한 자들의 힘에의 의지가 발견되지 않는 곳이 어디에 있단 말인가? 특히 지배하고 억압하며 압제하는 섬세함에는 아무도 병든 여자를 능가할 수 없다. 이때 병든 여자는 산 자든 죽은 자든 어느 것도 봐주지 않고, 아주 깊이 묻혀 있는 것들도 다시 파헤친다(보고스족은 "여자란 하이에나처럼 파렴치한 이기주의자다"라고 말한다). 모든 가족, 모든 단체, 모든 공동체의 배경을 살펴보라.

어디서든 병자들은 건강한 자들에 대항해 싸운다. 대체로는 약간의 독 가루나 슬쩍 비꼬는 말로, 음흉하게 참는 자의 표정 연기로, 그러나 때로는 또한 '고상한 분노'를 가장 잘 연기하고자 요란한 몸짓을 하는 저 병든 위선적인 바리새주의로 조용히 싸우는 것이다. 병든 개가 격분해 날뛰며 목쉰 소리로 짖는 소리, 그러한 '고상한' 바리새인의 신랄한 기만과 분노, 이러한 것이 학문의 성역에까지 들리게 될지도 모른다 (나는 귀가 있는 독자에게 또 한 번 베를린의 저 복수의 사도인 오이겐 뒤링을 상기시키고자 한다. 그는 오늘날 독일에서 가장 점잖지 못하고 가장 꼴사납게 도덕적인 시끄러운 소리를 사용하는 자이다. 뒤링은 자신과 동류인 반유대주의자들 중에서조차 지금까지 존재한 최초의 도덕적 허풍선이이다).

이들 생리적으로 불행을 당한 자, 벌레 먹은 자는 모두 원한의 인간이고, 은밀한 복수에 온몸을 떠는 자이며, 행복한 자에게 분노를 폭발할 때나, 또한 복수의 가면무도회를 할 때에도, 복수를 위한 구실을 만드는 데에도 절대 지치거나 싫증을 모르는 자들이다. 그러면 그들은 대체 언제 더없이 우아하고 더없이 숭고한 최종적인 복수의 승리를 거둘 것인가? 그것은 의심의 여지없이 그들 자신의 불행을, 모든 불행을 행복한 자들의 양심에 밀어 넣는 데 성공할 때이다. 그리하여 이들 행복한 자들은 어느 날 자신의 행복을 부끄러워하기 시작해서, 어쩌면 서로에게 이렇게 말할지도 모른다.

"행복하다는 것은 수치스러운 일이다! 너무 많은 불행이 있지 않은가!"…… 그러나 이처럼 행복한 자, 성공한 자, 몸과 마음이 강한 자가 자신의 **행복권**을 의심하기 시작할 때보다 더 크고 더 숙명적인 오해는 없을 것이다. 이런 '거꾸로 된' 세계는 없어져 버려라! 이런 치욕적인 감정의 유약화는 없어져 버려라! 병든 자가 건강한 자를 병들게 하지—이것이 그러한 유약화일 것이다—**못하도록 하는** 것이야말로 지상에서 최고의 관심사가 되어야 하겠다. 그러나 이를 위해서는 무엇보다도 건강한 자를 병든 자와 **떨어져** 있게 하고, 심지어 병든 자를 보지 않도록 주의하며, 건강한 자가 병든 자와 혼동되지 않게 하는 것이 필요하다. 또는 가령 간호인이나 의사가 되는 것이 그들의 임무란 말인가?…… 그러나 이런 생각이야말로 **그들의 임무를 가장 잘못 오해하고 부정하는 일이리라.**

보다 높은 자는 보다 낮은 자의 도구로 경멸되어서는 안 되고, 거리의 파토스는 또한 양자의 임무를 영원히 분리시켜야 한다! 그들의 생존권, 음이 맞지 않고 깨진 종(鐘)에 대해 완벽한 음을 내는 종의 특권은 실로 천 배나 더 큰 것이다. 즉 그들만이 미래의 **보증인**이고, 그들만이 인간의 미래에 **책임**을 지고 있다. **그들**이 할 수 있고 해야 하는 일을 병든 자는 결코 할 수도 없고 해서도 안 될 것이다. **건강한 자**만이 해야 하는 일을 병든 자가 할 수 **있다면,** 이들 병든 자가 어떻게 병든 자의 의사이며 위안자, '구세주' 역할을 할 수 있겠는가?…… 그 때문에 좋은 공기가 필요하다! 좋은 공기가! 좌우간 문화의 온갖 정신병원이나 병원에서 멀찌감치 떨어져라! 그러니

좋은 동료, **우리의 동료가 필요하다!** 또는 어쩔 수 없을 때는 고독도 필요한 것이다! 몸속의 썩은 자리나 병든 자의 은밀하게 벌레 먹은 자리에서 나는 악취에서 떨어져라!⋯⋯ 여러분, 말하자면 우리가 바로 우리를 위해 남겨두었을지도 모르는 가장 고약한 두 가지 전염병으로부터 적어도 잠시나마 우리 자신을 보호하기 위해서 말이다—즉 인간에 대한 **커다란 혐오로부터! 인간에 대한 커다란 동정심**으로부터!⋯⋯.

15

병든 자를 간호하고, 건강하게 만드는 것이 얼마만큼이나 건강한 사람의 임무가 절대로 될 수 **없는지** 아주 깊이 파악했다면—나는 사람들이 이 점을 **깊이 파악**하고 깊이 이해하기를 요구한다—그로 말미암아 어떤 필요성도—**그들 자신도 병든** 의사나 간호인의 필요성도 이해되는 것이다. 이제 우리는 금욕적 사제의 의미를 분명하게 파악한다.

금욕적 사제는 우리에게 병든 무리의 예정된 구원자, 목자, 변호인으로 간주되어야 한다. 그럼으로써 비로소 우리는 그의 엄청난 역사적 사명을 이해하게 된다. **고통 받는 자**에 대한 **지배**가 그의 왕국이고, 그의 본능은 그에게 그렇게 지배하라고 지시하며, 그러는 가운데 그는 자신의 가장 고유한 솜씨, 대가다움, 나름의 행복을 얻게 된다. 그들을 이해하기 위해서—그들을 잘 이해하고 지내기 위해, 그는 스스로 병들어 있어야 하고, 병든 자나 좋은 성과를 얻지 못한 자와 근본적으로 마음이 통해야 한다. 하지만 그가 병든 자의 신뢰와 두려움을 얻기 위해서는, 그들의 발판, 방어물, 버팀목, 강제하는 자, 훈육 교사, 폭군, 신이 될 수 있기 위해서는, 그는 또한 강해야 하고, 타인보다는 자기 자신을 더 지배해야 하며, 특히 그의 힘에의 의지가 온전해야 한다. 그는 그들, 자신의 무리를 지켜주어야 한다—누구에 대항해서인가? 건강한 자에 대항해서이며, 의심의 여지없이 건강한 자에 대한 질투에 대항해서이기도 하다. 그는 온갖 거칠고 격렬하며, 제어할 수 없고 가혹하며, 난폭하고 맹수 같은 건강과 강함의 자연스러운 적대자이자 **경멸자**가 되어야 한다.

사제는 증오하기보다 더 쉽게 경멸하는 **보다 미묘한** 동물의 첫 번째 형태이다. 그는 맹수와의 싸움을 면할 수 없을 것이다. 이는 자명하게도 폭력에 의한 싸움이라기보다는 간지(奸智)('정신')에 의한 싸움이다. 그러기 위해 그는 경우에 따라서는 새로운 유형의 맹수를 만들어 내거나, 적어도 그것을 **예시**할 필요가 있을 것이다. 이것은 북극곰, 날렵하고 냉혹하며 침착한 살쾡이, 조금이나마 여우의 요소가 결합되어 위협적인 만큼이나 매력적인 통일체를 이룰 것 같은 새로운 종류의 무서운 동물일 것이다. 어쩔 수 없는 상황에 처하게 되면 그는 보다 신비로운 힘을 포고하고 전파하는 자가 되어 곰처럼 진지하고 위엄 있게, 현명하고 냉정하게, 기만적이고 침착하게 아마 다른 종류의 맹수들 한가운데로 들어갈지도 모른다. 이때 그는 자기가 할 수 있는 한 이 땅 위에 질투, 분열, 자기모순의 씨를 뿌리고자 결연한 각오를 하고, **고통 받는 자를 언제든 지배하는** 자신의 솜씨를 과신하는 것이다. 그가 고약과 향유를 함께 가져온다는 것은 의심의 여지가 없다. 그러나 그는 의사가 되기 위해서는 먼저 상처를 입힐 필요가 있다. 그런 다음 그는 상처로 인한 고통을 가라앉히면서 **이와 동시에 상처에 독을 바른다.** 즉 무엇보다 마법사이자 맹수 조련사인 그는 그런 일에 무척 능하기 때문이다. 그의 주변에 있는 건강한 자는 모두 반드시 병들게 되고, 병든 자는 모두 반드시 길들여진다. 이 특이한 목자인 그는 사실상 그의 병든 무리를 아주 잘 지켜 준다. 그는 이 병든 무리를 그 자신으로부터도 지켜 주고, 무리 자체 내에서 희미하게 빛나고 있는 나쁜 것, 음흉함이나 악의, 그 밖의 모든 중독자나 병든 자들 사이에 특유한 것으로부터 지켜 준다. 그는 **원한**이라는 더없이 위험한 저 폭약과 폭발물을 자꾸만 축적하는 무리의 내부에서 무정부 상태와 더불어 어느 때든 시작되는 자기 해체에 대항하여 현명하고 냉혹하며 은밀히 싸운다. 이러한 폭약을 터뜨릴 때 무리와 목자가 다치지 않도록 하는 것이야말로 그의 참다운 재주이며, 또한 그의 최상의 효용이기도 하다.

사제적 존재의 가치를 가장 간명하게 표현한다면 "사제란 원한의 **방향을 바꾸는** 자이다"라고 단도직입적으로 말할 수 있을 것이다. 즉 고통 받는 자는 본능적으로 모두 자신의 고통의 원인을 찾으려 하기 때문이다. 보다 자세히 말하자면 고통을 야기한 행위자를, 보다 구체적으로 말해서 고통에 민감한 죄 **있는** 행위자를 찾으려 하기 때문이다. 요컨대 고통 받는 자는 그가 행위에 의해서나 또는 어떤 구실을 붙여 자신의 정동을 폭발할 수 있는 어떤 살아 있는 것을 찾는다. 왜냐하면 정동의 폭발이란 고통 받는 자에겐 고통을 최고로 완화하려는 시도, 즉 **마취**의 시도이며, 어떤 종류의 고통이든 그것을 누그러뜨리려고 자기도 모르게 갈망하는 마취제이기 때문이다.

나의 추측으로는 이러한 점에서만, 그러므로 **정동에 의해 고통을 마비시키려고** 갈망하는 데서, 원한이나 복수며 그와 유사한 것의 실제적인 생리적 원인을 발견할 수 있다. 사람들은 이러한 원인을 일반적으로, 머리 없는 개구리가 몸을 부식시키는 산(酸)에서 벗어나기 위해 움직이는 것과 같은 방식에서, 즉 방어적 반격에서, 반응이라는 단순한 방어책에서, 돌발적인 상해나 위해를 당했을 경우 일어나는 '반사운동'에서 찾는데, 이는 내 생각으로는 아주 잘못된 것이다. 그러나 그 차이는 아주 근본적인 것이다. 어떤 경우는 더 이상의 피해를 막으려는 것이고, 다른 경우는 어떤 종류의 격렬한 감정을 통해 은밀하고 견딜 수 없게 된 괴로운 고통을 **마비시키고**, 일순간이나마 적어도 의식에서 내쫓으려는 것이다. 그렇게 하기 위해서는 하나의 정동, 되도록 격렬한 정동이 필요하며, 그것을 야기하기 위해서는 최초의 가장 좋은 구실이 필요하다.

"내가 괴로운 것은 누군가에게 분명히 책임이 있는 것이다." 이런 방식의 추론이 병에 걸린 모든 자의 특징이며, 더구나 그럴수록 그들이 괴로운 진짜 원인, 생리적인 원인은 더욱 은폐된 채로 있게 된다(그 원인은 가령 교감 신경의 질병이나 담즙의 과도한 분비나, 혈액 속의 황화칼륨이나 인화칼륨의 결핍이나, 혈액 순환을 방해하는 하복부의 압박상태나, 또는 난소의 퇴화 등에 있을지도 모른다). 고통 받는 자는 고통을 주는 정동에 대한 구실을 찾는 데 무서울 정도로 열성적이며 독창적이다. 그들은 이미 의심을 즐기고 있으며, 나쁜 일이나 겉보기에 침해받은 듯이 보이는 일에 대해 골똘히 생각하는 것을 즐긴다. 그들은 고통스러운 의심을 한껏 즐길 수 있게 해주고, 악의라는 고유한 독에 흠뻑 취할 수 있게 해주는 어둡고 미심쩍은 역사를 찾기 위해 과거와 현재의 내장을 샅샅이 파헤친다. 그들은 아주 오래된 상처를 찢고, 아주 오래 전에 아문 딱지에서 피를 흘리며, 그들의 친구며 아내와 자식, 그 밖의 그들과 가장 가까운 사람들을 악인으로 만든다.

"나는 괴롭다. 누군가는 이에 대해 분명히 책임이 있다." 병든 모든 양(羊)은 그렇게 생각한다. 하지만 그의 목자, 금욕적 사제는 그에게 이렇게 말한다. "네 말이 맞다, 나의 양이여! 누군가가 그에 대해 분명히 책임이 있는데, 너 자신만이 그에 대해 책임이 있다. 너 자신만이 너 자신에 책임 있는 것이다!"…… 이 말은 아주 뻔뻔스럽고 대단히 잘못된 것이다. 그러나 그것으로 적어도 한 가지는 성취되었다. 그것으로, 앞서 말했듯이, 원한의 방향이 —**바뀐** 것이다.

16

나의 상상에 따라 삶을 치유하는 의사의 본능이 금욕적 사제를 통해 최소한 무엇을 **시도**했는지, 그리고 '책임', '죄', '죄스러움', '타락', '천벌'과 같은 역설적이고 배리(背離)적인 개념들의 일시적인 폭정이 그에게 어떤 도움이 되었는지 이제 짐작할 수 있으리라. 즉 병든 자들을 어느 정도까지 **무력화**시키고, 치유 불가능한 자를 자기 자신을 통해 파괴시켰던 것이다. 또 비교적 가벼운 병에 걸린 자는 엄하게 자기 자신한테 방향을 돌리게 하고, 그들의 원한을 반대 방향으로 돌리게 해서('한 가지만이라도 족하니라'[10]) — 이런 식으로 모든 고통받는 자의 나쁜 본능을 자기 훈련, 자기 감시, 자기극복을 위해 **이용한** 것이다. 이런 종류의 '치료', 단순한 정동 치료로 생리학적 의미에서 병든 자를 실제로 **치유**할 수 없음은 자명하다고 할 수 있다.

이 경우 삶의 본능이 어떻게든 치유를 기대하고 의도했다

---

10 누가복음 10장 42절.

고 주장조차 할 수 없을지도 모른다. 한편으로는 병든 자들이 한 군데에 모인 일종의 조직('교회'라는 말은 이것을 일컫는 가장 대중적인 이름이다)이 있고, 다른 한편으로는 보다 건강하게 생기고 보다 완전하게 생긴 자들을 잠시나마 나름대로 확보하고 있어서, 건강과 병 사이에 틈이 벌어지게 되었다―오랫동안 다들 그랬던 것이다! 그런데 그것은 심했다! 너무 심했던 것이다!……[알다시피 나는 이 논문에서 내가 필요로 하는 독자와 관련해서는 굳이 논거를 제시할 필요가 없다는 전제에서 출발하고 있다. 인간의 '죄스러움'은 어떤 사실이 아니라, 오히려 하나의 사실에 관한 해석, 즉 생리학적 언짢음에 관한 해석일 뿐이다. 후자인 생리학적 언짢음이란 우리에게 더 이상 아무런 구속력도 갖지 않는 도덕적이고 종교적인 관점에서 바라본 것이다. 누군가가 '책임 있다'거나 '죄가 있다'고 느끼는 **것으로는**, 그가 그렇게 느끼는 게 옳음을 아직은 결코 증명할 수 없다. 이는 누군가가 단지 건강하다고 느낀다고 해서 그가 반드시 건강하지는 않은 것과 마찬가지이다.

저 유명한 마녀 재판에 관해 상기해 보라. 당시 가장 통찰력이 있고 인간을 사랑하는 재판관도 피고에게 죄가 있음을 의심하지 않았다. '마녀들' 자신도 그 점을 의심치 않았던 것이다. 그런데도 죄가 있었던 것은 아니었다. 저 전제를 확장된 형태로 표현하면 다음과 같다. '정신적 고통' 자체도 내게는 결코 사실로 간주되는 것이 아니라, 지금까지 정확하게 형식화할 수 없었던 사실에 대한 해석으로 간주된다(인과적 해석).
따라서 그것은 아직 완전히 확정되지 않아서 학문적 구속력
이 없는 것으로 간주되므로, 심지어 빼빼마른 의문부호 대신
에 쓰인 살진 말이라 할 수 있다. 누가 '정신적 고통'을 해결
하지 못한다면 그 이유는 대충 말해서 그의 '영혼' 탓이 아니
라, 필경 그의 복부 탓이라 할 수 있다(앞서 말했듯이 대충 말한
다는 것은 대충 듣고 대충 이해되기를 바라는 소망을 표현한 것은 결
코 아니다……).

강하고 성공한 자는 딱딱한 음식물을 삼켜야 할 때조차 자
신의 식사 때 먹는 음식을 소화시키듯이 자신의 체험(행위와
비행을 포함하여)을 소화시킨다. 그가 어떤 체험을 '처리'하지
못한다면 이런 종류의 소화불량은 저 음식물의 소화불량과
마찬가지로 생리적인 것이며—그리고 정말이지 저 음식물
의 소화불량으로 인한 결과들 중의 하나이다. 이러한 견해를
갖게 되면, 우리끼리 이야기지만, 우리는 여전히 모든 유물론
의 가장 단호한 반대자일 수 있다……]

17

그러나 이 금욕적 사제가 정녕 의사란 말인가? 그도 자신
을 '구원자'라 느끼고, '구원자'로 존경받기를 원한다 해도,
그를 의사라고 부르는 것이 왜 용납될 수 없는지 우리는 이
미 파악하고 있다. 그는 단지 고통 그 자체와 싸우고, 고통 받

는 자의 불쾌와 싸울 뿐이지, 그 원인이나 본래적인 병적 상태와 싸우는 것은 아니다. 이러한 사실은 사제의 치료 행위에 대한 우리의 가장 근본적인 이의임에 분명하다. 그러나 우리가 사제만이 알고 지니는 관점을 일단 한 번 받아들인다면 그러한 관점 하에서 보고 추구한 모든 것에 대해 쉽지는 않겠지만 결국에는 경탄을 금치 못할 것이다. 고통의 '완화', 온갖 종류의 위로'—이것이야말로 그의 천부의 재능 자체로 증명된다. 그는 자신의 위안자의 임무를 얼마나 독창적으로 이해하고, 그 임무를 수행하기 위한 수단을 얼마나 대담하게 서슴없이 수행하였던가! 특히 기독교는 더없이 재기 발랄한 위안제의 커다란 보물 창고라 불릴 수 있겠다. 그 안에는 너무나 많은 청량제, 완화제, 마취제가 쌓여 있고, 이러한 목적을 위해 너무나 많은 더없이 위험하고 무모한 일이 감행되었던 것이다. 특히 기독교는 생리적으로 억눌린 자의 깊은 의기소침, 납덩이같은 피로, 음울한 슬픔을 적어도 일시적으로나마 극복하기 위해 어떠한 정동의 자극이 있어야 하는지를 대단히 섬세하고 대단히 세련되게, 남국적으로 대단히 세련되게 간파하고 있었다.

일반적으로 말해서 모든 커다란 종교의 중요한 문제는 유행이 되다시피 한 어떤 피로나 중압감을 퇴치하는 것이기 때문이다. 때때로 지상의 특정 장소에서 거의 불가피하게 **생리적인 압박감**이 광범위한 대중에게 만연할 수밖에 없다는 사실을 우리는 애당초부터 있을 법한 일이라고 설정할 수 있다. 그러나 이러한 압박감은 생리학적 지식의 결핍 때문에 그 자체로서 분명하게 의식되지 않아서 그것의 '원인'이나 치료도 다만 심리학적으로 도덕적으로만 추구되고 시도될 수 있을 뿐이다(즉 이것이 대체로 '종교'라고 불리는 것에 대한 나의 가장 일반적인 생각이다).

그러한 압박감의 기원은 매우 다양할 수 있다. 즉 그것은 너무나 이질적인 종족을 혼합시킨 결과로 생겨났을 수 있다(또는 계급이 혼합된 결과일 수 있다―계급은 언제나 혈통이나 종족의 차이를 나타내기도 한다. 유럽의 '세계고(世界苦)'나 19세기의 '염세주의'는 본질적으로 갑작스레 일어난 어처구니없는 계급 혼합의 결과인 것이다). 혹은 잘못된 이주에 의해 초래되었을지도 모른다―어떤 종족이 그 기후에 제대로 적응할 능력이 없는 곳으로 이주해간 때문일지도 모른다(인도에서 인도인의 경우). 또는 종족의 노화나 피로의 여파일지도 모른다(1850년 이후 파리인의 염세주의). 또는 잘못된 식이요법의 여파일 수 있다(중세의 음주벽. 셰익스피어의 작품에 나오는 토호 귀족 크리스토퍼의 권위를 자기 것으로 삼는 채식주의자의 어리석은 짓[11]). 또는 패혈증, 말라리아, 매독 등의 영향일 수 있다(독일의 절반에 나쁜

---

11   셰익스피어의 『말괄량이 길들이기』에서 페트루치오는 "그녀는 오늘날 고기를 먹지 않는다. 또한 어느 누구도 고기를 먹지 않는다"고 말한다.

병을 감염시켰고, 그로써 독일적 비굴함과 소심함의 토대를 마련한 30년 전쟁 후의 독일의 의기소침). 그러한 경우 **불쾌감과의 싸움**이 매번 대규모로 시도된다. 그것의 가장 중요한 실제적 경우와 형식을 간략히 살펴보기로 하자. (나는 여기서, 당연한 일이지만, 언제나 동시에 일어나곤 하는 투쟁, 즉 그 불쾌감과 대항하는 **철학자**들의 본래적 싸움은 완전히 도외시하려고 한다. 그 싸움은 무척 흥미롭기는 하지만, 너무 불합리하고 실제적인 것에 너무 무관심하며, 거미줄처럼 얽혀 있고 하릴없이 빈둥거리는 일이다. 즉 고통 속에서 일단 오류가 인정되면 고통이 **틀림없이** 사라지고 말리라는 순진한 전제하에, 가령 고통이 오류로 증명되어야 한다면 말이다. 그러나 보라! 고통은 사라지지 않으려고 주의했다⋯⋯.)

사람들은 **맨 먼저** 생활 감정을 가장 낮은 수준으로 끌어내리는 수단을 통해 저 우세한 불쾌감과 싸운다. 가능하다면 어떤 의욕이나 소망도 더 이상 갖지 말아야 한다. 정동이나 '피'를 만드는 것이면 뭐든지 피해야 한다(소금을 섭취하지 않는 것이 이슬람교 수도자의 건강법이다). 사랑하지도 미워하지도 않고 침착하며, 복수하지 않고 부자가 되지 않으며 일하지 말고 구걸한다. 가능하다면 처(妻)가 없어야 하고, 또는 있다면 되도록 그 수가 적어야 한다. 정신적인 면에서 "그대들은 우둔해져야 한다"[12]는 파스칼의 원칙을 따라야 한다. 그 결과

12 파스칼의 『팡세』에 나오는 유명한 구절임.

는 심리학적으로 도덕적으로 표현하자면 '탈아'나 '신성화'이고, 생리학적으로 표현하자면 최면이다. 즉 몇몇 동물의 종(種)에게는 **겨울잠**이고, 열대 지방의 많은 식물에게는 **여름잠**인 것과 얼추 비슷한 상태에 인간이 도달하려는 시도이며, 제대로 의식하지 않는 가운데 삶을 존속하게 해주는 최소한의 물질 소모이자 신진대사이다. 이러한 목적을 위해 인간은 놀랄 만한 양의 에너지를 소모해 왔다―그것은 가령 헛된 일이었을까?……시대를 불문하고 거의 모든 민족에게 많이 있었던 그러한 '신성함'의 스포츠맨들이 사실은 그들이 그토록 엄격한 훈련을 받으며 싸워왔던 것으로부터 실제적인 구원을 얻었음은 전혀 의심의 여지가 없다. 그들은 수많은 경우에 최면술이라는 그들 체계의 도움으로 생리학적인 저 깊은 의기소침으로부터 사실상 **벗어났다**. 그 때문에 그들의 방법론은 가장 보편적인 인종학적 사실에 속한다. 따라서 육체와 욕망을 굶주리게 하는 그러한 의도 자체를 이미 정신 이상의 징후로 간주할 만한 아무런 근거도 없는 것이다(쇠고기를 게걸스럽게 먹는 꼴사나운 '자유사상가'나 토호 귀족 크리스토퍼가 곧잘 그랬던 것처럼).

　더욱 확실한 것은 이러한 것이야말로 온갖 종류의 정신 착란에 이르는 길을, 예를 들어 아토스 산(山)의 헤쉬카스트파[13]처럼, '내적 광명'에 이르고, 환청이나 환시에 이르며, 육체적 쾌락과 관능의 황홀(성녀 테레사의 이야기)에 이르는 길을 열거나, 열 수 있다는 점이다. 이러한 상태에 사로잡힌 자들이 그러한 상태를 될 수 있는 한 열광적이고 잘못되게 해석했다는 사실은 두 말할 필요가 없다.

우리는 바로 그런 식으로 해석하려는 의지에서 이미 울려나오는 확고부동한 고마움의 어조를 그냥 흘려들어서는 안 된다. 최고의 상태, **구원** 자체, 마침내 도달한 저 완전한 최면 상태와 고요함은 언제나 최고의 상징으로도 표현하기에 충분하지 못한 신비 그 자체로, 사물의 근원 속으로 침잠해 돌아가는 것으로, 온갖 망상으로부터의 해방으로, '앎'이자 '진리'이며 '존재'로, 온갖 목적이나 소망, 행위로부터 벗어나는 것으로, 또한 선악의 저편으로도 간주된다. 불교 신자는 "선과 악—두 가지는 족쇄이다. 완전한 자가 이 두 가지를 지배했다." 베단타의 신자는 "행해진 것도 행해지지 않은 것도 그에게 아무런 고통을 주지 못한다. 현자인 그는 선과 악을 자신으로부터 털어버린다. 어떤 행위도 그의 왕국을 더 이상 괴롭힐 수 없다. 그는 선과 악, 두 가지를 넘어섰다"고 말한다.

인도 전체의 견해, 그러므로 바라문교적인 견해도 불교적인 견해도 이와 마찬가지이다. (인도의 사고방식이나 기독교의 사고방식에서도, 그들이 덕의 최면적 가치를 높이 평가하고 있기

---

13   헤쉬카스트파Hesychasten는 14세기 아토스 산의 수도사들에게서 생겨난 조용함과 내적인 평화를 중시하는 신비주의 종파로 동방교회의 명상운동을 주도했다.

는 하지만, 덕이나 도덕적 개선으로 '구원'에 이를 수 있다고 여기지 않는다. 우리는 이 점을 명심해야 한다. 뿐만 아니라 이 점은 사실과도 그대로 부합한다. 이런 점을 진실하게 고수하고 있다는 사실은 다른 면에서는 그토록 철저하게 도덕화된 3대 종교의 가장 훌륭한 현실주의로 간주할 수 있을 것이다. "깨우침을 얻은 자에게는 의무가 없다"…… "덕을 덧붙인다고 구원에 이를 수 없다. 왜냐하면 덕을 덧붙이는 것으로는 완전성에 이를 수 없는 브라만과의 하나 됨에 구원이 있기 때문이다. 이와 마찬가지로 잘못을 덜어 낸다고 해서 구원에 이를 수 없다. 왜냐하면 브라만과 하나가 되는 것이 구원인데, 브라만은 영원히 순수하기 때문이다."―샹카라Çankara의 주석서에 나오는 이 구절은 유럽에서 인도 철학의 최초의 진정한 전문가인 내 친구 파울 도이센[14]에게서 인용한 것이다.) 그러므로 우리는 위대한 종교에서 말하는 '구원'을 존중하려고 한다. 반면에 꿈을 꾸기에도 너무 삶에 지쳐버린 자들이 이미 깊은 잠에 대해 내린 평가를 진지하게 받아들이기가 우리로서는 약간 힘들어진다. 즉 깊은 잠이란 이미 브라만에 들어갔음을 뜻하고, 신과 신비한 합일을 이룩했음을 뜻한다. 이에 대해 가장 오래되고 가장 존경

---

14   니체와 쇼펜하우어 학회의 창립자이며 초대 회장이었던 파울 도이센 (Paul Deussen, 1845~1919)은 여러 권의 철학서뿐만 아니라 60개의 우파니샤드를 독일어로 옮겼고, 옛 인도 경전인 베단타와 인도 철학에 대한 선구적인 작품을 썼으며,『프리드리히 니체 회상록』을 썼다. 니체가 인용한 책은 파울 도이센의『베단타의 체계』(1883)이다.

할 만한 '경전'은 이렇게 말한다.

"그가 완전히 잠들고, 완전한 휴식 상태에 들어가 더 이상 꿈의 장면을 볼 수 없게 될 때, 오 소중한 자여, 그는 존재자와 합일되어 자기 자신 속으로 들어간 것이다. ─인식하는 종류의 자아에 휘감겨 그는 외적인 것이나 내적인 것을 더 이상 의식하지 않는다. 낮과 밤이나, 나이와 죽음이나 고통이나, 선행이나 악행도 이 다리를 건너지 못한다." 따라서 3대 종교 중에서 가장 깊이 있는 종교의 신자들은 이렇게 말한다.

"깊은 잠을 잘 때 영혼은 이러한 몸에서 벗어나 최고의 빛 속으로 들어가서는, 이를 통해 자신의 모습으로 나타난다. 그 때 영혼은 이리저리 거닐며, 여자든, 마차든, 친구들이든 그들과 농담을 하고 장난하며 흥겨워 하는 최고의 정신 자체이다. 그때 영혼은, 수레 끄는 짐승이 수레에 매어 있듯이, 프라나prâna(생명의 숨결)를 매고 있는 육체라는 부속물을 더 이상 회상하지 않는다."

그럼에도 우리는 여기서도 '구원'의 경우에서처럼 이러한 내용은 사실상 동양적인 과장으로 화려하게 표현되기는 했지만, 분명하고 냉정한, 그리스적으로 냉정하지만, 고통 받는 에피쿠로스[15]가 평가한 것과 똑같은 표현이라는 점을 염두에 두어야 한다. 즉 최면에 걸린 무(無)의 감정, 가장 깊은 잠의 휴식, 요컨대 **고통 없는 상태**─고통 받는 자나 철저하게 기분이 언짢은 자는 이것을 이미 최고의 선으로, 가치들 중의 가치로 여길 것이다. 그들은 이것을 적극적으로 평가하고, 적극적인 **것** 자체로 느끼지 **않을 수 없는** 것이다. (동일한 감정 논리에 의하면 모든 염세주의적 종교에서 무(無)란 신을 뜻한다.)

18

보기 드문 힘, 특히 용기, 견해의 경멸, '지적 스토아주의'를 이미 전제로 하는 감수성, 고통을 느끼는 능력을 그처럼 최면을 걸어 전체적으로 완화시키는 것보다 훨씬 더 빈번하게, 의기소침한 상태를 막기 위해 좌우간 보다 쉬운 다른 훈련이 시도된다. 즉 **기계적 활동**이 그것이다. 그러한 활동으로 고통스러운 생존이 상당한 정도로 완화됨은 의심의 여지가 없다.

오늘날 사람들은 이러한 사실을 좀 정직하지 못하게 '노동의 축복'이라 부른다. 완화되는 이유는 고통 받는 자의 관심이 원칙적으로 고통으로부터 다른 것으로 돌려지는 데에

15　에피쿠로스(Epikur, B.C. 341~B.C. 270)는 고대 그리스의 철학자로 원자론에 기초를 둔 에피쿠로스학파를 창시하였다. 에피쿠로스에게 철학의 목적은 행복하고 평온한 삶을 얻는 데 있었다. 그가 말하는 행복하고 평온한 삶은 평정(ataraxia), 평화, 공포로부터의 자유, 무통(無痛, aponia)으로 특징지어진다. 그는 쾌락과 고통은 무엇이 좋고 악한지에 대한 척도가 되고, 죽음은 몸과 영혼의 종말이기 때문에 두려워하지 말아야 하며, 신은 인간을 벌주거나 보상하지 않고, 우주는 무한하고 영원하며, 세상의 모든 현상들은 궁극적으로는 빈 공간을 움직이는 원자들의 움직임과 상호작용으로부터 나온다고 가르쳤다. 저서에 『자연에 대하여』가 있다.

있다. 계속 어떤 행동이, 그리고 다시 어떤 행동만이 의식 속에 들어오기 때문에, 결과적으로 고통이 들어설 여지가 별로 없다는 데에 있다. 왜냐하면 인간의 의식이라는 이 방은 너무 **협소**하기 때문이다! 기계적 활동이나 그에 속하는 활동─절대적 규칙성, 아무 생각 없는 즉각적인 복종, 단호한 생활 방식, 시간의 선용, 어떠한 허락, 즉 '비인격성'이나 자기 망각, '자기 무시incuria sui'에 대한 엄격한 기율─금욕적 사제는 고통과 싸우며 이러한 것들을 얼마나 철저히, 얼마나 교묘하게 이용할 줄 알았던가! 그가 하층 계급의 고통 받는 자, 일하는 노예, 죄수(또는 대체로 일하는 죄수이자 죄수이기도 한 여성들)와 상대해야 했을 때, 그는 그들로 하여금 전에 증오했던 대상에서 앞으로는 혜택이나 상대적인 행복을 맛볼 수 있도록, 개명하고 재세례하는 사소한 기술 이상은 별로 필요하지 않았다.

노예의 자기 운명에 대한 불만은 어쨌든 사제가 꾸며낸 것이 아니다. 의기소침과 싸울 때 보다 가치를 인정받는 수단은 쉽게 손에 넣을 수 있고 일상적인 것이 될 수 있는 **조그만 즐거움**을 처방하는 것이다. 이 치료법은 앞서 말한 치료법과 관련하여 흔히 이용된다. 즐거움이 그런 식으로 치료법으로 처방되는 가장 빈번한 형태는 사람들을 즐겁게 **해주는**(선행을 하고, 베풀고, 고통을 덜어주고, 도와주고, 설득하고, 위로해 주고, 칭찬하고, 우대해 주는) 즐거움이다. 금욕적 사제는 '이웃에 대한 사랑'을 처방함으로써, 비록 아주 신중하게 처방한 양이지만,

사실상 가장 강력하고 삶을 가장 긍정하는 충동인 **힘에의 의지**가 자극받도록 처방하는 것이다.

선행을 하고, 활용하고, 도와주고, 우대해 주는 이 모든 행위로 초래되는 '아주 하찮은 우월감'이라는 행복감은 생리적으로 압박받는 자들이 조언을 잘 듣는 경우 이용하곤 하는 더없이 강력한 위안제이다. 그렇지 않을 경우 그들은 물론 똑같은 근본 본능에 복종해 서로에게 상처를 입힌다.

우리가 만일 로마 시대에 기독교의 초기 상태를 살펴보면 당시 사회의 가장 밑바닥에서 자라난 상호 공제 조합, 구빈 조합, 환자 조합, 매장 조합을 발견할 수 있다. 이들 조합에서는 의기소침을 막는 주요 수단, 조그만 즐거움, 서로에게 선행을 베푸는 즐거움이 의식적으로 장려되었다. 어쩌면 그러한 것이 그 당시에는 무언가 새로운 것, 진정한 발견이 아니었을까? 이런 식으로 야기된 '상호 부조에의 의지', 무리를 형성하려는 의지, 공동체나 '집회'에의 의지 속에서 이제 다시금 저 의지, 비록 아주 미미한 정도라 할지라도, 유발된 힘에의 의지가 새롭고 보다 완전하게 터져 나오는 것이 틀림없다.

무리를 형성하는 것은 의기소침과의 싸움에서 중대한 발걸음이자 승리이다. 공동체가 성장함에 따라 개개인에게도 종종 자신의 불쾌감이라는 극히 개인적인 요소나 **자신**에 대한 혐오(필링스의 '자기 경멸'[16])를 넘어서게 하는 새로운 관심이 강화된다. 모든 병든 자와 병적인 자는 어렴풋한 불쾌감과 허약감을 털어내려는 갈망에서 본능적으로 무리 조직을 추구한다.

금욕적 사제는 이러한 본능을 간파하고 그것을 장려한다. 무리가 있는 곳에서 무리를 이루려고 하는 것은 허약 본능이고, 무리를 조직한 것은 사제의 영리함이다. 왜냐하면 약자가 서로 모이려고 하는 것과 마찬가지로, 강자는 본성상 필연적으로 서로 흩어지려고 함을 간과해서는 안 되기 때문이다. 만약 강자가 뭉치는 경우는 그들 힘에의 의지의 공격적인 전체적 행동과 전체적 만족을 기대할 때뿐이라서 개개인의 양심으로부터 상당한 저항을 받게 된다. 반면에 약자는 바로 그러한 단합에 쾌감을 느끼면서 단합한다. 그들의 본능은, 타고난 '주인'(이는 고독한 맹수 종(種)의 인간을 뜻한다) 본능이 사실상 조직을 통해 자극받고 동요되는 것과 마찬가지로, 그럴 경우 충족된다.

역사 전체가 가르쳐주고 있듯이, 모든 과두 정치는 언제나 전제 정치를 행하려는 욕망을 감추고 있다. 모든 과두 정치는 그 안에서 이런 욕망을 억누르고 있어야 하는 각 개개인의 긴장 때문에 끊임없이 떨며 두려워하고 있다. (예컨대 그리스의

---

16 필링스(Arnold Geulinx, 1624~1699)는 벨기에의 철학자로, 심신 문제와 관련해 데카르트의 이원론이 지닌 난점을 없애려고 했다. 제자에 의해 편집된 『너 자신을 알라』라는 윤리학 저서가 남아 있다.

과두 정치가 그러했다. 자신의 동료와 그리고 자기 자신을 잘 알고 있었던 플라톤은 백여 군데의 대목에서 이를 증언하고 있다……)

19

지금까지 우리가 알게 된 금욕적 사제의 수단—생활 감정의 전체적 약화, 기계적인 활동, 조그만 즐거움, 무엇보다도 '이웃에 대한 사랑'이 주는 즐거움, 무리의 조직, 공동체가 번영하고 있다는 쾌감으로 개개인의 자신에 대한 불쾌감은 느끼지 못하게 만드는 공동체의 힘의 감정에 대한 자각—현대의 척도로 잰다면 이것은 불쾌와 싸울 때 사용하는 그의 **순진무구한** 수단이다. 이제 좀 더 흥미로운 '죄 있는' 수단으로 눈을 돌려 보자. 그것들 모두에서 문제가 되는 것은 **감정의 무절제함**이라는 한 가지 사실이다. 이것은 무지근하고 꼼짝 못하게 하는 오래된 통증을 잊게 해주는 가장 효과적인 마취 수단으로 이용된다. 그 때문에 "**무슨 수단**으로 감정의 무절제함을 초래하는가?"라는 한 가지 질문을 생각해내는 사제의 창의성은 실로 무진장했던 것이다……

가혹하게 들릴지도 모르지만, 내가 가령 "금욕적 사제가 언제나 모든 강력한 정동 속에 깃들어 있는 **열광**을 이용했다"고 말한다면, 보다 사랑스럽게 들리고 귀에 쏙쏙 들어갈 것은 명백한 사실이다. 그러나 우리는 무엇 때문에 유약한 우리 현대인의 연약해진 귀를 어루만져 주어야 하는가? 무엇 때문에 우리 쪽에서 그들의 위선적인 말에 한 발짝이라도 물러서야 하는가? 그런 일이 우리를 구역질나게 하는 것은 차치하고서라도, 우리 심리학자가 볼 때 그 속에는 이미 행위의 위선이 있다고 할 수 있다. 즉 어떤 심리학자가 오늘날 어떤 **좋은 취향**(다른 사람들은 그의 올곧음이라고 말할지도 모른다)을 갖고 있다면, 이는 인간과 사물에 대한 모든 현대적 판단을 차츰 뭉개 버린 수치스러울 만치 도덕화된 말투에 그가 저항하는 데 기인한다. 왜냐하면 이런 점에 관해 속아서는 안 되기 때문이다. 즉 현대의 영혼이나 현대의 서적의 가장 고유한 특질을 이루는 것은 거짓이 아니라, 도덕적인 거짓 속에 아로새겨진 **순진무구함**이다.

이러한 '순진무구함'을 어디서나 다시 발견해야만 한다는 것—이것이야말로 오늘날의 심리학자가 수행해야 하는, 그 자체로 우려할 만한 모든 일 가운데 아마 우리의 가장 역겨운 일일 것이다. 그것은 우리의 커다란 위험 중의 일부이다. 그것은 어쩌면 바로 **우리를** 무척이나 구역질나게 할지도 모르는 일인 것이다⋯⋯ 나는 **어떤 목적으로** 오직 현대의 서적(그렇다고 물론 두려워할 일은 아니지만, 이것이 계속 살아남는다면, 그리고 마찬가지로 언젠가 보다 엄격하고 강건하며 **보다 건전한 취향**을 지닌 후세대가 존재한다면)만이—현대의 **모든** 것이 어떤 목적으로 이러한 후세대에 쓰이고, 쓰일 수 있을지에 대해 나는 의심치 않는다. 그것은 구토제로 쓰일 것이다. 이것은 그의 도덕적인 달콤함과 허위, 곧잘 '이상주의'로 불리고 어쨌든 이상주의를 믿는 그의 가장 내면화된 여성주의 때문이다.

오늘날 교양 있는 우리 현대인, 우리 '선한 사람'들은 거짓말을 하지 않는다—이는 사실이다. 하지만 이것이 그들의 명예가 되지는 **않을** 것이다! 진정한 거짓말, 실로 과감한 '진실된' 거짓말(그것의 가치에 관해서는 플라톤의 말을 듣는 것이 좋을 것이다)은 그들에게 말할 수 없이 너무나 엄격하고 너무나 강력한 것이리라. 이것은 사람들이 그들에게 요구해서**는** 안 되는 것을 요구하고, 그들이 자기 자신에 대해 눈을 뜨고, 그들이 그들 자신에게서 '참'과 '거짓'을 구별할 줄 알도록 요구할 것이다. 그들에게는 **부정직한 거짓**만이 어울린다.

오늘날 스스로를 '선한 인간'으로 느끼는 모든 사람은 무슨 일에든 **부정직한 거짓말**밖에 할 줄 모른다. 이는 근거 없는 거짓말이지만 순진무구한 거짓말이고 진심에서 나오는 거짓말이며 순진하고 덕이 있는 거짓말이다. 이러한 '선한 인간들'—그들은 이제 모두 완전히 도덕화되어 정직과 관련하여 창피를 당하고 영원히 망가지는 것이다. 그들 중에 '인간에 관한' 하나의 진실을 견뎌낼 사람이 과연 누가 있겠는가?…… 또는 보다 알아듣기 쉽게 질문하자면, 그들 중에 하나의 진실한 전기(傳記)를 견뎌낼 사람이 누가 있겠는가?…… 여기에 몇 가지 징조가 있다. 바이런 경[17]은 자기 자신에 관한 아주 개인적인 일을 몇 가지 기록하였으나, 토머스 모어[18]는 그것에 대해 '너무 선한' 태도를 취했다. 즉 그는 자기 친구의 원고를 불태워 버렸던 것이다.

쇼펜하우어의 유언 집행인이었던 그비너 박사[19]도 같은 일을 했다고 한다. 왜냐하면 쇼펜하우어도 자신에 관한 것을 몇 가지 기록해두었지만 자신에게 불리한('적대적인') 내용도 있었기 때문이다. 베토벤의 전기 작가인 유능한 미국인 세이어Thayer는 갑자기 작업을 중단했다. 이 존경할 만하고 소박한 삶의 어느 지점에 이르렀을 때 그는 더 이상 견뎌낼 수 없었던 것이다…… 도덕 — 현명한 사람이라면 누가 오늘날에도 자신에 대해 정직한 말을 쓰겠는가? — 그런다면 그는 이

---

17   바이런(George Gordon Byron, 1788~1824)은 영국의 낭만파를 대표하는 시인이자 풍자가로 시 작품과 특이한 개성으로 유럽인들의 상상력을 사로잡았다. 대표작으로 『차일드 해럴드의 편력』과 극시 『맨프레드』, 장시(長詩) 『돈 주안』이 있다. 그리스의 독립을 위해 투쟁하다가 열병과 출혈로 죽었다. 그리스 전체가 그의 죽음을 슬퍼했으며, 그는 사사로운 욕심 없이 한 나라를 구하고자 애쓴 자의 상징이자 그리스의 국가적 영웅이 되었다.

18   토머스 모어(Thomas Moore, 1779~1852)는 '한 떨기 장미'를 쓴 아일랜드의 위대한 국민시인이자 소설가, 전기 작가였다. 한때 아일랜드 독립을 위한 격렬한 글을 많이 썼다. 1803년 영국 정부의 버뮤다 섬 주재 해사재판소(Admiralty) 서기관으로 파견근무 하는 동안 미국, 캐나다를 여행하였다. 1819년 영국에서 추방되어 1822년까지 이탈리아에서 지내면서 바이런Byron 경의 서간문과 일기 문집을 정리하여 주었다.

19   그비너(Wilhelm von Gwinner, 1825~1917)는 독일의 법학자이자 판사로 쇼펜하우어의 유언 집행자였다. 하지만 그는 쇼펜하우어의 자전적 기록을 없애 버린 다음 쇼펜하우어 전기를 출간했다.

미 성(聖) 만용 교단의 일원이 틀림없을 것이다.

우리는 바그너의 자서전이 나오리라 기대하는데, 그것이 **현명한** 자서전이 될 것임을 누가 의심하겠는가?…… 또한 가톨릭 사제 얀센Janssen이 독일의 종교개혁 운동에 관해 상상을 초월할 정도로 순진하고 악의 없이 그린 모습으로 독일에서 불러일으킨 우스꽝스러운 끔찍함을 생각해 보자.

만일 어떤 사람이 우리에게 이 운동을 **다르게** 이야기한다면, 어떤 진정한 심리학자가 우리에게 진정한 루터를 이야기한다면, 더 이상 시골 사제의 도덕주의적 단순함으로서나 신교 역사가의 달콤하고 분별 있는 부끄러움으로서가 아니라, 오히려 강함에 대한 현명한 관용에서가 아닌 **영혼의 강함**에서 비롯한 말하자면 텐Taine의 용감함으로 이야기한다면, 어떤 일이 일어날 것인가?…… (덧붙여 말하자면, 독일인들은 강함에 대한 현명한 관용의 전형적인 유형을 급기야는 멋지게 내놓았다. 그들은 그 유형을 자신의 일원으로 포함시키고 좋게 평가해도 좋으리라. 즉 모든 보다 강한 원인causa fortior의 타고난 전형적인 변호인이자 모든 현명한 '현실주의자' 중에서 가장 현명한 자인 레오폴트 폰 랑케[20]라는 유형을 말이다.)

20

그런데 사람들은 이미 내 말을 알아들었을 것이다. 요컨대 우리 심리학자들이 오늘날 **우리 자신**에 대한 약간의 불신으로부터 벗어나지 못하는 데는 충분한 이유가 있지 않은가?……
아마 우리도 아직 우리의 직업을 갖기에는 '너무 선할'지도
모른다. 우리가 아무리 이러한 도덕화된 시대적 취향의 경멸
자로 느낀다 해도, 우리도 아직 그러한 시대적 취향의 희생자
이자 제물이고, 병자이리라. 아마 **우리**마저 그러한 시대적 취
향에 감염될지도 모른다. 저 외교관[21]이 자신의 동료에게 이
렇게 말했을 때 그는 무엇을 주의하라고 한 말이었을까?

"여러분, 무엇보다도 우리의 최초의 흥분을 믿지 맙시다.
그것은 거의 언제나 선하거든요."…… 오늘날 심리학자도 다들
자신의 동료에게 그렇게 말하는 게 좋으리라…… 이로써 우
리는 우리에게 약간의 엄격성을 요구하고, 특히 '최초의 흥
분'에 대해 약간의 불신을 요구하는 우리의 문제로 되돌아간
다. 감정의 무절제함을 야기하는 데 기여한 금욕적 이상 — 앞의 논
문을 기억하고 있는 사람이라면 몇 마디로 압축한 말로 앞으

---

20   랑케(Leopold von Ranke, 1795~1886)는 19세기 독일의 저명한 역사가
로, 새로운 학문적 방법과 교수법으로 서유럽의 역사 서술에 커다란 영향을
주었다. 그는 엄밀한 사료 비판에 기초한 객관적이고 과학적인 역사 기술과
세계사적 관점의 종합적 파악을 통한 역사 연구로 근대 실증적 역사학을 수립
하였다. 저서로 『세계사』 9권과 『로마 및 게르만 제 민족의 역사』등이 있다.

21   프랑스의 정치가 탈레랑(Charles Maurice de Talleyrand, 1754~1838)을
가리킨다. 그는 사제 출신으로, 나폴레옹 몰락 이후 유럽의 전후 처리를 위하
여 열린 빈 회의에 참석하였으며, 정통주의를 내세워 프랑스의 이익을 옹호하
였다.

로 서술할 내용을 대체로 이미 알 수 있을 것이다.

인간의 영혼을 일단 완전히 엉망으로 망가뜨리고, 그것이 마치 번갯불에 의해 그렇게 되는 것처럼 불쾌, 무감각함, 언짢음이라는 온갖 사소하고 자질구레한 것에서 벗어나는 방식으로, 그 영혼을 두려움, 오한, 격정, 희열에 잠기게 하는 것—이러한 목적을 달성하기 위해 어떠한 방법이 있을까? 그리고 그러한 방법 중에 어떤 것이 가장 확실할까?…… 사실상 분노, 두려움, 육욕, 복수, 희망, 승리, 절망, 잔인성과 같은 감정이 갑자기 폭발한다고 전제한다면 모든 중요한 정동은 그러한 목적을 달성할 능력을 지니고 있다.

그리고 실제로 금욕적 사제는 인간 안의 들개 무리 **전체**를 주저 없이 자신에게 봉사하도록 해왔고, 때로는 이 개를, 때로는 저 개를 풀어 놓으면서 언제나 동일한 목적을 달성하려고 했다. 그 목적이란 만성적인 슬픔으로부터 인간을 깨어나게 하고, 일시적으로나마 그의 무지근한 고통이나 망설이는 비참함을 최소한 쫓아 버리는 것인데, 또한 이를 행할 때 언제나 종교적으로 해석하거나 '정당화'해 왔다. 그와 같은 모든 감정의 무절제함은 나중에 가서 **대가를 치르게** 마련이다. 그 점은 두 말할 필요도 없다—감정의 무절제함은 병든 자를 더욱 병들게 하는 것이다—그 때문에 이런 식의 고통의 치료는, 현대적인 기준으로 재보면, '죄 있는' 방식이다. 그렇지만 공정함을 기해야 하기 때문에, 우리는 그럴수록 그런

식의 치료가 양심에 거리낌 없이 사용되었다는 사실과, 그리고 자신이 초래한 참담함 때문에 종종 말할 수 없는 좌절감을 느끼면서 금욕적 사제는 그것의 효용성, 그러니까 필수 불가결성을 깊이 신뢰하고 그런 치료법을 처방했다는 사실을 더욱 고집하지 않을 수 없다. 마찬가지로 어쩌면 심지어 정신 착란까지 포함하여, 그런 과도한 성격을 지닌 격렬한 생리적 복수가 실은 이러한 종류의 치료가 갖는 전체 의미에 모순되는 것은 결코 아니라고 고집하지 않을 수 없다. 앞에서도 밝혔듯이, 이 치료법이 의도하는 바는 병을 치료하는 것이 아니라, 의기소침으로 인한 불쾌감을 퇴치하고, 그 불쾌감을 완화하고 마비시키는 데에 있는 것이다. 이러한 목적은 또한 **그렇게 해서** 달성되기도 했다.

인간의 영혼에서 가슴을 찢어지게 하거나 황홀하게 하는 온갖 종류의 음악이 울리도록 하기 위해 금욕적 사제가 취한 주된 조처는, 다들 알고 있듯이, **죄책감**을 이용하는 것이었다. 그것의 유래는 앞의 논문에서 간략히 암시되었다―다름 아닌 동물 심리학의 한 부분으로서 말이다. 우리는 거기서 말하자면 자연 그대로의 상태에 있는 죄책감을 접했던 것이다. 죄책감과 관련된 진정한 예술가인 이 사제의 손에서 비로소 그것은 형태를 얻었다―오, 어떤 형태란 말인가! '죄악'은― 왜냐하면 사제는 동물적인 '양심의 가책'(내부로 향하는 잔인성)을 그렇게 재해석하기 때문이다― 병든 영혼의 역사에서 지금까지 가장 커다란 사건이었다.

　우리는 병든 영혼의 역사를 종교적으로 해석하는 더없이 위험하고도 더없이 숙명적인 재주를 갖고 있다. 어떤 식으로든 자기 자신에 대해 괴로워하며, 어쨌든 생리적으로는 가령 우리 안에 갇힌 동물처럼, 왜, 무엇 때문에를 알지 못하는 인간은 여러 가지 이유를 알려고 갈구하고, ─이유는 고통을 덜어 주니까─, 또한 치료제나 마취제를 갈구하며, 결국은 숨겨진 사실을 알고 있는 한 사람에게 조언을 구한다─그런데 보라! 그는 어떤 암시를 받는다. 그는 자신의 마법사인 금욕적 사제로부터 고통의 '원인'에 대한 **최초의** 암시를 받는다. 즉 그는 그 원인을 자신 안에서, 어떤 **죄**에서, 과거의 한 부분에서 찾아야 하며, 자신의 고통 자체를 어떤 벌의 상태로 이해해야 한다…… 그, 불행한 자는 다음 사실을 듣고 이해하게 되었다. 즉 이제 그는 자기 주위에 줄이 그어진 암탉 신세가 된다. 그는 줄이 그어진 원 밖으로 다시는 나오지 못한다. 이리하여 병든 자는 '죄진 자'가 되고 만 것이다……

　이제 인간은 이 새로운 병든 자, '죄인'의 모습에서 수천년 동안 벗어나지 못하게 된다. 언젠가 다시 그런 모습에서 벗어나게 될 것인가? 어느 곳을 보든지 곳곳에, 언제나 한 방향(고통의 유일한 인과관계인 '죄'의 방향)으로만 움직이는 최면에 걸린 죄인의 눈길이 있다. 곳곳에 루터가 말하는 이 '소름끼치는 동물'인 양심의 가책이 존재한다. 곳곳에서 과거를 되씹고 행위를 왜곡하며, 모든 행동을 '설익은 눈'으로 바라본다. 곳곳에 죄책감, 공포감, 처벌의 감정으로 재해석되는 고통을 오해하려는 **의욕**이 삶의 내용을 이루고 있다. 곳곳에 징벌, 모직 셔츠, 굶주리는 육체, 회한이 존재한다. 곳곳에 불안하고 병적으로 육욕적인 양심의 잔인한 톱니바퀴에 자기 자신을 환형(轘刑)에 처하는 죄인이 있고, 곳곳에 무언의 고통, 극도의 공포, 괴로움에 시달리는 마음의 단말마의 고통, 미지의 행복이 주는 경련, '구원'을 갈구하는 외침이 존재한다. 사실 오래된 의기소침, 중압감, 피로가 이러한 처리과정의 체계로 철저히 **극복되었고**, 삶은 다시 **무척** 흥미로워졌다.

깨어 있으면서, 영원히 깨어 있으면서, 밤새 불타올라 숯이 되도록 타고, 다 타버렸지만 그래도 피로하지 않은—이러한 신비에 싸인 '죄인'인 인간은 그러했다. 불쾌감과 싸우는 이 늙은 대마법사인 금욕적 사제—그는 분명 승리했고, 그의 왕국이 도래했다. 사람들은 이미 더 이상 고통에 **맞서** 원망하지 않았고, 고통을 **갈망했다**. '더 많은 고통을!' '더 많은 고통을!' 그의 제자나 내막을 아는 자는 수백 년 동안 그렇게 갈망하며 외쳤던 것이다.

고통을 주는 감정의 무절제함, 부숴 버리고 망가뜨리며, 으스러뜨리고 황홀해하며 환희에 넘치는 모든 것, 고문실의 비밀, 지옥 자체를 고안해낸 일—이 모든 것이 이제 발견되었고 알아맞혔으며 이용되었다. 모든 것이 마법사를 위해

수고했고, 모든 것이 앞으로는 그의 이상, 즉 금욕적 이상의 승리에 기여했다…… "나의 왕국은 이 세계의 것이 아니리라"—그는 전과 다름없이 그렇게 말했다. 그런데 그에게 사실 그렇게 말할 권리가 있는 것일까?…… 괴테는 36개의 비극적인 상황만이 존재한다고 주장했다. 다른 것은 몰라도 괴테가 금욕적 사제가 아니었다는 사실만은 짐작할 수 있겠다. 금욕적 사제는—더 많은 것을 알고 있는 것이다…….

21

사제적 치료의 **이런** 전체 방식이나 '죄 있는' 방식에 관련하여 행하는 모든 비판은 너무 지나치다. 이 경우에 금욕적 사제가 처방하곤 했던(두 말할 것 없이 더없이 신성하다는 미명하에, 또한 자신의 목적이 신성하다는 생각에 사로잡혀) 감정의 그런 무절제함이 어떤 환자에게는 실제로 **효험이 있었다**는 따위의 주장을 견지하고 싶은 사람이 누가 있겠는가?

적어도 우리는 '효험이 있다'는 말뜻을 이해해야 한다. 그것이 그러한 치료 체계가 인간을 **개선시켰다**는 뜻으로 하는 말이라면 나는 아무런 반박도 하지 않겠다. '개선시킨다'는 말이 나의 경우에 무슨 뜻인지 덧붙이고자 할 뿐이다. 내게는 이 말이 '길들인', '약화된', '사기를 잃은', '세련된', '유약해진', '기죽은'과 같은 의미인 것이다(그러므로 '손상된'과 거의 같은 의미이다). 그러나 주로 병든 자, 언짢은 자, 풀이 죽은 자가 문제가 될 때는 그런 체계가 '병자'를 '더 낫게' 만든다 해도 경우에 따라서는 **더 병들게** 만드는 것이다. 고통스런 속죄 행위, 회한, 구원의 경련이라는 방법을 적용하면 어떤 일이 일어나는지 정신과의사에게 그냥 물어보기만 하면 된다. 또한 역사가에게 물어 보아도 알 수 있다. 금욕적 사제가 병을 치료한 곳이면 어디서나 매번 병이 놀라운 속도로 깊고 넓게 확산되었다. 그 '결과'는 항상 어떠했던가? 안 그래도 이미 아픈 몸의 신경계통마저 망가뜨린 것이다. 이는 위대한 자든 하찮은 자든, 개인이든 집단이든 마찬가지였다.

우리는 속죄 훈련과 구원 훈련을 한 결과 무시무시한 간질병이 유행한 것을 발견할 수 있다. 역사에 알려진 것으로 가장 큰 유행병은 중세의 성(聖) 비투스와 성 요한의 무도병(舞踏病)이다. 그러한 훈련으로 인한 다른 형태의 악영향으로 무서운 마비나 만성 우울증이 생겨나는데, 그 여파로 경우에 따라서는 한 민족이나 한 도시(제네바와 바젤)의 기질이 단번에 정반대로 변하게 되었다. 몽유병과 유사하다고 할 수 있는 마녀 히스테리도 그러한 악영향의 결과이다(1564년에서 1605년까지만 해도 그러한 것이 무려 여덟 차례나 크게 유행했다). 그러한 훈련의 결과 죽음에 광분하는 저 집단적인 정신착란증이 발견되는데, '죽음 만세'라는 그 끔찍한 외침은 때로는 음탕한 병적 혐기(嫌忌)에 의해, 때로는 파괴욕에 사로잡힌 병적 혐기에 의해 중단되기도 하면서 전 유럽에 울려 퍼졌다.

금욕적 죄악설이 다시금 대대적인 성공을 거두는 곳에서는 어느 경우이든, 똑같이 간헐적으로 다른 현상이 끼어들기도 하지만 오늘날에도 어디서든 똑같은 정동의 변화가 관찰된다(종교적 신경증은 '악마의 형태로 나타난다. 그 점은 의심의 여지가 없다. 이것이 무엇이냐가 문제인 것이다). 대체적으로 보아, 금욕적 이상과 그 숭고한 도덕적 제식(祭式), 즉 신성한 목적이라는 허울 아래 감정의 무절제를 낳는 온갖 방법의 체계화, 즉 가장 재기발랄하고 가장 우려할 필요가 없으며 가장 위험한 이러한 체계화는 끔찍하고 잊을 수 없는 방식으로 인류의 전체 역사에 기록되어 있다. 그런데 유감스럽게도 인류의 역사에 기록된 것만이 아니다…… 특히 나는 유럽인의 **건강**이나 인종적 힘에 이 금욕적 이상만큼 파괴적인 영향을 미친 다른 어떤 것을 거의 알지 못한다. 조금도 과장함이 없이 이것을 유럽인의 건강 역사에서 **진정한 재앙**이라 부를 수 있겠다. 이러한 영향에 견줄 수 있는 것은 기껏해야 게르만인의 특수한 영향이라 할 수 있다. 즉 나는 지금까지 게르만인의 정치적, 인종적 우세에 뒤지지 않고 보조를 맞춘 유럽의 알코올 중독을 말하고 있는 것이다(게르만인은 자신의 피를 주입하는 경우 자신의 악덕도 주입했다). 세 번째 순서로는 매독을 들 수 있을 것이다.―이것은 멀리 떨어져 있는 것 같지만 바로 옆에 있는 것이다magno sed proxima intervallo.

22

금욕적 사제는 자신이 지배했던 곳에서는 어디서나 정신적 건강을 망쳐 놓았다. 결과적으로 그는 예술과 문학의 **취향**도 망쳐 놓았다. 그는 지금도 여전히 그것을 망치고 있다. '결과적으로?'— 결과적이라는 나의 이 말을 그냥 인정해 주기를 바란다. 나는 금욕적 사제가 예술과 문학을 파괴했음을 증명하고 싶은 생각은 조금도 없다. 단 한 가지 암시만 준다면, 기독교의 기본 문헌, 그 본래적인 원전, 그 '책 자체'에 관계된다는 것이다.

서적의 황금시대이기도 했던 그리스 · 로마의 황금시대에도, 아직은 위축되거나 붕괴되지 않은 고대 저작 세계를 앞에 두고, 즉 오늘날 문헌의 절반을 주고서야 소유할 수 있을 몇 가지 책을 아직 읽을 수 있었던 시대에 기독교 선동가들은 — 그들은 교부라 불린다 — 이미 그 단순함과 허영심으로 뻔뻔스럽게도 이렇게 선언했다.

"우리도 우리의 고전 문헌을 가지고 있다. 우리에게는 그리스인의 고전 문헌이 필요하지 않다." 그러면서 그들은 자랑스럽게 성도전(聖徒傳)이나 사도 편지나 호교용 소책자를 언급했다. 이는 오늘날 영국의 '구세군'이 셰익스피어나 다른 이교도와 싸울 때 유사한 문헌을 열거하는 것과 대략 비슷하다. 이미 짐작하고 있겠지만, 나는 '신약성서'를 좋아하지 않는다. 가장 높이 평가되고, 가장 과잉 평가되고 있는 이 책에 대한 나의 취향이 이토록 유별나다는 사실에 나는 거의 불안하기까지 하다(2천 년간의 취향이 나와 반대되기 때문이다). 하지만 그게 무슨 소용이란 말인가! "나는 여기에 서 있고, 달리어쩔 수 없다." 나는 나의 악취미를 지킬 용기가 있다. **구약성서**─실로 이것은 완전히 다른 것이다. 구약성서에 진정으로 경의를 표하라! 그 속에서 나는 위대한 인간들, 영웅적 광경, 지상에서 가장 드물게 보는 어떤 것, **강한 마음**의 비길 데 없는 순진함을 발견한다. 더구나 그 속에서 나는 한 민족을 발견한다. 반면에 신약성서에서는 오직 사소한 종파적인 야단법석, 오직 영혼의 로코코 풍, 오직 현란하고 모나며 이상한 것, 오직 비밀 집회의 공기만 발견한다. 그 시대(그리고 로마의 속주(屬州))에 속하지만, 유대적인 것도 헬레니즘적인 것도 아닌, 때때로 풍기는 목가적인 달콤함의 향내를 잊을 수 없다.

겸손과 거드름이 병존하고, 귀를 거의 마비시킬 정도의 감정의 수다가 있고, 정열적인 욕망은 있으나 열정은 없으며, 보기 민망한 몸짓이 있다. 여기에는 아무런 훌륭한 교육도 없는 게 분명하다. 이러한 경건한 소인배들이 그러는 것처럼, 자신의 하찮은 부덕(不德)으로 어째서 그토록 야단법석을 떨어야 한단 말인가! 아무도 그런 일에 관심을 보이지 않는다. 하물며 신(神)은 말해 무엇 하겠는가. 결국, 이들 시골 소인배들은 모두 '영원한 생명의 관(冠)'까지도 가지려고 한다. 그렇지만 무엇 때문에? 무슨 대가로? 그 이상 뻔뻔스러울 수 없을 것이다. 불멸의 베드로, 그를 견뎌낼 사람이 누가 있겠는가! 그들은 남을 웃게 만들려는 야심을 갖고 있다. 이 **자**들은 자신의 극히 개인적인 일, 자신의 어리석음, 슬픔, 사소한 근심을, 이러한 일을 걱정하는 것 자체가 자신의 의무라도 되는 양, 시시콜콜 떠벌인다. 이 **자**들은 지칠 줄 모르고 신마저도 자신이 처해 있는 극히 사소한 고난에 휩싸이게 한다. 이처럼 신과 계속 허물없는 관계를 맺는 것은 얼마나 고약한 악취미인가! 주둥이와 앞발로 신을 못살게 구는 이러한 넉살은 유대적인 것이면서, 단순히 유대적인 것만은 아니다! …… 동아시아에는 멸시당하는 작은 '이교도 민족'이 있는데, 초기의 기독교도는 그들로부터 무언가 중요한 것, 즉 외경심이라는 예의를 배울 수 있었을 것이다.

기독교 선교사들의 증언에 의하면, 저 이교도 민족은 자기들 신의 이름을 감히 입에 올리지 않는다. 이것은 내게는 대단히 미묘한 문제로 생각된다. 그것이 '초기' 기독교도에게만 너무 미묘한 문제가 아니라는 점은 확실하다. 가령 이것과 대조적인 것을 보기 위해, 독일이 낳은 가장 '언변이 좋고', 가장 뻔뻔스런 농부인 이 루터를, 그리고 신과 대화를 나눌 때 가장 그의 마음에 들었던 루터의 어조를 상기해 보자. 교회의 중보자적 성자(특히 악마의 돼지인 교황)에 대한 루터의 저항은 의심할 여지없이 궁극적으로는 교회의 **좋은 예법**, 즉 사제적 취향의 저 외경심 예법에 넌더리가 난 우악스런 자의 저항이었다. 이 예법이란 보다 헌신적이고 보다 과묵한 자에게는 더없이 신성한 곳에 들게 하고, 우악스런 자에게는 문을 닫아 버리는 것이었다. 이때 이러한 우악스런 자는 절대로 자신의 주장을 말해서는 안 된다. 그러나 농부인 루터는 완전히 달라지기를 바랐다. 그가 볼 때 그런 것은 도저히 **독일적**이라 할 수 없었다. 그는 무엇보다도 자신의 신과 직접 대놓고 '스스럼없이' 이야기하려고 했다⋯⋯ 그런데 그는 정말 그 일을 해냈다. 아마 짐작하겠지만, 금욕적 이상은 결코 어디서도 좋은 취향을 길러 주거나 더구나 좋은 예법을 가르쳐 주는 학교가 아니었다. 그것은 기껏해야 사제적 예법을 가르쳐주는 학교에 불과했다. 왜냐하면 금욕적 이상은 모든 좋은 예법의 불구대천의 적이라 할 수 있는 무언가를 자신의 내부에 지니고 있기 때문이다. 즉 척도가 없고, 척도에 반감을 품고 있다는 사실, 그 자체가 '지극히 극단적인 것non plus ultra'이다.

23

금욕적 이상은 건강과 취향만 망쳐 놓은 것이 아니라 세 번째, 네 번째, 다섯 번째, 여섯 번째의 것도 망쳐 놓았다. 나는 굳이 그 모든 것을 말할 생각은 없다(끝이 없을 것이기 때문이다!). 여기서 나의 목적은 이 금욕적 이상이 어떤 **영향**을 미쳤는지 밝히자는 것이 아니다. 오히려 단지 나의 목적은 이 금욕적 이상이 무엇을 **의미하는지**, 무엇을 가리키는지, 그 이

238

상의 배후에, 아래에, 속에 무엇이 숨어 있는지, 의문부호와 오해를 잔뜩 지니고 있으면서 임시로나마 막연히 표현하려고 하는 것이 무엇인지 밝히는 것이다.

　내가 나의 독자에게 그 이상의 영향, 더욱이 그 숙명적인 영향의 무시무시한 점을 제대로 살펴보기를 바라는 것은 바로 이러한 목적 때문이었다. 즉 나로서는 저 이상의 의미를 물음으로써 나타나게 되는 궁극적이고 더없이 끔찍한 광경에 대해 독자에게 마음의 준비를 시키기 위해서였다. 사실 저 이상의 힘, 그 힘의 **무시무시한 점**은 무엇을 의미하는가? 그 이상이 이 정도로 번성하도록 허용된 것은 무엇 때문인가? 그것에 제대로 저항하지 않은 것은 무엇 때문인가? 금욕적 이상은 하나의 의지를 표현한다. 그러면 이와 **반대되는** 이상을 표현하는 반대되는 의지는 어디에 있는가? 금욕적 이상은 하나의 **목표**를 가지고 있다. 그 목표는 너무나 보편적이어서 인간 생활의 그 밖의 모든 이해관계는 그 목표와 비교하면 자질구레하고 협소한 것으로 여겨진다. 그 이상은 시대, 민족, 인류를 가차 없이 이 하나의 목표에 의거하여 해석한다. 그 이상은 다른 해석이나 다른 목표는 허용하지 않는다. 그 이상은 **금욕적 이상**이라는 유일한 해석 기준으로만 거부하거나 부정하고, 긍정하거나 인정한다(일찍이 이것보다 더 철저히 사유된 해석체계가 있었던가?). 그것은 어떠한 힘에도 굴복하지 않고, 오히려 다른 힘에 대한 자신의 특권이나 모든 힘에 관련하여 자신의 절대적인 **등급의 우위**를 신뢰한다.

이 지상에 존재하는 모든 힘은 이 **금욕적 이상**을 위한 도구로, 이 **이상**의 목표, 하나의 목표를 위한 방편이자 수단으로 존재하며, 그리고 금욕적 이상은 자신에 의해 비로소 의미, 생존권, 가치가 부여된다고 믿고 있다…… 이와 같은 의지, 목표, 해석이라는 닫힌 체계에 맞설 만한 **대응물**은 어디에 있는가? 왜 대응물은 **없는가**?…… 다른 '하나의 목표'는 어디에 있는가?…… 그러나 사람들은 금욕적 이상에 필적할 만한 대응물이 **없지** 않다고 내게 말한다. 그 대응물은 저 이상과 길고도 성공적인 싸움을 했을 뿐만 아니라 오히려 모든 본질적인 면에서 이미 저 이상을 지배하게 되었다는 것이다. 우리의 현대 **학문** 전체가 그 증거라는 것이다. 이 현대 학문이야말로 현실에 대한 본래적인 철학으로서, 분명 오직 자기 자신만을 신뢰하고, 분명 자기 자신에 대한 용기나 의지를 지니고 있으며, 여지껏 신이나 저편 세계, 부정의 덕목 없이도 그럭저럭 잘 헤쳐 나왔다는 것이다. 그런 반면 그러한 소란이나 선동가의 수다로는 나를 설득시키지 못한다. 이러한 현실의 나팔수들은 시시한 음악가이고, 그들의 목소리는 깊은 곳에서 나오는 것으로 들리지 **않으며**, 그들의 말은 학문적 양심의 심연에서 나오지 **않는다**―왜냐하면 오늘날 학문적 양심이란 하나의 심연이기 때문이다―이러한 나팔수가 입에 담는 '학문'이란 말은 단순히 외설, 남용, 파렴치함에 지나지 않는다. 그들이 주장하는 것의 반대가 바로 진리인 것이다.

오늘날 학문은 자신에 대한 이상은 말할 것도 없고, 심지어는 자신에 대한 믿음조차 가지고 있지 않다. 그리고 학문이 아직 열정, 사랑, 격정, 고통인 경우에도, 그것은 저 금욕적 이상의 반대가 아니라, 오히려 **그것의 가장 새롭고 가장 고귀한 형태** 자체이다. 이 말이 여러분에게 낯설게 들리는가?…… 자신의 조그만 분야에 만족하는 오늘날의 학자들 중에서도 착실하고 겸손한 노동자 무리가 얼마든지 있다. 그리고 그것에 만족하기 때문에 그들은 때로 다소 불손하게 다음과 같은 시끄러운 요구를 하기도 한다.

오늘날 사람들은 대체로 만족해해야 하며, 특히 학문에 만족해야 한다―거기에는 실로 유익한 것이 아주 많을지도 모르니까. 나는 이 말을 반박할 생각이 없다. 나는 이들 정직한 노동자들이 그들의 일에서 누리는 즐거움을 망치고 싶은 생각이 추호도 없다. 나도 그들의 일에서 즐거움을 얻기 때문이다. 그러나 지금 학문 분야에서 엄격한 작업이 이루어지고 있고, 만족하는 노동자가 있다고 해서, 학문 전체에 오늘날 하나의 목표, 하나의 의지, 하나의 이상, 커다란 믿음에 대한 하나의 열정이 있음을 증명하는 것은 결코 아니다. 앞서 말했듯이 사실은 그 반대이다. 즉 학문이 금욕적 이상의 가장 새로운 현상 형태가 아닌 경우―여기서 문제되는 것은 전체 판단을 반대로 돌릴 수 있기에는 너무 진기하고 고귀하며 특별한 경우들이다―학문은 온갖 종류의 불만, 불신, 설치류 종(種), 자기 멸시, 양심의 가책 등이 숨는 은신처이다.

학문은 이상을 상실한 자체의 불안이고, 커다란 사랑의 부족에 시달리는 것이며, 본의 아니게 분수를 아는 것에 대한 불만이다. 오, 오늘날 학문은 모든 것을 숨기고 있는 것이 아닌가! 그것은 적어도 얼마나 많이 숨겨야 하는가! 우리의 가장 훌륭한 학자들의 유능함, 그들의 끊임없는 노력, 밤낮없이 일하는 그들의 두뇌, 그들의 일에 대한 장인 정신 자체―이 모든 것의 진정한 의미는 너무나 자주 자기 자신의 무언가를 더 이상 보이지 않게 하는 데에 있지 않은가! 자기 마비의 수단으로서의 학문, 여러분은 이런 사실을 알고 있는가?

학자들과 교제해 본 사람은 누구나 아는 사실이지만, 그들은 때때로 아무 악의 없는 한 마디 말로 뼛속까지 상처를 받는다. 사람들은 그들에게 경의를 표하려는 순간 학식 있는 그 친구들을 노하게 만든다. 우리가 사실 상대하는 자, 자신이 어떤 존재인지 자기 스스로 인정하려고 하지 않는 자가 누구인지, 제정신으로 돌아간다는 한 가지 사실만을 두려워하는 마비된 자나 정신이 없는 자가 누구인지 알아맞히기에는 우리가 너무나 섬세하지 못하기 때문에 그들은 분노로 어쩔 줄 몰라 하게 된다…….

242

24

그러면 반면에 이제 내가 말했던 보다 드문 경우, 오늘날 철학자와 학자들 중에 존재하는 마지막 이상주의자들을 살펴보자. 그들 중에 혹시 우리가 찾던 금욕적 이상의 **반대자**, 그것의 반(反) 이상주의자가 있는 것은 아닐까? 실제로 그들, 이 '불신자'들은 자신을 그런 존재로 **믿고** 있다(왜냐하면 그들은 모두 그런 불신자이기 때문이다). 이러한 이상의 반대자가 되는 것이야말로 그들의 마지막 신앙의 일부처럼 보이기에, 그들은 이 점에 대해서는 너무 진지하고, 그들의 말이나 거동에 있어서는 너무나 열정적으로 된다. 그렇다고 과연 그들이 믿는 것이 꼭 **진실**하다고 할 수 있을까?…… 우리 '인식하는 자'들은 온갖 종류의 신자를 차츰 불신하게 된다.

우리의 불신 때문에 우리는 이전의 추론과는 점차 반대되는 추론을 하게 되었다. 즉 어떤 신앙의 강함이 전면에 부각되는 곳에서는 어디서나 그것을 증명하기가 나름대로 취약하다는 점과 믿은 것이 **거짓** 자체일지도 모른다는 사실을 추론하게 된다. 또한 우리는 신앙이 '기쁨을 준다'는 사실을 부정하지는 않는다. **바로 그 때문에** 우리는 신앙이 무언가를 **증명한다**는 것을 부정한다. 기쁨을 주는 강한 신앙이란 신앙의 대상에 대한 의혹이며, 이 '신앙'이란 진리를 입증하는 것이 아니라, 어떤 개연성을, 즉 **착각**일지도 모르는 개연성을 입증하는 것이다. 그러면 이러한 경우는 사정이 어떠한가? 오늘날의 이 부정하는 자와 국외자, 지적인 고결함이라는 한 가지 일만 이처럼 무조건 요구하는 자, 우리 시대의 명예가 되는 이 냉혹하고 엄격하며 절제하는 영웅 정신의 소유자, 이 모든 창백한 무신론자, 안티그리스도, 비도덕주의자, 허무주의자, 이러한 회의주의자, 정신의 **소모성 환자**(어떤 의미에서 그들은 모두 예외 없이 이러한 자들이다), 오늘날 혼자 지적 양심을 지니고 이를 구현한 이들은 인식에 관한 이러한 최후의 이상주의들이다. 이들, 이 '자유로운, **지극히 자유로운 정신**'은 실제로 자신이 금욕적 이상으로부터 완전히 해방되었다고 생각한다.

너무 가까이 있어서 그들 자신이 볼 수 없는 것을 내가 그들에게 드러내 준다는 사실에서 볼 때―이 이상이야말로 **그들의 이상**이기도 하며, 그들 자신이 오늘날 그 이상을 나타내고 있다. 아마도 그들 말고 누구도 그것을 나타내지 못할 것이다. 그들 자신이 그 이상의 정신적으로 가장 승화된 산물이고, 또한 그 이상의 최전선의 전투병이자 정찰병이며, 그것의 가장 위험하고 가장 민감하며 가장 이해할 수 없는 유혹의 형태이다. 내가 만약 어딘가에서 수수께끼 풀기 놀이를 한다면 이러한 명제로 그렇게 할 생각이다!…… 그들은 아직 자유정신의 소유자가 아니다. 왜냐하면 **그들은 아직 진리를 믿기 때문이다**……기독교 십자군이 동방에서 저 무적의 아사시 교단[22], 특히 가장 하급자마저 어떤 교단도 도달할 수 없었을 정도로 복종의 규율을 지키며 생활했던 자유정신의 교단과 마주

쳤을 때, 그들은 교단의 최고위층만 알고 있으며 비전(祕傳)으로 전해져 내려오던 저 상징과 부신(符信)[23]에 대해 어쩌다가 조언을 얻게 되었다. "아무것도 진리가 아니다. 모든 것이 허용된다"…… 자, 그것이 정신의 자유였다. 그것으로 신앙은 진리 자체에 해약 통고를 한 셈이었다…… 여지껏 유럽의 기독교적 자유정신의 소유자가 이러한 명제와 그것의 미로 같은 추론에 빠져 길을 잃은 적이 있었던가? 그는 이 동굴의 괴물 미노타우로스를 경험으로 알고 있단 말인가?…… 나는 그 점을 의심하며, 더구나 그것을 다르게 알고 있다. 한 가지 일에만 무조건 매달리는 자, 소위 이런 '자유정신의 소유자'에게는 저런 의미에서 자유와 해방보다 더 낯선 것도 없다. 그들은 어떤 점에도 그처럼 단단히 매어 있지 않지만, 바로 진리에 대한 믿음이라는 점에는 다른 어느 누구보다도 더 단단히 매어 있고 무조건적이다.

　　나는 어쩌면 이 모든 것을 너무나도 자세히 알고 있는지도 모른다. 그런 믿음에 구속되어 있는 존경할 만한 철학자들의 절제하는 삶, 마침내 부정도 긍정도 엄격히 금하게 되는 지적

22　　아사시 교단Assassinen-Orden은 11~13세기경에 성립된 이슬람교 분파로, 적을 살해하는 것을 종교적 의무로 여겨 암살자 교단이라고도 불린다.

23　　나뭇조각이나 두꺼운 종이에 글자를 기록하고 증인(證印)을 찍은 뒤에, 두 조각으로 쪼개어 한 조각은 상대자에게 주고 다른 한 조각은 자기가 가지고 있다가 나중에 서로 맞추어서 증거로 삼던 물건.

스토아주의, 사실 앞에, **냉엄한 사실**factum brutum 앞에 그대로 머물러 있으려고 하는 자세, 프랑스 학문이 오늘날 독일 학문에 대해 일종의 도덕적 우위를 찾고 있는 '작은 사실petits faits'의 저 숙명론(나는 그것을 작은 사실주의라 부른다), 해석 일반에 대한(능욕, 수정, 축약, 생략, 충전, 안출, 변조, 그 밖의 모든 해석의 본질에 속하는 것에 대한) 저 단념—이러한 것들은 대체적으로 말해서 관능의 부정과 마찬가지로 덕의 금욕주의를 잘 표현하고 있다(그것은 사실상 관능의 부정의 한 방식에 지나지 않는다). 그러나 금욕적 이상을 **강요**하는 것, 즉 진리에의 저 무조건적 의지는, 비록 그것이 신앙의 무의식적 명령으로서 존재하는 것이긴 하지만, **금욕적 이상 자체에 대한 신앙이다.** 이 점을 착각해서는 안 된다. 그것은 **형이상학적 가치, 진리의 가치 그 자체**에 대한 신앙이며, 이 가치는 금욕적 이상 속에서만 보증되고 확인된다(이 가치는 저 이상과 흥망을 같이 한다). 엄격히 판단해서, '전제가 없는' 학문이란 존재하지 않는다. 그러한 학문을 생각한다는 것은 상상할 수 없는 일이며 언어도단이다.

　학문이 신앙에서 하나의 방향, 하나의 의미, 하나의 한계, 하나의 방법, 하나의 생존권을 얻기 위해서는 언제나 먼저 하나의 철학, 하나의 '신앙'이 먼저 존재해야 한다(이와 반대로 이해하는 자, 예를 들어 철학을 '엄밀한 학문적 토대' 위에 세우려는 자는 그러기 위해서는 먼저 철학뿐만 아니라 진리 자체도 **뒤죽박죽으로 만들어 버릴** 필요가 있다. 즉 이는 존중할 만한 두 숙녀와 관련해서 있을 수 있는 가장 고약한 무례인 것이다!). 그렇다, 이것은 의심의 여지가 없다. 이 점에 대해 나는 나의『즐거운 학문』을 인용하도록 하겠다. 이 책의 제5장 344절을 참조하라. "학문에 대한 신앙이 전제로 하듯이, 저 무모하고 궁극적인 의미에서의 진실한 자는 **이로써** 삶과 자연, 역사의 세계와는 **다른 세계를 긍정한다.** 그리고 그가 이 '다른 세계'를 긍정하는 한에서는 어떻게 되는가? 그는 바로 그런 연유로 그 세계와 정반대인 이 세계, 우리의 세계를─부정해야 하는 것이 아닐까?…… 학문에 대한 우리의 신앙이 근거로 하고 있는 것은 여전히 **형이상학적인 신앙**이다.

오늘날의 우리 인식하는 자, 우리 신을 부인하는 자, 반(反)형이상학자인 우리도 신앙의 불길로부터 **우리의 불**을 얻는다. 천 년이나 되는 신앙이 불붙여 온 신앙은 신은 진리이며 진리는 신적이라는 저 기독교의 신앙이다. 그것은 또한 플라톤의 신앙이기도 하다…… 그러나 이러한 신앙이 점점 더 믿을 수 없게 된다면, 무(無)가 오류, 맹목, 거짓이기는커녕 신적인 것 이상으로 밝혀진다면─신 자체가 우리의 **가장 오래된 거짓**으로 밝혀진다면, 어떻게 되겠는가?"─이 시점에서 글을 멈추고 오랫동안 곰곰 생각해 볼 필요가 있다. 학문 자체는 이제 변명을 **필요로 한다**(그렇다고 해서 학문을 위한 그런 변명이 가능하다고 아직 말할 수 있는 것은 아니다). 이 문제와 관련해 가장 오래된 철학과 가장 최근의 철학을 살펴보자.

진리에의 의지 자체가 어느 정도까지 먼저 변명을 필요로 하는지에 대한 의식이 그 모든 철학에는 결여되어 있다. 이것이 모든 철학의 결함인 것이다―왜 그렇게 되었는가? 금욕적 이상이 지금까지 모든 철학을 **지배했기** 때문이고, 진리가 존재이자 신이며 최고 법정 자체의 지위를 점했기 때문이며, 진리 자체를 문제로 삼는 것은 절대로 **허용되어서는** 안되었기 때문이다. 이 '허용된다'는 말이 이해되는가?―금욕적 이상인 신에 대한 신앙이 부정되는 순간부터 진리의 **가치**에 대한 문제라는 **새로운 문제도** 생기게 된다.―진리에의 의지는 비판을 필요로 한다―여기에서 우리 자신의 과제를 규정해 보자―. 시험 삼아 진리의 가치를 한 번 **문제 삼는 것이**다…… (이 문제를 너무 간략히 서술했다고 생각하는 사람에게는 『즐거운 학문』에 나오는 '우리는 아직 어느 정도로 경건한가'라는 표제를 달고 있는 저 장(章)의 344절을 읽어서 참조할 것을 권한다. 가장 좋은 것은 그 책 전체와 또한 『아침놀』의 머리말을 읽는 것이다.)

25

그렇지 않다! 내가 금욕적 이상의 자연스런 적수를 찾을 때, 내가 "그 금욕적 이상과 **반대되는** 이상을 표현하는 반대의지는 어디에 있는가?"라고 물을 때 그에 대한 답으로 학문을 들고 나오지 않기를 바란다. 그러기에는 학문은 아직 충분히 자립적이지 않다. 모든 점에서 학문은 먼저 가치 이상, 즉 가치를 창조하는 힘을 필요로 한다. 이런 힘에 **봉사함으로써** 학문은 자기 자신을 **신뢰할 수 있게 된다.** 학문 자체는 결코 가치를 창조하지 못한다.

금욕적 이상과 학문의 관계는 그 자체로는 아직 결코 적대적이지 않다. 오히려 학문은 일반적으로 금욕적 이상이 내적 형성을 할 때 추진력을 나타낸다고 볼 수 있다. 보다 섬세하게 따져보면, 학문의 모순과 싸움은 결코 금욕적 이상 자체와 관계되는 것이 아니라, 그 이상의 외벽, 외피, 가면극이나 그이상의 일시적인 경화, 목질화(木質化), 교리화와 관계될 뿐이다— 학문은 그 이상의 일반적인 요소를 부정함으로써 그 이상 속의 생명을 다시 자유롭게 한다. 이 두 가지, 즉 학문과 금욕적 이상은 하나의 지반 위에 서 있다— 나는 이런 사실을이미 암시한 바가 있다. 즉 이 두 가지는 똑같이 진리를 과대평가하고 있다(보다 정확히 말하자면, 두 가지 다 진리란 평가도 비판도 할 수 없다는 것이다). 그러므로 양자는 **필연적으로** 서로 동맹관계를 맺고 있다. 그리하여 그것들이 공격당하는 경우, 또한 언제나 둘 다 같이 공격당하고 문제가 된다고 할 수 있다.

금욕적 이상을 평가하는 경우 불가피하게 학문도 같이 평가하는 셈이다. 이런 사실에 대해 우리는 항시 눈을 크게 뜨고 귀를 쫑긋 세워야 한다! (예술, 나는 이 문제를 언젠가 보다 상세히 다시 언급할 생각이지만 미리 말해두고자 한다. 바로 **거짓을** 신성시하고, 착각에의 의지가 양심의 가책을 곁에 두고 있는 예술이야말로 학문보다도 훨씬 더 근본적으로 금욕적 이상과 대립되어 있다. 지금까지 유럽이 낳은 예술의 최대의 적인 플라톤의 본능은 이것을 감지했다. 플라톤 대 호메로스, 이것이야말로 완전하고 진정한 적대 관계이다―전자는 최선의 의지를 지닌 '저편 세계의 인간'이자 삶의 위대한 비방자이고, 후자는 뜻하지 않은 삶의 숭배자이자 **금빛** 자연이다. 금욕적 이상을 위한 예술가의 봉사 정신이란 그 때문에 예술가에게 있을 수 있는 부패 중에서 가장 본래적인 **부패**이며, 유감스럽게도 가장 흔한 부패 중의 하나이다. 왜냐하면 예술가란 가장 부패하기 쉬운 존재이기 때문이다.)

또한 생리학적으로 검토해 보더라도, 학문은 금욕적 이상과 동일한 지반에 근거해 있다. 두 가지 경우 전제가 되는 것은 **삶의 빈곤화**라 할 수 있다. 정동이 식었고, 속도가 느려졌으며, 본능 대신에 변증법이 나타나고, 얼굴이나 거동에 **진지함**이 배어 있다(보다 힘겨운 신진대사를, 분투노력하고 보다 힘들게 애쓰는 삶을 가장 명백하게 나타내는 징조가 진지함이다). 그러면 학자를 중요시하는 어떤 민족의 시대를 살펴보자. 그 시대는 피로의 시대이고, 때로는 황혼과 몰락의 시대이다. 이 시대에는 넘쳐흐르는 힘, 삶과 **미래**에 대한 확신이 사라져 버린다. 중국의 고관이 위세를 떨친다는 것은 결코 좋은 의미가 아니다. 민주주의의 도래, 전쟁 대신의 평화 중재 위원회, 여성의 동등권, 동정의 종교, 그 밖에 하강하는 삶의 징후인 모든 것도 좋은 의미가 아니다. (학문을 문제로 삼는다면, 학문의 의미는 무엇인가?—이에 대해서는 『비극의 탄생』 머리말을 참조하라.) 그렇지 않다! 이 '현대 학문'은—여러분은 이 점을 냉철하게 직시해야 한다—당분간 금욕적 이상의 최상의 동맹자이다. 그 이유는 학문이란 가장 무의식적이고 가장 뜻하지 않은, 가장 비밀스러운 지옥의 동맹자이기 때문이다! '마음이 가난한 자'와 금욕적 이상의 학문적 맞수들은 지금까지 같은 놀이를 해왔다(덧붙여 말하자면 이 학문적 맞수가 마음이 가난한 자들의 반대, 가령 '마음이 **풍요로운 자**'라고 생각하지 않도록 주의해야 한다. 그들은 그러한 자들이 아니다. 나는 그들을 정신의 소모성 환자라고 불렀다).

금욕적 이상의 학문적 맞수의 이 유명한 **승리**, 이는 의심할 바 없이 승리였다—그러나 무엇에 대한 승리란 말인가? 금욕적 이상은 그 승리에서 완전히 정복되지 못했다. 오히려 그로 인해 금욕적 이상이 더 강해졌고, 다시 말해 보다 이해할 수 없게 되었고 보다 정신적으로 되었으며 보다 위험한 것이 되었다. 금욕적 이상에 붙여지어져 외관을 **조악하게** 만들었던 성벽과 외벽이 학문 쪽 방면에서 가차 없이 떨어져나가고 부서져 버렸던 것이다. 가령 신학적 천문학의 패배가 저 이상의 패배를 의미한다고 생각할 수 있겠는가?…… 인간의 생존이 **눈에 보이는** 사물의 질서 속에서 그때부터 더욱 임의적이고 더욱 보잘 것 없으며 더욱 불필요한 것으로 나타남에 따라, 생존의 수수께끼를 저편 세계에서 해결하는 것이 혹시 인간에게 덜 **필요**하게 된 것이 아니었을까? 바로 인간의 자기왜소화, 자기왜소화에의 인간의 의지는 코페르니쿠스[24] 이래 끊임없이 커지고 있지 않은가? 아, 존재물의 서열 순서에서 인간의 존엄성, 유일무이성(唯一無二性), 대체 불능성에 대한 믿음은 사라져 버렸다.

인간은 전에는 자신을 거의 신('신의 아들'이나 '신인(神人)')으로 믿고 있었는데 이젠 **동물**이, 비유나 에누리 없이 무조건적으로 동물이 되어버렸다……코페르니쿠스 이래 인간은 경사면 위에 빠져든 것처럼 보인다. 인간은 이제 중심점에서 점점 더 빨리 굴러 떨어진다―어디로? 무(無) 속으로? '인간의 무라는 **가슴에 사무치는 감정**' 속으로?…… 그렇다! 이것이야말로 낡은 금욕적 이상으로 향하는―곧바른 길이 아닐까? **모든** 학문(인간의 자존심을 손상시키고 인간을 깎아내리는 천문학의 영향에 대해 칸트는 "천문학은 나의 중요성을 부정한다"는 주목할 만한 고백을 했지만, 비단 천문학뿐만 아니라……), 자연과학이든 비(非) **자연과학**이든 모든 학문은―나는 학문을 인식의 자기비판이라 부른다―오늘날 인간의 자신에 대한 종래의 존경심이 엉뚱한 자만심에 불과했다는 것을 설득하려고 한다.

---

24   코페르니쿠스(Nicolaus Copernicus, 1473~1543)는 폴란드의 천문학자로 육안으로 천체를 관측하여 지동설을 제창하였다. 저서로 『천체의 회전에 관하여』가 있다.

학문의 고유한 자부심, 즉 스토아적인 평정심의 고유하고 준엄한 형식이란 이처럼 힘겹게 얻어진 인간의 **자기멸시**를 심지어 인간의 자기 자신에 대한 존경심의 궁극적이고도 가장 진지한 요구로서 견지하는 것이라고 말할 수 있을지도 모른다(그렇게 말하는 것이 사실상 옳다. 왜냐하면 경멸하는 자란 여전히 "존경하는 것을 잊어 버리지 않은 사람이기도 하기 때문이다"……). 그런다고 사실 금욕적 이상에 **반대되는 행동**을 취할 수 있을까? 신학의 독단적 개념들('신', '영혼', '자유', '불멸성')에 대한 칸트의 **승리**가 저 금욕적 이상에 손상을 입혔다고(신학자들이 한동안 그렇게 잘못 생각했던 것처럼) 사람들은 아직 정말 진지하게 생각하는 걸까?—이때 칸트 자신이 이러한 것을 실제로 의도했는지의 여부는 현재 우리의 관심사가 아니다. 확실한 것은 온갖 종류의 선험론자들에게 칸트 이후로 다시 승산이 있다는 사실이다.—그들은 신학자로부터 해방되었다. 이 얼마나 다행한 일인가!—칸트는 이제부터 그들이 혼자의 힘으로 학문에 대한 최상의 예의를 갖추어 '그들 마음에서 우러나오는 소망'을 뒤좇아 갈 수 있는 샛길을 그들에게 알려주었던 것이다. 또한 이와 마찬가지로 미지의 것이나 신비에 싸인 것 자체의 신봉자인 불가지론자[25]들이 이제 **의문부호 자체**를 신으로 숭배한다 해도 이제부턴 누가 그들을 나쁘게 볼 수 있겠는가? (샤버 두당[26]은 그냥 단순히 미지의 것에 머물러 있는 대신 알 수 없는 것을 **숭배하는** 습관에서 야기된 폐해

에 대해 말했다. 그는 고대인은 그러한 폐해에서 벗어나 있다고 말한
다.)

인간이 '인식하는' 모든 것이 그의 소망을 제대로 채워 주
지 못하고, 오히려 그 소망과는 어긋나게 전율을 불러일으키
는 경우에, 그 책임을 '소망'에서가 아니라 '인식 행위'에서
찾아도 된다는 것은 얼마나 거룩한 핑계인가!……"인식 행
위란 존재하지 않는다. **고로**—신은 존재한다". 이 얼마나 신
선하고 우아한 삼단논법elegantia syllogismi인가! 이 얼마나 금욕
적 이상의 대단한 **승리**인가! —

---

25   불가지론(不可知論, Agnostizismaus)은 몇몇 명제(대부분 신의 존재에
대한 신학적 명제)의 진위 여부를 알 수 없다고 보는 철학적 관점이다. 이 관
점은 철학적 의심 바탕이 되어 성립되었다. 절대적 진실은 부정확하다는 관점
을 취한다. 원래의 의미는 절대적이며 완벽한 진실이 존재한다는 관점을 갖고
있는 교조주의의 반대 개념이다. 불가지론이란 단어는 토머스 헉슬리가 사용
을 하면서 유명해졌다. 불가지론은 '믿음'에 확신을 가질 수 없다는 것을 말하
는 것이다. 찰스 다윈, 버트런드 러셀, 에밀 뒤르켐, 토머스 에디슨, 알베르트
아인슈타인, 스티븐 호킹 등의 지식인, 과학자 들은 스스로를 불가지론자라고
하였다. 스티븐 호킹은 최근 자신의 입장을 불가지론적 입장에서 무신론적 입
장으로 바꾸었다. 그런데 불가지론은 무신론과는 다르게 신의 존재를 논하지
않는다. 다만 우리에게 소개되어 있는 신의 존재나 초자연적 현상의 가능성에
대해서 논한다. 그리고 모든 것이 불분명함 아래에 있다는 회의주의와도 구분
이 된다. 또한 불가지론은 설명할 수 없는 한 명의 절대자가 있다고 가정하는
이신론(理神論)과도 다르다. 결국 불가지론은 철학적 관점이지 종교 자체는
아니다.

26   니체가 샤버 두당Xaver Doudan이라 부른 사람의 원래 이름은 지멘느
두당(Ximénès Doudan, 1800~1872)으로 프랑스의 언론인이자 비평가이며
문필가이다.

254

26

또는 현대의 전체 역사 기술(記述)이 혹시 삶과 이상에 확실한 태도를 보였던가? 현대의 역사 기술의 가장 고귀한 요구는 이제 **거울**이 되라는 것이다. 그것은 온갖 목적론[27]을 거부한다. 현대의 역사 기술은 어떤 것도 더 이상 '증명'하려고 하지 않는다. 그것은 재판관 역할을 하는 것을 거부하며, 그 점에서 좋은 취향을 지니고 있다. 그것은 긍정도 부정도 하지 않고 확인하고 '기술'할 뿐이다…… 이 모든 것은 대단히 금욕적이다. 하지만 이와 동시에 그것은 더할 나위 없이 **허무주의적**이기도 하다. 이 점을 착각해서는 안 된다! 슬프고 냉혹하지만 결연한 눈초리가 보인다─고독한 북극 탐험가가 바깥 세계를 내다볼 때처럼 **바깥 세계를 내다보는** 눈이다(혹시 내부 세계를 들여다보지 않기 위해서인가? 뒤돌아보지 않기 위해서인가?……). 여기에는 눈(雪)이 있고, 여기에는 생명이 입을 다

---

27 목적론Teleologie은 그리스어로 '목적'을 뜻하는 telos와 '이성'을 뜻하는 logos에서 유래한 것으로, 세계 안에서 일어나는 모든 사건을 목적과 관련지어 설명하는 방식이다. 아리스토텔레스는 어떤 사물을 완전히 설명하려면 질료인(質料因)·형상인(形相因)·작용인뿐만 아니라 목적인(目的因)도 고려해야 한다고 주장했다. 이마누엘 칸트는 『판단력 비판*Kritik der Urtheilskraft*』(1790)에서 자연의 놀라운 조화를 인정하고 찬사를 보내면서도 목적론이 인간 지식의 규제원리일 뿐 구성원리는 아니라고 경고했다. 즉 목적론은 실재의 본성을 밝혀 주지 못하며 다만 탐구행위를 이끄는 안내자일 뿐이다.

물고 있다. 여기에서 시끄럽게 울고 있는 최후의 까마귀들은 '무엇 때문에', '헛되다', '무Nada(無)'라고 외치고 있는 것이다! 여기서는 더 이상 아무것도 번성하거나 자라지 않고, 기껏해야 페터스부르크의 메타 정치나 톨스토이식의 '동정'이 있을 뿐이다. 그러나 저 다른 종류의 역사가, 어쩌면 '더욱 현대적'인 종류의 역사가에 관해 말하자면, 이들은 향락적이고 육욕적이며, 삶이나 금욕적 이상에 똑같이 추파를 던지는 부류이다. 이들은 '예술가'라는 용어를 장갑처럼 사용하고, 오늘날 관조에 관한 칭찬을 모조리 독차지해 버렸다.

오, 이런 달콤하고 재기발랄한 자들마저 금욕주의자와 겨울 풍경에 대해 얼마나 갈증을 일으키는가! 그렇지 않다! 이들 '관조적인' 족속은 악마가 좀 잡아갔으면 좋겠다! 차라리 나는 저 역사적 허무주의자와 음울하기 짝이 없는 회색의 차가운 안개 속을 돌아다니는 것이 훨씬 낫겠다! ─그렇다, 만약 어느 한 쪽을 택해야 한다면, 사실 완전히 비역사적이고 반역사적인 자의 말에 귀 기울이는 것조차 내게는 아무런 문제가 되지 않을 것이다(저 뒤링의 목소리에 사람들이 귀 기울이는 것처럼. 오늘날 독일에서 그의 목소리는 지금까지 아직 수줍어하고 인정받지 못하는 '아름다운 영혼'을 지닌 족속, 즉 교양 있는 프롤레타리아 내부의 무정부주의자 족속을 도취시키고 있다). '관조적인 자들'은 이들보다 백배는 더 고약하다. 저 '객관적인' 안락의자 위의 학자이고, 향내를 풍기는 저 역사 도락자이며, 반은 사제이고 반은 호색가인 르낭[28]의 향수만큼 구역질나게 하는 것을 나는 알지 못한다. 이 르낭은 자기에게 무엇이 결여되어 있는지, 어디에 자신의 결함이 있는지, 이 경우에 운명의 여신이 자신의 어느 부위를 그녀의 잔인한 가위로, 아! 너무나도 외과적 기술로 다루었는지 이미 갈채와도 같은 높은 가성(假聲)으로 들추고 있는 것이다! 이러한 것은 내 취향에 맞지 않고, 또한 견딜 수도 없는 일이다. 이러한 것에서 잃어 버릴 것이 없는 자라면 그러한 광경을 보고 참고 견뎌도 상관없다.

나는 그러한 광경을 보면 격분한다. 그러한 '관객'은 '구경 거리'에 대해, 구경거리(알다시피 역사 그 자체) 이상으로 나를 분노하게 한다. 이럴 때 나도 모르는 사이에 아나크레온[29] 풍의 기분에 빠져든다. 황소에게는 뿔을 사자에게는 '크게 벌린 입'[30]을 준 자연, 그 자연이 내게 발을 준 이유는 무엇일까?…… 신성한 아나크레온의 경우엔 단지 도망치기 위해서

---

28   르낭(Joseph Ernest Renan, 1823~1892)은 프랑스의 종교사가이자 비판 철학자로 실증주의와 다윈주의의 영향을 받았으며, 문필에도 능하였다. 25년 걸려 『기독교 기원사』를 완성하였는데, 그 중 제1권 『예수의 생애』는 특히 유명하다. 1863년 그 책이 출판되었을 때 교회는 적의에 찬 비난을 퍼부었다. 이 책은 역사에 관한 르낭의 저작 중 최고는 아니지만 오늘날에도 여전히 독자들의 관심을 끌 만하다. 왜냐하면 그리스도교의 성립을 대중적 상상력을 통해 '신화적'으로 설명하고 있는데다가 그의 다른 역사 저술처럼 메시아주의 문학에 속하기 때문이다. 그는 역사 과학적인 비판 정신이 정통 신앙에 위배되어 교회로부터 추방되었다. 그의 문체는 대담한 가설, 유려한 필치가 특색이다. 니체는 르낭을 항상 적대적으로 언급한다.

만이 아니라 밟기 위해서였다! 썩은 안락의자, 비겁한 관조적 태도, 역사를 내시처럼 탐하는 태도, 금욕적 이상에 추파를 던지는 행위, 성적 불능을 마치 정의인 척하는 위선, 이 모든 것을 짓밟기 위해서였다! **금욕적 이상**이 **정직한 한에는** 그것에 나의 모든 외경심을 표하겠다! 그것이 자기 자신을 신뢰하고, 우리에게 못된 장난을 걸지 않는 한에서! 하지만 결국에는 무한한 것에서 빈대 냄새가 날 때까지, 야심 때문에 질리지 않고 무한한 것의 냄새를 내는 이 모든 교태부리는 빈대를 나는 좋아하지 않는다.

나는 삶을 구경거리로 만들려고 하얗게 회칠한 무덤을 좋아하지 않는다. 나는 지혜에 자신의 몸을 감싸고 '객관적으로' 바라보는 피로에 지친 자나 피폐한 자를 좋아하지 않는다. 나는 짚 묶음으로 만든 빗자루로 된 머리에 이상이라는 요술 모자를 쓰고 영웅으로 치장한 선동가를 좋아하지 않는다. 금욕주의자나 사제로 보이고 싶지만, 실은 비극적인 어릿광대에 불과한 야심만만한 예술가를 나는 좋아하지 않는다.

---

29   아나크레온(Anakreon, B.C. 582경~B.C. 485경)은 그리스의 서정시인으로 사랑과 포도주를 주제로 한 아나크레온 풍을 유행시키고 많은 모방자를 배출하였다. 저서에 단편 시집 『아나크레온테아』가 있다. 아나크레온의 영향을 받은 훗날의 작가로는 16세기 프랑스 시인 롱사르와 19세기 이탈리아 시인 레오파르디가 있다.

30   그리스의 서정시인 아나크레온의 송시 중에 나오는 구절이다.

나는 또한 이상주의를 신봉하는 최신의 투기꾼인 반(反)유대주의자를 좋아하지 않는다. 이들은 오늘날 기독교적이고 아리아적이며 속물적으로 자신의 눈을 부릅뜨며, 더없이 값싼 선동 수단인 도덕적 태도를 더 이상 참을 수 없을 만치 남용함으로써 민중의 온갖 멍청이 같은 요소를 흥분시키려고 한다(―오늘날 독일에서 온갖 종류의 정신적 사기 짓거리가 성공을 거두고 있는 사실은 차츰 부인할 수 없고 이미 명백한 독일 정신의 황폐화와 관련이 있다. 내가 보기에 이 황폐화 현상의 원인은 오로지 신문과 정치, 맥주와 바그너 음악만을 과잉 섭취한 데에 있다. 그것의 원인에는 그러한 식이요법의 전제가 되는 두 가지가 포함되는데, 첫째 민족적인 옥죄기와 허영, "독일이여, 만방에 빛나는 독일이여"라는 강력하지만 협소한 원리이고, 그 다음으로는 '현대적 이념'인 진전(顚震) 마비[31]이다).

유럽은 오늘날 무엇보다도 흥분제로 가득하고, 그것을 독창적으로 만들어내는 솜씨가 뛰어나다. 자극제와 브랜디보다 더 필요한 것은 아무것도 없어 보인다. 그 때문에 정신의 이러한 가장 독한 브랜디인 이상의 엄청난 위조도 필요하게 되고, 그 때문에 곳곳에 만연한 역겹고 역한 냄새를 풍기는 공기나 거짓된 사이비 알코올 냄새를 풍기는 공기도 필요하

---

31   진전마비paralysis agitans는 일명 파킨슨 씨 증후군으로 알려져 있는 원인 불명의 병으로, 자발적 운동을 조절하는 뇌 부위 신경의 퇴화로 점진적 운동장애가 일어나는 신경 이상 현상이다.

게 된다.

　나는 유럽의 공기에서 다시 좀더 신선한 냄새가 나도록 하기 위해, 얼마나 많은 사이비 이상주의나 영웅의 복장이며 호언장담하는 딸랑이 장난감이 오늘날 유럽에서 수출되어야 할지 알고 싶다. 또한 설탕을 넣은 동정주(酒)(상표는 고통의 종교이다) 통(桶)이, 정신적 편평족(扁平足) 환자를 돕기 위한 '고귀한 분노'라는 의족(義足)이, 기독교적이고 도덕적인 이상을 지닌 **희극배우**가 오늘날 유럽에서 얼마나 많이 수출되어야 할지 알고 싶다…… 이러한 과잉 생산과 관련해서 분명 새로운 **무역**의 가능성이 열려 있다. 하찮은 이상의 우상들이며 이에 딸린 '이상주의자들'을 가지고 분명 새로운 '돈벌이'를 할수 있는 것이다―이러한 명백한 암시의 말을 그냥 흘려들어선 안 된다! 누가 이런 돈벌이를 할 만한 배짱이 있는가?― 우리는 전 세계를 '이상화'할 만한 수단을 **수중**에 쥐고 있는 것이다!…… 그러나 내가 무엇 때문에 배짱에 관해 이러쿵저러쿵 말하고 있는가? 여기서는 오직 하나만이 필요하다. 바로 손만이, 하나의 공평무사한, 대단히 공평무사한 손만이 필요한 것이다…….

27

　됐다! 이 정도면 됐다! 가장 현대적인 정신의 이러한 기묘하고 복잡한 문제, 짜증스러운 만큼 우스꽝스럽기도 한 이 문제를 이젠 그만 접기로 하자. 바로 **우리**의 문제, 금욕적 이상의 **의미**에 관한 문제는 이러한 것을 단념할 수 있다. 이러한 것이 어제나 오늘과 무슨 관계가 있단 말인가! 가장 현대적인 정신의 기묘하고 복잡한 문제에 관해서는 다른 맥락에서 보다 철저하고도 보다 엄격하게 다룰 것이다('유럽 허무주의의 역사'라는 제목으로. 이것에 관해서는 내가 준비 중인 『힘에의 의지. 모든 가치의 가치전도의 시도』라는 저서를 참조하길 바란다). 여기서 내가 꼭 하나 지적해두어야 할 것은 이것이다. 금욕적 이상에는 가장 정신적인 영역에서도 당분간은 여전히 단 한 종류의 실제적인 적과 **가해자**들이 있다. 즉 이들은 이러한 이상의 희극배우들이다. 왜냐하면 이들은 불신을 불러일으키기 때문이다.

오늘날 정신이 엄격하고 강력하며 거짓됨이 없이 활동하고 있는 그 밖의 모든 곳에서는 **진리에의 의지를 제외하고**는 이제 대체적으로 이상을 필요로 하지 않는다. 이러한 금욕을 나타내는 대중적인 표현은 '무신론'이다. 그러나 이러한 의지, 이상의 이러한 잔재는, 사람들이 내 말을 믿어 준다면, 가장 엄격하고 가장 정신적으로 정식화된 저 이상 자체이고, 모든 외벽이 제거된 상태의 대단히 비의(秘義)적인 것이므로, 저 이상의 잔재라기보다는 오히려 그것의 알맹이인 셈이다.

절대적인 솔직한 무신론(이 시대의 보다 정신적인 인간인 우리는 이 **무신론**의 공기만을 호흡하고 있다)은 따라서 겉모습과는 달리 저 이상과 대립 관계에 있는 것이 아니다. 무신론이란 오히려 저 금욕적 이상의 마지막 발전 과정의 하나에 불과하며, 저 이상의 추론 형식이나 그것의 내적인 수미일관성의 하나일 뿐이다. 무신론은 2천 년에 걸친 진리에 대한 훈련의 경외할 만한 **파국**인데, 그것은 결국 **신에 대한 거짓 신앙을 포기하게 한다**(인도에서 있었던 이와 똑같은 발전 과정은 완전히 독립적으로 진행되었으며, 그 때문에 무언가를 입증해 준다. 똑같은 이상은 불가피하게 똑같은 귀결에 이르게 되는 것이다. 기원전 5세기에 부처와 함께 결정적인 국면에 이르렀다. 보다 자세히 말하자면, 이것은 이미 상키아 철학[32]과 더불어 이루어졌는데, 그러다가 부처에 의해 대중화되고 종교로 만들어진 것이다.)

아주 엄격한 질문을 한다면, 엄밀히 말해서 기독교 신을 이긴 것은 **무엇인가**? 그 대답은 나의 『즐거운 학문』 357절에 있다. "점점 더 엄격하게 해석된 진실성의 개념인 기독교적 도덕성 자체이다. 어떤 희생을 치러서라도 학문적 양심이나 지적인 고결함으로 번역되고 승화된 기독교적 양심이라는 고해신부의 예민함이 그 답이다. 자연을 마치 신의 선의와 비

---

32   '완전한 지혜'라는 뜻의 상키아Sankhya 학파는 인도철학의 여러 학파 가운데 가장 오래된 사상 체계로 수론(數論)학파라고도 불린다. 위대한 성자 카필라Kapila에 의해 창립되고, 모든 고통과 괴로움을 없애기 위한 실재에 관한 지식을 목표로 하며, 정신과 물질이라는 두 가지 종류의 궁극적인 실재만을 인정하는 이 학파는 신의 존재는 증명할 수도 없고 신은 존재하지도 않는다는 무신론적 입장을 취한다.

호의 증거인 양 간주하는 것, 역사를 신적인 이성에 경의를 표하기 위해 윤리적 세계 질서나 윤리적 최종 목적의 항구적 증인으로 해석하는 것, 경건한 사람들이 오랫동안 그렇게 해석해 왔듯이, 자신의 체험을 마치 모든 것이 섭리이고 암시이며, 모든 것이 영혼의 구원을 위해 안출되고 보내진 것처럼 해석하는 것, 이러한 생각은 이제 한물 **지나갔고**, 자신의 양심에 **반**(反)하는 것이 되었다. 이러한 것은 보다 섬세한 모든 양심에게는 점잖지 못하고 정직하지 못한 것, 사기 짓거리, 여성주의, 나약함과 비겁함으로 생각된다.

우리 바로 **선한 유럽인**이자 유럽의 가장 오래되고 가장 용기 있는 자기극복의 계승자를 무언가로 만들어 주는 것이 있다면 그것은 바로 이 엄격성이다"…… 모든 위대한 사물은 자기 자신에 의해, 자기지양의 행위에 의해 몰락해간다. 삶의 법칙이, 삶의 본질 속에 있는 **필연적인** '자기극복'의 법칙이 그렇게 되기를 바라는 것이다. "너 자신이 발의한 법에 복종하라patere legem, quam ipse tulisti"라는 외침은 언제나 결국에는 입법자 자신을 향하게 된다. 이런 식으로 **교의로서의 기독교**는 자기 자신의 도덕에 의해 몰락했다. 이런 식으로 이제 **도덕으로서의 기독교도** 몰락할 수밖에 없다―우리는 **이러한 사건의 문턱**에 서 있다. 기독교적 진실성이 하나씩 결론을 이끌어낸 다음 결국 **가장 강력한 결론**을, 즉 자기 자신에 **반하는** 결론을 이끌어내게 된다. 그러나 기독교적 성실성이 "진리에의 모든 의지는 무엇을 의미하는가?"라는 질문을 제기할 때 이러한 사건이 일어난다…… 여기에서 나는 다시 내가 제기한 문제, 우리의 문제를 다루겠다, 나의 **미지의 벗이여**(- 왜냐하면 나는 아직 한 사람의 벗도 알지 못하기 때문이다).

우리 내부에서 저 진리에의 의지가 자기 자신을 **문제로서** 의식하는 것이 아무런 의미가 없다면 **우리의 존재 전체**는 무슨 의미가 있을까?…… 진리에의 의지가 자기 자신을 의식하게 될 때 이제부터—그 점은 의심의 여지가 없다—도덕이 **몰락하게** 된다. 이것은 유럽의 다음 2세기를 위해 남겨둔 100막으로 된 저 위대한 연극이며, 모든 연극 중에 가장 끔찍하고 가장 의심스러우며, 어쩌면 가장 희망에 차기도 한 연극일지도 모른다…….

28

금욕적 이상을 제외하고 보면 인간은, 인간이라는 **동물**은 지금까지 아무런 의미도 지니지 않았다. 지상에서의 인간의 생존은 아무런 목표도 품지 못했다. "인간은 대체 무엇 때문에 존재하는가?"—이러한 질문에 아무런 대답도 할 수 없었다. 인간과 **대지를 위한 의지**가 결여되어 있었다. 모든 거대한 인간의 운명의 배후에는 더욱 커다랗게 '헛되도다!'라는 후렴이 울려 퍼졌다. 무언가가 **결여되어** 있고, 인간 주위에 어마어마한 **틈새**가 벌어져 있다는 것, 바로 **이것이야말로** 금욕적 이상을 의미한다. 인간은 자기 자신을 변명하고 설명하며 긍정할 줄 몰랐으며, 자신의 생존의 의미가 무엇인가 하는 문제로 **시달렸다**. 인간은 그 밖의 문제로도 시달렸는데, 그는 본질적으로 **병적인** 동물이었다. 그러나 인간의 문제는 고통 자체가 아니라 "**무엇 때문에** 고통스러워하는가?"라고 외치는 질문에 대한 대답이 없었다는 점이었다.

가장 용감하고 고통에 가장 익숙한 동물인 인간은 그 자체로 고통을 부정하는 것은 아니다. 인간에게 고통의 **의미**나 **목적**이 제시된다면 인간은 고통을 바라고 고통 자체를 찾아다니기도 한다. 지금까지 인류에게 광범위하게 내려진 저주는 고통이 아니라 고통의 무의미함이었다.—그런데 **금욕적 이상**은 인류에게 하나의 의미를 제공했던 것이다! 그것은 지금까지 유일한 의미였다. 어떤 의미가 있다는 것은 아무런 의미가 없다는 것보다는 낫다. 금욕적 이상은 모든 점에서 지금까지 있었던 것 중에서 문자 그대로 '**더 나은 방법이 없는 것**faute de mieux'이었다. 금욕적 이상 속에서 고통이 **해석되었다**. 그리하여 어마어마한 공허가 메워진 듯이 보였다. 자살을 초래하는 모든 허무주의 앞에서 문이 닫혀 버렸다. 그 해석으로—이것은 의심의 여지가 없다—새로운 고통, 보다 깊고 보다 내면적이며, 보다 유독하고 삶을 보다 갉아먹는 고통이 생겨났다. 이러한 해석으로 모든 고통을 죄라는 관점에서 보게 되었다…… 그러나 그럼에도 불구하고—인간은 **그것으로** 구원받았고, 인간은 하나의 의미를 지니게 되었다.

인간은 이제 더 이상 바람에 흩날리는 가랑잎 같은 존재가 아니었으며, 불합리, '무의미'의 노리갯감이 아니었다. 인간은 이제 무언가를 **의욕**할 수 있었다―어디로, 무엇 때문에, 무엇으로 인간이 의욕했는가는 우선 아무래도 상관없다. **의지 자체가 구원받았던 것이다.** 금욕적 이상에 의해 방향을 얻은 저 의욕 전체가 사실 표현하고 있는 것이 **무엇인가를** 사람들은 도저히 숨길 수 없게 된다. 즉 인간적인 것에 대한 이러한 증오, 더욱이 동물적인 것, 물질적인 것에 대한 이러한 증오, 감각이며 이성 자체에 대한 이러한 혐오, 행복과 미에 대한 이러한 두려움, 온갖 가상, 변화, 생성, 죽음, 소망, 욕망 자체에서 벗어나려는 이러한 갈망―이 모든 것은, 이것을 감히 파악해 보고자 시도한다면, 무(無)에의 의지, 삶에 대한 반감, 삶의 가장 근본적인 전제에 대한 반항을 의미한다. 그러나 그것은 하나의 의지이며 하나의 의지로 남아 있는 것이다!…… 그러면 내가 처음에 말했던 것을 결론적으로 말하자면, 인간은 의욕하지 **않는** 것보다는 차라리 **무**를 의욕하려고 한다…….

위험한 도덕 혁명가 니체의 삶과 작품

홍성광

1887년에 출간된 『도덕의 계보학』은 니체의 후기에 속하는 작품이다. 니체 철학의 발전 과정을 세 단계로 나누면 1876년 여름까지를 낭만적 시기, 1882년 여름까지를 실증주의적 시기, 1889년 초까지를 후기로 볼 수 있다. 바그너 음악과 쇼펜하우어의 의지 철학의 영향을 받은 낭만적 시기는 1876년 여름 바이로이트에서 바그너 축제극을 본 후 그와 결별하면서 끝이 나고 실증주의적 시기로 접어든다. 이 시기에 그는 자유정신의 소유자로서 기존의 것을 파괴하고 비판적이고 실증주의적인 경향을 띤다. 그 후 루 살로메[1]와 만나 청혼하고 거절당하는 해인 1882년 여름부터 정신이상으로 쓰러지기 전인 1889년 초까지가 니체 철학이 완성되는 후기이다.

위대한 동시에 위험한 철학자인 니체는 1885년에 『차라투스트라는 이렇게 말했다』를, 1886년에『선악의 저편』을, 1887년에『도덕의 계보학』을 출판했다. 그러나 그 책들은 평단의 주목을 끌기는커녕 혹평만을 받았고 독자들을 확보하는 데도 실패했다. 게다가 1887년 루 살로메와 동양학자 카를 안드레아스의 결혼 소식을 듣고 우울증이 겹치면서 니체의 건강이 심각한 상황에 처하기는 했지만, 그래도 그의 의식은 아직 맑고 명료한 상태에 있었다. 그래서 니체는 그의 창조적 생산력이 최고조에 달한 1888년에『바그너의 경우』『디오니소스 송가』『우상의 황혼』『안티그리스도』『이 사람을 보라』『니체 대 바그너』같은 만년의 중요한 책들을 잇달아 집필했다.

그러나 1888년 말부터 매독 감염의 증상으로 보이는 정신착란의 징후가 니체에게 나타나기 시작했다. 1889년 1월 초이탈리아 토리노의 카를로 알베르토 광장에서 죽은 듯이 쓰

---

1   루 살로메(Lou Andreas Salome, 1861~1937)는 러시아 출신의 작가로 많은 지식인들과 우정과 애정을 나눈 것으로 유명하다. 니체와 가까웠던 살로메는 1882년 그의 청혼을 거절하고 나중에 동양학자인 F. C. 안드레아스와 결혼했다. 니체의 친구로 그녀에게 구혼했으나 실패한 파울 레 박사는 의문의 추락사를 하였다. 1897년 그녀는 자신보다 14세 연하인 시인 릴케를 만나 사랑에 빠졌으며 그의 삶에 지대한 영향을 끼쳤다. 살로메는 1911년 빈에 근거지를 둔 정신분석학자들의 모임에 참가하여 프로이트의 친구이자 제자가 되었다. 작품으로는 소설뿐만 아니라『작품으로 본 프리드리히 니체』,『라이너 마리아 릴케』,『프로이트에게 보내는 감사문』등이 있다. 1952년 그녀가 릴케와 나눈 편지들이 책으로 출판되었다.

러졌다 발견되었고 이틀 밤낮을 혼수상태로 있다 눈을 떴을 때, 니체는 이미 예전의 그가 아니었다. 그는 차라투스트라처럼 마구 춤추고 노래했으며, 거리를 헤매고 다니면서 행인들에게 '나는 신이다. 이렇게 변장한 것이다'라고 말하기도 했다. 또한 그는 친구들이나 알지 못하는 저명인사에게 편지를 쓰고, 거기에 '디오니소스. 십자가에 매달린 자. 안티그리스도'라고 서명하기도 했다. 그 중에서 가장 유명한 것은 바그너 부인인 코지마 바그너[2]에게 '아리아드네[3], 나는 너를 사랑한다. 디오니소스'라고 쓴 수수께끼 같은 편지였다. 이것으로 미루어 보면 훗날 니체는 바그너를 부정하기는 했지만, 그래도 젊은 시절 트립셴에서 바그너 부부와 함께 보낸 행복한 나날만은 부정하지 않았던 모양이다. 니체의 이상한 편지를 받고 달려온 친구 오버베크가 그를 바젤의 정신병원에 입원시킨다. 그 후 니체는 어머니가 살았던 나움부르크에서 8

---

2   코지마는 음악가 리스트의 딸로 이미 지휘자인 뷔로의 아내였으나 그와 이혼하고 24세 나이 차가 나는 바그너와 결혼한다. 둘 사이에 이졸데, 에바, 지크프리트가 태어난다.

3   크레타의 공주 아리아드네는 미노타우로스를 죽이고자 제물로 위장해 크레타 섬에 들어온 영웅 테세우스에게 반한다. 그녀는 그에게 실타래를 주어 미궁에서 빠져 나오게 한 다음 함께 달아나지만 낙소스 섬에서 그에게 버림받고 만다. 아리아드네는 테세우스가 사라진 것을 알고 몹시 슬퍼하였는데, 이 때 낙소스를 즐겨 찾는 도취와 술의 신 디오니소스가 나타나 아리아드네를 위로하여 주고 그녀의 아름다운 모습에 반하여 결혼했다.

년, 어머니의 사후에는 바이마르에 살던 누이동생 엘리자베트 곁에서 2년을 지내다가 결국 운명의 힘을 거역하지 못하고 1900년 8월 25일 영면에 든다.[4] 니체가 죽은 후 그의 이름이 히틀러나 파시즘과 연결된 것은 주로 그의 누이동생 엘리자베트 때문이었다. 엘리자베트는 대표적인 국수주의자이자 반유대주의자인 베른하르트 푀르스터와 결혼했는데, 1889년 푀르스터가 자살한 뒤 그녀는 니체를 남편의 이미지로 개조했다. 그녀는 니체의 작품들에 마구 손을 댔고, 개인적 탐욕과 공명심에 사로잡혀 니체의 버려진 글들을 모아 1901년 『힘에의 의지』 등을 출판했다. 인종주의자인 그녀가 히틀러를 열렬히 지지했기 때문에[5] 일반 대중은 니체를 독재자 히틀러와 연결 지어 생각하게 되었다.

독일의 시민 혁명이 일어나기 4년 전인 1844년 니체는 독일 중부 작센 지방의 작은 마을 뢰켄에서 태어났다. 그의 집안은 루터의 경건주의를 신봉했다. 친할아버지는 '영원한 기

4 　독일의 노벨상 수상 작가 토마스 만은 철학자가 아닌 음악가 니체를 다룬 장편 소설 『파우스트 박사』 첫머리를 이렇게 시작한다. "이 이야기는 운명의 시련을 받아 높이 날아올랐다가 다시 추락한 소중한 남자이자 천재적인 음악가, 이제 영면에 든 아드리안 레버퀸의 삶을 다룬 전기이다."

5 　엘리자베트는 정신 이상인 니체에게 흰 사제복을 입혀 전시하기도 했다. 게다가 그녀는 히틀러에게 '니체의 위버멘쉬란 당신을 염두에 둔 것'이라는 말도 서슴지 않았다.

독교의 존속, 현재의 혼란에서 평온을 찾기 위해'라는 신교를 옹호하는 글을 썼고, 외할아버지는 시골 목사였다. 아버지 카를 루트비히 니체는 프로이센의 프리드리히 빌헬름 4세의 명으로 뢰켄의 목사로 임명되었다. 프로이센의 공주를 교육하는 궁정 대신과 같은 직책을 맡은 그는 자신의 목사직을 빌헬름 4세의 은총으로 돌렸다. 아버지 카를은 신경질적이지만 온화하고 상냥한 인품으로, 특히 음악을 좋아했다. 니체의 음악에 대한 사랑은 아버지가 치는 피아노 소리를 들으면서 싹텄고 어머니 프란치스카는 신앙심이 매우 깊은 여자였다. 이처럼 니체의 귀족적 형식, 도덕적 엄격성, 명예심, 질서를 존중하는 마음 등에 대한 의식이 부모의 집에 완전히 자리 잡고 있었다.

그가 여섯 살이 되기 전 아버지가 우연한 사고로 넘어져 뇌 손상으로 사망하자 니체는 어머니, 누이 엘리자베트, 할머니와 두 하녀 사이에서 어린 시절을 보냈다. 1850년 그는 잘레 강변의 나움부르크로 옮겨 돔 김나지움을 다녔고, 1858년 엄격한 수도사 생활과 인문주의적 교육으로 유명한 슐포르타 학교에 입학해서 고전 교육을 받았다. 여기에서 6년 동안 공부한 니체는 지적 정열이 왕성해 고전학에 국한되지 않고, 문학. 철학. 음악. 종교 등 다방면으로 관심 영역을 넓혔다. 그것은 자신의 말마따나 '병적인 욕망'이었다. 그는 문예와 예술을 위한 작은 서클 〈게르마니아〉를 만들어, 그 동인지에 수

필. 시. 음악 등을 발표하기도 했다. 〈나의 생애〉가 쓰인 것도 이 시기이며 그는 셰익스피어, 횔덜린, 실러 등을 애독하고, 피히테, 에머슨을 존경했다. 이때부터 그는 평생토록 그를 괴롭히는, 이유를 알 수 없는 편두통에 시달렸다.

나움부르크는 신앙심이 돈독하고 국가에 충성하는 관료적인 분위기의 도시였다. 니체는 아주 얌전한 소년, 예의 바르고 종교적 열성을 보이는 공인된 모범 소년으로 인식되었으므로 '꼬마 목사'라는 별명을 얻게 되었다. 소나기가 쏟아지는데도 의젓하고 품위 있게 학교에서 집으로 돌아가는 그의 모습이 목격되기도 했다. 그는 음악 이외에 신학에도 마음이 끌려 본 대학에서 신학과 고전어문학을 공부했지만, 대표적인 고전학 교수 오토 얀과 프리드리히 빌헬름 리츨 사이의 날카로운 대립 때문에 재학 중 두 학기는 어려움을 겪었다. 그는 음악에서 안식처를 찾았고, 전기 낭만파 음악가 슈베르트나 슈만의 영향이 두드러진 곡들을 작곡하기도 했다.[6] 니체는 1865년 엄격한 방법론자인 리츨을 따라 라이프치히 대학으로 옮겼다.

라이프치히로 학교를 옮긴 지 얼마 안 된 1865년 10월 어느 날, 니체는 헌책방에서 우연히 쇼펜하우어의 주저 『의지

---

6 그가 후에 전혀 작곡을 하지 않게 된 것은 본업으로 바쁘게 보낸 것 말고도, 자신의 음악 작품인 〈맨프레드 명상곡〉 등을 한스 폰 뷔로에게 혹평 받았기 때문으로 볼 수 있다.

와 표상으로서의 세계』를 집어 들게 된다. 그리고 그 책에 담긴 우울하고 부정적인 체념의 기분에도 불구하고, 자신의 사명을 확신하는 듯한 문체와 저자의 인격에 이끌려 홀린 듯 그 책에 빠져든다. 그는 이 책에서 이성적으로 이해되거나 혹은 역사적 의미에 의해서 그리고 도덕적으로 이해되는 세계는 진정한 세계가 아니라는 것을 읽는다. 1866년에서 1868년 초까지 라이프치히 시절에 그가 쓴 편지나 글에는 거의 종교적 귀의라고 할 정도로 쇼펜하우어 철학에 몰두한 사실이 드러난다. 당시 그는 이 사상가의 학문적 결함을 예리하게 의식하긴 하지만 쇼펜하우어의 학설은 10여 년간 니체에게 커다란 감동과 전율을 안겨주고, 그의 사유와 생활방식을 인도한다. 쇼펜하우어에 관한 글에서 니체는 그를 단순히 자신의 선생이 아니라 자신의 진정한 교육자, 해방자이자 계몽자라고 밝히며, 1874년 '가슴속에 의문을 품고는 지낼 수 없는 용기를 지닌' 그를 천재라고 지칭한다. 니체는 쇼펜하우어에게서 가차 없는 자기부정을 두려워하지 않고, 그것을 응시하는 용기 있는 자의 자세를 보았으며, 그가 삶의 불행과 절망을 직시하고 그것을 견뎌낸 것을 위대하다고 생각했다. 그러나 그 후 니체는 『차라투스트라는 이렇게 말했다』에서 보다 높은 사람들에 대해 말하면서 바그너를 광대이자 늙은 마술사로 폄하하고, 쇼펜하우어를 우울한 예언자로 그리며, 부처와 톨스토이는 자진해서 걸인이 된 자로 묘사하기도 한다.

1865년 21세의 니체는 훗날 유명한 산스크리트 언어학자이자 베단타 연구자가 된 대학 친구 파울 도이센에게 기묘한 이야기를 들려준다. 니체는 혼자서 쾰른으로 여행을 떠나 시내의 명소를 구경시켜줄 안내인 한 명을 고용한다. 저녁이 되어 안내인에게 좋은 식당을 소개해달라고 하자, 아주 무서운 지옥사자의 형상으로 그려지는 그 건달 녀석이 니체를 어느 유곽으로 데려간다. 순수하고 지적인 청년은 번쩍이는 금박과 하늘거리는 얇은 복장을 한 여섯 명의 여인들에게 둘러싸인 것을 알아챈다. 이들을 헤치고 나온 젊은 음악가이자 고전 어문학자이며 쇼펜하우어 예찬자는 본능적으로 악마의 살롱 뒤쪽에 있을 거라 생각되는 피아노 옆에 다가선다. 그는 살롱에 속한 것 중 유일하게 영혼이 깃든 물체를 들여다보고 건반을 몇 개 건드린 다음 부리나케 그곳에서 도망친다.

니체에게 이런 체험은 심리학자들이 트라우마라고 부를 수 있는 일종의 정신적 충격이었다. 20여 년 뒤에 출간된 『차라투스트라는 이렇게 말했다』의 제4부 '사막의 딸들'이란 장(章)에는 동양적인 영향을 받은 시 한 편이 들어 있다. '지극히 사랑스런 애인들, 어린 암코양이 두두와 줄라이카'에 관해 쓴 그 시에는 쾰른의 몸 파는 여인들이 입고 있는 나비 모양의 금박 의상이 다시 등장한다. 니체는 이 환락가의 여인들과 지낸 지 4년 만에 바젤의 요양소로 가게 된다. 그는 요양소에서 과거에 두 번 몹쓸 병에 감염되었다는 사실을 환자 보고서에 기록한다. 예나의 환자 일지에 의하면 그는 1866년 처음 병에 걸린 것으로 되어 있는데 그것으로 보아 그는 쾰른의 환락가에서 도망치듯 뛰쳐나온 지 일 년 만에 이번에는 악마의 안내 없이 같은 장소로 되돌아간 것이다.[7]

니체는 1867년 10월 군에 입대했으나 다음해 3월 말을 타다가 가슴을 심하게 다쳐 장기간의 병가를 받는다. 그리고 그해 10월 라이프치히 대학에서 공부를 계속하고 뛰어난 학업 성과를 바탕으로 리츨의 추천으로 학위도 없이 젊은 나이에 교수로 임명되어 바젤 대학에서 강의를 맡게 된다. 쇼펜하우어를 체험한 3년 후인 1868년 24세의 니체는 평생 복잡한 애증의 파문을 일으키게 한 바그너와 그의 부인이자 음악가 리스트의 딸인 코지마를 처음으로 만난다. 감격적인 첫 만남을 가진 이래 10년 동안 31세의 나이 차이가 있는 두 정신은 이른바 '별의 우정'을 맺게 된다. 1869년 5월, 바젤 대학의 젊은 교수가 된 니체는 알프스의 산정이 바라보이는 바그너의 저택을 방문해 그의 가장 열렬한 이해자이자 귀의자가 된다. 바그너와 처음 대면한 후의 인상을 니체는 친구 로데에게 이렇

---

7 토마스 만의 『파우스트 박사』에서는 천재 음악가 아드리안 레버퀸이 니체의 유곽 경험을 반복한다.

게 전한다. "바그너가 쇼펜하우어에게 얼마나 큰 도움을 받았는지를, 또 쇼펜하우어야말로 유일하게 음악의 본질을 인식한 철학자임을, 비길 데 없는 열의를 가지고 이야기하는 것을 들었을 때 얼마나 기뻤던지. 아아, 너도 그 기분을 알 수 있을 거야."

1869년 니체는 라이프치히 대학에서 시험과 논문 없이 출판된 저술들만으로 박사학위를 받았고, 1870년 보불 전쟁이 일어나자 의무병을 지원했는데, 환자를 수송하며 복무하다가 1개월도 안 되어 이질과 디프테리아에 걸린다. 1872년에 나온 니체의 첫 저서로 오늘날에도 미학사의 고전으로 꼽히는 『음악의 정신에서 생겨난 비극의 탄생』은 그가 고전어문학의 굴레에서 벗어났음을 보여 준다. 여기에서 우리는 니힐리즘을 능동적으로 받아들이려는 훗날의 디오니소스적 긍정과 운명애의 싹을 이미 엿볼 수 있다. 그는 이 작품에서 그리스 비극이 중용, 질서, 조화를 대변하는 아폴론적인 것과 거침없는 정열을 표현하는 디오니소스적인 것의 결합에서 나왔으며, 소크라테스의 합리주의와 낙관주의가 그리스 비극을 죽였다고 주장했다. 바그너 부부와 그들 주변의 음악가와 시인 및 학자들은 『비극의 탄생』에 감격과 박수갈채를 보내며 환영했지만, 니체의 은사인 리츨 교수는 이 사건에 경악하며 바그너에게 흠뻑 빠진 애제자를 냉정하게 대했다.

그런데 바그너의 바이로이트 극장 낙성을 기념하는 축제

극에 참석한 니체는 거기서 커다란 성공에 취한 대가의 오만과 군중의 속물근성을 보고 자신이 꿈꾸어 온 이상이 무너져 내리는 것을 느꼈다. 바그너만이라도 흥분에서 깨어나 성공의 공허함을 느껴주기를 바랐지만, 그것도 허사였다. 바그너는 이미 기독교적인 『파르지팔』의 계획에 몰두하고 있었던 것이다. 그 모습에는 성실한 신앙심은 전혀 없고, 배우와 같은 거장의 몸짓만 보일 뿐이었다. 그 후 『차라투스트라는 이렇게 말했다』와 그 밖의 작품에서 바그너는 가짜 위대함을 나타내는 자로, '광대', '배우', '마술사'로 희화화된다. 천재를 숭배하고 예술에 의한 생의 긍정을 원했던 니체 철학의 낭만적 시기는 이렇게 바이로이트의 환멸로 종지부를 찍게 된다.

몇 년 전까지만 해도 소크라테스의 과학적 정신을 맹렬히 매도하던 니체가 1878년 출판된 『인간적인 것, 너무나 인간적인 것』에서는 과학의 이름을 빌어, 과학의 수단으로 예술, 종교, 도덕률을 기만, 망상, 착각이라며 몹시 비난한다. 1879년은 니체 자신에 의해서 '나의 생애 가운데 가장 어두운 겨울'이라 불린 해였다. 그 해 그의 병은 극도로 악화되어, 생애의 마지막을 각오할 정도였다. 편두통, 구토, 현기증이 극심해지고, 시력은 급속히 저하되었다. 그 즈음 바그너가 보내온 『파르지팔』은 예상했던 대로 기독교적 구원의 치기와 히스테리한 신비적 탐닉에 넘쳐 있었고, 그가 국수주의와 반유대주의에 빠져들자 니체는 극도로 환멸을 느꼈다. 니체가 보낸 『인간적인 것, 너무나 인간적인 것』의 전권을 받은 후 바그너는 잡지에 실린 니체에 대한 공격문을 보내 왔다. 코지마는 『배반자』라는 저서에서 '천박함과 어린아이 같은 궤변'이라고 니체의 글을 공박했다. 니체의 저서에서 부정되고 있는 예술가는 모두 바그너로 바꾸어 놓을 수 있기 때문이었다. 니체의 말을 빌면, 기독교적인 구제, 저편의 세계를 동경하는 것은 무엇보다도 퇴폐의 징후이며, 그런 의미에서 바그너는 데카당스의 전형이다. 일찍이 위대한 천재라 믿고 존경하던 상대는 '너무나 인간적'이고 금욕적 이상을 추구하는 약자였던 것이다. 이리하여 둘 사이의 '별의 우정'은 파국적인 결말에 이르고 만다.

1870년에 일어난 보불전쟁 이후 각종 질병에 시달린 니체는 평생 자신을 괴롭힌 건강상의 문제로 1879년에 대학교수직을 그만두었고 강연활동도 중단했다. 그는 바젤 대학의 사무처로부터 학교를 떠나라는 종용을 받기도 했지만, 자유에 대한 그의 충동도 작용하여 결국 학교를 떠난 것으로 보인다. 그는 자기 전공을 그만두고 환자로서 연금을 받으며 누구와도 접촉하지 않고 이탈리아와 남프랑스, 스위스 고산지역 등의 국제숙박소에서 초라한 전세 입주자로 살아간다. 그는 1879부터 정신이상으로 쓰러지는 1889년까지 책을 쓰는 것

외에는 삶에 어떠한 흥미도 느끼지 못하고 자유로운 정신의 인간으로 살아간다.『아침놀』의 속편으로 1881년에 쓰기 시작해 다음 해 6월에 탈고한 『즐거운 학문』에서 니체는 처음으로 기독교적 신의 권위, 이제까지 존재에 의미와 가치를 부여해 온 그것을 의식적으로 부정한다. '신의 죽음'[8]이라는 유명한 니체의 말도 여기에서 처음 나타난다.

1882년 『즐거운 학문』을 집필하는 동안 37세의 니체가 러시아 장군의 딸인 21세의 루 살로메를 만나 사랑에 빠지고 실연당하는 지극히 '인간적인' 사건이 일어났다. 니체는 친구인 레 박사를 통해 그녀에게 전하는 편지로 구혼하지만 인습에 구애되지 않는 분방한 생활을 사랑하는 정신의 소유자는 매몰차게 거절하고 레 박사의 구혼마저 거부한다. 철저히 고립된 생활을 하는 니체에게서 살로메는 존경과 호기심, 그리고 반발을 느꼈을 뿐이었다. 이 이야기는 토마스 만의 『파우스트 박사』에서 니체를 모델로 한 천재 작곡가 아드리안 레버퀸이 바이올린 연주자인 친구 슈베르트페거를 통해 아

---

8 '신의 죽음'이라는 말을 사변적으로 가장 깊이, 역사적으로 해석한 하이데거는 그의 논문 「니체의 말 '신은 죽었다'」에서, 이 신은 플라톤 철학 이래의 것, 따라서 초감성계 일반, 넓은 의미에서의 피안의 세계. '진리'의 세계. 형이상학적 세계 전체를 가리키고 있다고 해석하고 있다. 그에 의하면, '신의 죽음'이란 플라토니즘의 종언, 기독교를 포함한 유럽 형이상학 전체의 종언을 의미한다. 그것은, 저편의 세상과 이편의 세상, 진리의 세계와 허위의 세계와 같은 대립적 사고 자체의 종언이다.

름다운 여성 마리 고도에게 구혼하는 것으로 되풀이되고 있다. 니체는 살로메와의 사건으로 누이동생이며 어머니와도 사이가 나빠져 누이동생과는 거의 절교 상태가 된다. 그 즈음 누이동생은 니체가 싫어하는 바그너 주위의 한 사람인 광신적 반유대주의자와 약혼하여, 1885년에는 부부가 남미의 파라과이로 떠난다. 이렇게 하여 니체의 곁에서 모든 사람들이 하나둘 사라져 간다. 애제자 페터 가스트를 제외하고 그를 진심으로 생각하는 사람은 모두 없어진 상태였다. 상처받은 마음은 아무것에서도 위안을 발견하지 못하지만 그럼에도 그는 비약과 환희를 느낀다. 그는 돌발적으로 발발하는 병에 시달리며 자신의 병이 천재성과 연관되어 있고, 이 천재성 또한 병과 더불어 발전했다고 믿었다.

1883년 2월 3일부터 13일까지 니체는 『차라투스트라는 이렇게 말했다』 제1부를 집필했는데, 이렇게 천재적인 작품이 단숨에 써지던 날 바그너가 사망했다. 아이러니컬하게도 그가 과거에 숭배하던 스승이 죽던 날 그의 '위버멘쉬'[9]가 탄생한 것이다. 천재 숭배의 시기, 부정의 시기에 이어 니체 만년의 가장 창조적인 시기가 이렇게 시작된다. 이 같은 세 단계

---

9   니체는 알렉산더 대왕, 나폴레옹, 괴테, 미라보 등을 위버멘쉬의 전형으로 제시한다.

는 정신이 '낙타-사자-어린아이'로 변화하는 비유에서도 엿볼 수 있다. 일찍이 사제의 지배하에 무거운 짐을 짊어진 '낙타'였던 정신은, 먼저 '신의 죽음'을 확인하고 사막의 '사자'가 된다. 그러나 이제까지 인간 존재에 의미와 가치를 부여해온 그 신의 죽음은 인간 존재의 무의미, 무가치를 의미하게된다. 거기에서 낙타는 의무와 금욕을 의미하며, 존경할 만한 것에 복종하고 적극적으로 배우는 정신이다. 사자는 비판하고 투쟁하며 자유를 쟁취하고 고독에 견디며, 스스로 주인이 되려 한다. 그러나 사자는 자유를 획득했지만 새로운 모든 가치의 창조를 할 수 있는 것은 어린아이이다. 그 후 『선악의 저편』, 『도덕의 계보학』과 아울러, 1888년에 수많은 작품이 잇달아 나온 것을 보면 그가 그야말로 자유롭게 가치 창조를 하며 유희하는 단계, 즉 어린아이의 단계에 들어가 그의 천재성이 정점에 달한 것을 알 수 있다.

　니체는 『차라투스트라는 이렇게 말했다』에 대한 세상의 몰이해를 조용히 견디며, 자연과학이나 법학 방면의 책, 특히 마키아벨리를 열심히 읽어, 정치와 도덕의 근저에 대한 생각을 단련했다. 그러나 잠언과 경구들을 적절히 사용한 『선악의 저편』이 혹평을 받자 그는 그 속편으로 『도덕의 계보학』을 쓰면서 치밀한 논리적 표현을 전개한다. 거기서 그는 사람들이 이제까지 신봉해 온 도덕적 가치 판단이란, 고대 전사나 귀족의 고귀한 도덕에 대한 기독교적 노예들의 원한 감정, 후자의 전자에 대한 커다란 반란에 지나지 않는다고 설명한다. 또한 양심을 인간의 내부로 향하는 잔인한 본능으로 보며, 그것의 이상을 열렬히 갈구하는 것은 데카당의 현상이라고 단정한다. 이렇게 니체는『도덕의 계보학』에서『인간적인 것, 너무나 인간적인 것』을 거쳐 신의 죽음을 선언한『즐거운 학문』에 이르기까지 자신이 전개한 도덕 개념의 종류와 기원을 철저하게 종합적으로 비판하면서 힘에의 의지 철학 체계를 완성하고 있다.『우상의 황혼, 혹은 망치를 들고 철학하는 길』은 말할 나위도 없이 바그너의 악극『신들의 황혼』을 비꼰 제목이다. 망치가 이제까지 진리라 불리던 우상을 산산조각 깨뜨려 간다는 것이다. 거기에서 소크라테스는 퇴폐의 전형으로서 부정되고, 이성과 도덕도 뒤집어진다. 기독교는 천민의 도덕이라는 낙인이 찍히고, 괴테나 빙켈만 식의 그리스상은 디오니소스적인 것에 의해 흔들린다. 그런데 특이하게도 니체는『안티그리스도』에서 역사적 기독교를 격렬히 비판하면서도 예수라는 인간 자체는 부정하지 않는다. '진정한 기독교인은 단 한 사람밖에 없었다. 그리고 그 사람은 십자가에 매달려 죽었다'고 하면서, 니체는 순수한 기독교인, 즉 예수를 깊이 이해하는 모습을 보인다.

이처럼 니체는 기독교와 이상주의의 도덕을 '약자의 도덕', '노예의 도덕', '데카당스'라고 배격하고, '위버멘쉬'[10], '영원회귀'의 사상을 중심으로 일종의 형이상학을 수립하여 훗날 생의 철학이나 실존 철학에 큰 영향을 주었다. 그는 소크라테스, 플라톤 철학과 사제의 금욕적 이상주의, 기독교적 도덕주의를 뒤집었고, 기독교를 비판하여 유럽을 비판했으며, 키르케고르와 더불어 실존주의의 선구적인 역할을 하고 계몽주의라는 세속주의의 승리가 가져온 결과도 부정적으로 평가했다.

　그런데 니체에 대한 해석과 평가는 모순적이라 할 만큼 다양하다. 고전적인 니체 해석자인 하이데거는 니체를 근대 서양의 형이상학적 담론의 완성자로 보았고, 반형이상학적 니체 해석자인 카우프만은 심리학적, 정신분석학적으로 니체를 해석한다. 또한 마르크스주의적인 니체 해석이 있는 반면에 아들러, 루카치, 메링, 로젠베르크, 베르텔, 괴츠 등은 니체를 파시즘과 국가사회주의 대변자로 평가하고 있다. 한편 핑크, 듀리치, 라우터, 슐츠 등은 니체가 형이상학을 파괴하지만 극복과정에 있다고 보았고, 그가 근대와 탈근대의 경계선에서 모호한 태도를 취하고 있다고 간주한다. 또한 토마스 만, 아도르노, 바타유, 카뮈, 야스퍼스, 하이데거, 뢰비트는 탈

10　니체의 '위버멘쉬'는 보통 '초인'으로 번역되어 왔는데, 초인이 신의 자리를 대신할 절대 권력을 지닌 인격, 또는 초능력을 지닌 인격으로 읽힐 수 있으므로 여기서는 원어를 그대로 사용하기로 한다. 위버멘쉬는 매 순간 자기 자신의 삶을 부단히 극복하고 자신만의 새로운 가치를 창출하기 위해 결단을 내리는 존재라 할 수 있다.

정치적, 실존주의적 관점에서 니체를 해석한다. 그리고 탈근대적 니체 읽기의 대변자들인 푸코, 데리다, 들뢰즈는 포스트모던적 관점에서 니체를 재평가하고 있다.

니체의 한때의 스승 쇼펜하우어에 의하면 도덕은 동정에서 성립한다. 동정은 자기를 버리고 타인의 고통을 자신의 고통으로 동감하는 동고(同苦)를 의미한다. 그런데 니체는 그의 위대한 스승 쇼펜하우어가 미화하고 신성시한 비이기적 가치인 동정의 본능과 대결하면서 근본적인 의구심과 회의를 느낀다. 니체는 쇼펜하우어가 동정 본능에서 자기부정 본능, 자기희생 본능의 가치를 보고, 그 때문에 그가 삶의 의지의 부정을 말했다고 생각한다. 하지만 쇼펜하우어가 말하는 삶에의 의지의 부정은 삶의 포기를 뜻하는 것이 아니라 삶에 대한 맹목적인 의지의 부정을 말하는 것으로, 즉 탐욕과 욕망을 줄이라는 의미이다. 니체는 삶의 무가치함과 삶의 의지의 부정을 말하는 쇼펜하우어가 삶을 사랑하지 않는다고 보았다. 니체는 소크라테스와 같은 철학자든 과학자든 진정으로 삶을 사랑하지 않는다고 본다. 쇼펜하우어를 절대적으로 숭배한 바그너는 그의 철학을 죽음과의 공감으로 받아들여 그를 자살을 옹호하는 철학자로 왜곡시킨다. 니체와 바그너를 통해 쇼펜하우어를 받아들인 토마스 만도 젊은 시절 삶의 의지의 부정을 죽음과의 공감으로 보는 잘못을 범한다.

니체는 『도덕의 계보학』에서 가치의 문제를 다루며, 전통 철학의 관점, 특히 가치관을 전환하고자 시도한다. 그리하여 그는 책의 머리말에서 소외된 인간을 극복하여 본래적인 인간상을 회복하려는 의도를 기술한다. 그는 책의 제1논문에서 '선과 악', '좋음과 나쁨'을 다루고, 제2논문에서 '죄'와 '양심의 가책', 그리고 이것과 유사한 것을 다룬 다음, 제3논문에서 사제의 금욕적 이상의 문제점을 다룬다. 니체는 인간의 소외, 곧 허무주의를 소크라테스의 합리주의와 아울러 기독교 도덕에서 찾고 있다. 니체는 『도덕의 계보학』에서 도덕의 기원과 전개과정을 상세히 고찰하면서, 기독교 도덕에서 발생한 선과 악을 결국 극복해야 하는 대상으로 제시한다. 또한 니체의 주장에 의하면 그리스 시대에는 '좋음'과 '나쁨'의 개념만 있었지 '선과 악'의 개념은 없었다고 한다. 가치문제를 고찰할 때 또 다른 중요한 주제는 양심과 원한인데, 니체는 그 두 가지에서 도덕의 기원을 찾고 있다. 여기서 원한을 낳는 것은 무능이고, 원한에서 신이라는 개념이 도출된다는 것이다. 강한 생명력과 용기를 지닌 고대 전사의 자리를 대신한 사제의 삶은 생명력이 결여되어 있으며, 특히 전쟁과 같은 상황에서 사제는 무력하기 짝이 없다. 그러므로 힘에 대한 증오심을 키우는 사제의 도덕은 무력한 자의 도덕이므로 노예 도덕일 수밖에 없다. 그런데 현실에서 막강한 권력을 지니고 있는 사제가 무력하다는 니체의 주장은 정신분석학적인 관점에서 고찰해야 제대로 이해할 수 있다. 사제의 무력함이 원한을 낳고 원한은 결국 온갖 가치를 날조한다는 니체의 입장은 인간의 심층심리를 잘 꿰뚫고 있는 것이다. 또한 니체가 보기에 청빈, 겸손, 순결과 같은 금욕적 이상 밑에서 지금까지의 철학이 명맥을 이어 왔는데, 그런 금욕적 이상을 유지하는 삶은 자기모순이라는 것이다. 왜냐하면 가장 본래적이어야 할 인간의 삶이 가장 비본래적인 금욕적 이상을 견지하면서 그것을 절대적인 목표 내지는 근거로 삼기 때문이다.

『도덕의 계보학』서문에서 니체는 먼저 인간의 자기인식에 관한 문제를 꺼낸다.

"우리는 우리 자신을 잘 알지 못한다. 우리 인식하는 자들조차 우리 자신을 잘 알지 못한다. 여기에는 그럴만한 이유가 충분히 있다. 우리가 우리 자신을 탐구해본 적이 한 번도 없었기 때문이다. 우리가 어느 날 우리 자신을 발견하는 일이 어떻게 일어난단 말인가?"

그림 형제의 동화 「백설공주」에서 마녀는 "거울아, 거울아, 벽에 걸린 거울아, 이 세상에서 누가 제일 예쁘니?"라고 묻는다. 번번이 백설공주가 제일 예쁘다고 하자 마녀는 자기인식을 하지 못하고 화를 내며 욕설을 퍼붓는다. 결국 그 대가로 마녀는 시뻘겋게 달구어진 쇠 신발을 신고 넘어져 죽을 때까지 춤을 추어야 하는 형벌을 받는다. 반면에 공주에 의해 벽에 내동댕이쳐짐으로써 마법에서 풀려나 왕자로 변신한 개구리 왕자는 철저히 신에 종속된 중세의 질곡에서 깨어나 자신의 존재와 자아를 자각한 르네상스 인간의 모습을 보여 준다. 인간은 자신의 불완전한 존재에 대해 회의하기 시작하면서 결국에는 전능한 존재인 신을 만들어내게 되었는데, 니체는 불완전한 존재에 대한 자기혐오가 만들어낸 허상이 신이라고 주장함으로써 '신은 죽었다'고 선언하기에 이른다. 결국 '신의 죽음'이라는 것은 삶의 의미를 부정적으로 만드는 자기혐오, 불신이 만들어낸 회의적인 감정들에 사형선고를 내리는 것이다. 그런데 니체에 따르면 인식하는 자이며, 세계의 여러 대상들에 대한 인식을 추구해온 우리는 정작 우리 자신이 누구인지 모른다. 니체는 우리가 우리 자신에게 낯선 타자임을 지적한다.

"우리는 사실 우리 자신에게 필연적으로 낯선 존재로 있고, 우리 자신을 이해하지 못하며, 우리 자신을 혼동하지 않을 수 없다. '모든 사람은 자기 자신에게 가장 먼 존재이다'라는 명제는 우리에게 영원한 의미를 지닌다. 우리 자신에게 우리는 '인식하는 자'가 아닌 것이다."

피히테의 『인간의 사명』[11] 서문을 떠올리게 하는 이러한 말로 니체는 '자신을 찾는 일'을 수행하려고 한다. 그런 다음 니체는 이 책의 주제, 즉 '우리의 도덕적 편견의 기원'에 관한 자신의 생각으로 화제를 옮긴다. 이 사상이란 '선과 악이 본래 어떤 기원을 갖는가?'라는 호기심어린 물음에서 비롯되는 것인데, 니체는 심리학, 역사학, 고전어문학의 도움을 받아 자신의 물음을 다음과 같이 정리한다.

"인간은 어떤 조건 하에서 선과 악이라는 가치 판단을 생각해냈을까? 그리고 그러한 가치 판단들 자체는 어떤 가치를 지니고 있을까? 그것이 지금까지 인간의 번성을 저지했을까 아니면 촉진했을까? 그것이 삶의 위기와 빈곤, 퇴화의 징조일까? 아니면 반대로 그 속에서 삶의 충만, 힘, 의지가, 그 용기와 확신과 미래가 드러나는 것인가?"

보다 구체적으로 말하자면 니체는 도덕적 가치들의 기원과 형성에 관해 묻고 있다. 니체 철학의 위대함은 철학의 가치, 도덕의 가치를 묻는다는 점이다. 사람들은 선과 악, 양심과 동정심과 같은 도덕적 가치들이 그 자체로 선험적으로 존

---

11 피히테는 『인간의 사명』 서문에서 "인간은 항상 자기 자신과 일치해야 한다. 인간은 결코 자신과 모순되어서는 안 된다"라고 말한다.

재하는 것이라 생각해 왔다. 그러나 그러한 가치들은 사실상 역사적으로 형성되어 온 것이며, 따라서 니체는 가치들의 발생사를 비판적으로 검토해야 한다고 생각한다. 니체는 친구 파울 레의 『도덕 감정의 기원』을 지적하면서 도덕 감정의 형성을 공리주의적으로 바라본 그를 비판하고 도덕문제를 파고든다. 계보학을 따라가 보면 오늘날 우리 시대에 악덕이라 불리는 것이 고대 그리스에서는 덕으로 칭송되고 있는 것이다. 그러다가 사회가 안정되고 누군가를 지배하고 통제하려는 순간 그런 고대 도덕은 사회불안을 야기하는 덕목이 되고, 정중, 겸손, 유순, 적응, 순응의 정신이 도덕으로 규정되는 것이다. 시간이 지나면 적응하는 인간만 살아남는다는 것인데, 다윈에게는 강함과 약함은 의미가 없고 환경 변화에 적응하는 것만이 의미가 있었다고 니체는 지적한다. 이런 점에서 니체는 다윈보다 오히려 용불용설을 주장하는 라마르크를 낫게 평가하고, 타자에게 인정받는 것을 중요하게 생각하는 헤겔 철학을 노예 철학이라 일컫는다.

내가 나를 인정하는 것으로는 부족하기 때문에 타자로부터 나를 인정받아야 한다는 생각은 주인 됨의 입장이 아니다. 그래서 니체의 견해에 의하면 근대성, 근대 과학, 칸트의 미학은 노예적이다. 모두가 당하는 자의 입장, 자기가 아닌 바깥에서 자기에게 가해진 것에 대해서만 얘기한다는 것이다. 노예는 타자를 필요로 하고 타자와 부딪힘으로써 자기를 정립하고 합리화하기 때문에, 거기서 민족주의 메커니즘이 생기게 된다. 반면에 자기에 대한 척도를 자신이 구체적으로 쥐고 있는 귀족은 마치 보색대비를 발견할 때처럼 나로부터 시작해서 나 아닌 것을 발견한다. 그러나 노예는 자신에게 고통을 주는 나쁜 세상, 즉 타자를 악이라 비난하며 노예의 도덕은 부정을 통해 얻은 것이기 때문에 모호하고 추상적이며 일반적이다.

니체는 선과 악의 기준이 왜 만들어졌는지 질문한다. 이러한 가치는 우선 그 자체로 문제시되어야 한다. 이를 위해서는 이러한 가치들이 성장하고 발전하며 변화해 온 조건과 상황에 대한 지식이 필요하다. 그와 같은 지식은 지금까지 존재한 적도 요구된 적도 없었다. 사람들은 이러한 '가치들'의 가치를 주어진 것으로, 아무런 문제 제기를 할 수 없는 기정사실로 받아들였다. 그리고 니체는 선과 악의 기준에 대한 답을 찾기 위해 선과 악의 기준이 만들어진 기원을 찾고자 한다. 즉 도덕에 대한 계보학적 접근을 하는 것이다. 니체의 말에 의하면 인간은 원래 원한의 인간이기 때문에 자신에게 실리적으로 유용한 것을 도덕으로 인지한다는 것이다. 원한은 현실의 고통에 대한 반응적 인간의 가상적 복수인 셈인데 현실의 고통 때문에 원한 감정이 생긴다. 그런데 고통을 해석하는 자세는 기독교인과 그리스인이 사뭇 다르다. 그리스인은 신의 미움을 받은 인간이 신의 쾌락을 충족시키기 위해 그의 노리개가 되어 고통을 당한다고 보는 반면, 기독교인은 이게 다 내 탓이라는 원죄 의식과 양심의 가책에서 고통이 생겨난다고 본다. 즉 사제한테 세뇌당한 결과 원한 감정을 자신에게 모조리 투사한 것이 양심의 가책이라는 것이다. 니체는 양심을 "밖으로 배출될 수 없을 때 안으로 방향을 돌리는 잔인성의 본능"으로 파악한다. 게다가 니체는 책임감, 정의, 기억 등도 이러한 양심을 보조하기 위해 등장했다고 보았다. 니체는 여기에서 국가의 형성과정에 대한 흥미로운 가설을 제시하기도 하며, 인간 본능의 억압과 양심의 발생을 이와 연관시켜 설명하기도 한다.

그리스 시대에는 선과 악의 개념이라기보다 좋음과 나쁨의 개념이 있었는데, 여기서 '나쁨'은 '악'의 의미보다는 '열등함'의 의미였다. 열등함은 천민의 속성을 뜻하고, 좋음과 우월함은 그리스 전사와 귀족[12]의 속성을 뜻하는 개념이다. 니체는 주인과 노예라는 표현을 사용한다. 즉 그 시대의 좋음과 나쁨의 구별은 주인의 기준에 따르는 도덕적 개념이었다. 이처럼 '좋음'과 '나쁨'의 가치 기준은 객관적인 기준으로 확립된 것이라기보다는 권력을 독점하던 종족 집단이 스스로

12　이때의 귀족이란 봉건사회의 귀족을 뜻하기보다는 고대 그리스의 영웅적 전사들을 뜻한다. 여기에서 전사들의 최상의 가치는 용기이다.

를 '좋다'고 일방적으로 정의하고 이를 강요한 결과로 생긴 기준이라는 것이다. 역사적으로 보면 이 가치 기준은 '금발의 야수'로 불리던 게르만 전사(戰士)의 것이었고, 그들이 지배하던 유럽 대륙 전체로 게르만의 관습이 전파돼 유럽 사회의 일반적 속성으로 뿌리내리면서 굳어진 기준이라는 것이다.

그렇다면 노예의 관점에 따르는 도덕은 무엇인가? 니체는 노예 위에 군림하는 강한 자들에 대한 원한 감정을 노예 도덕의 근원이라고 본다. 원한 감정을 일으키는 그들은 악이며, 그들에게 핍박받는 자신들이 선인 것이다. 니체는 '선'과 '악'의 기준이 다수의 피지배 계층의 지배자들에 대한 원한과 증오에서 비롯됐다고 주장한다. 이러한 노예 도덕은 핍박받던 유대 민족에 의해, 그들 종교인 기독교를 통해 도덕에서 헤게모니를 장악하게 된다. 니체는 이 과정에서 당시 전사 귀족과 갈등 관계에 있던 사제나 유대인들이 결정적 역할을 했다고 강조한다. 사제들이 대중의 원한을 활용하여 새로운 가치를 창출했다는 것이다. 즉, '선'과 '악'이라는 기준을 만든 피지배 계층은 자신의 원한을 분출해 지배자들에게 복수했는데, 그는 이 복수가 현실적으로 이루어졌다기보다는 여러 가지 우회적인 형태로 지난 2천 년 동안 서구인들에게 서서히 정착돼 왔다고 주장한다. 그로부터 현실적 쾌락을 악으로, 내세에 대한 믿음을 선으로 보는 가치관이 만들어진다. 그래서 니체는 이러한 가치 기준이 만들어낸 결정체가 바로 '금욕적 이상'이라고 결론짓는다. 니체의 표현에 따르면 도덕에서의 노예반란이 성공한 것이다.

니체는 어떻게 이러한 반란, 가치의 전도가 가능했을까도 질문한다. 근대라고 하는 것은 노예가 승리한 역사이다. 그런데 어떻게 약자가 승리할 수 있었는가? 약자가 강해져서 강자를 이긴 게 아니라 강자를 약자가 되게 함으로써 이기는 것이다. 병든 자는 질병을 퍼뜨림으로써 강자를 이길 수 있다. 그렇게 하면 강자가 약자가 되기 때문이다. 강자의 힘을 분리시킴으로써 부정의 힘에의 의지가 작동하는 것이다. 다른 하나는, 언어적 오류에 기인했다는 것이다. 우리는 어떤 행위를 행위의 주체와 구분시킨다. 즉 주어와 서술어를 구분하게 되고, 주어는 서술어의 원인, 즉 행위의 주체는 행위의 원인으로 파악한다. 어떤 사람이 악한 짓을 했다면, 그 사람은 악한 짓을 하지 않음으로써 선할 수 있다. 이와 같이 어떤 사람이나 행위를 손쉽게 선이나 악으로 규정지을 수 있다. 니체는 이러한 논리전개는 순전히 언어적인 전개일 뿐이며, 언어의 오류에 기인한다고 본다.

니체의 주장대로 주인 도덕이 있었고, 노예 도덕이 있었으며 노예 도덕이 전세를 역전한 상황이라면 그가 그 둘 중에서 주인 도덕을 지지하는 이유는 무엇인가? 원한 감정에 기초한 노예 도덕은 약자의 도덕으로 정신건강에 해로우며, 예술을 억압하고 삶을 억압하기 때문이다. 니체는 노예 도덕을 기독교 도덕, 천민의 도덕 등과 질적으로 동일한 것으로 보기 때문에 그것은 창조적인 주인 도덕에 의해 전도되고 해체되어 극복되지 않으면 안 된다. 노예 도덕은 '고통'을 회피하고 부정하지만 주인 도덕은 '고통'에 과감히 맞선다. 니체가 말하는 천민이란 신분적 의미에서의 천민이 아니라 스스로 가치 창조를 못하는 인간, 즉 권력, 명예, 돈, 쾌락을 쫓는 노예가 된 현대인을 말한다. 그리고 대통령이든 재벌이든 지식인이든 개인의 내면에 귀족과 노예가 들어 있는 것이다. 따라서 강자나 고귀한 자는 스스로 사물과 행동에 가치를 부여할 줄 아는 인간을 말하지 신분적인 의미에서 귀족이나 단순히 물리적인 힘이 센 자를 말하는 것이 아니다. 니체는 우리의 일반 상식과는 달리 권력과 부, 지식을 장악하고 있는 오늘날의 지배자를 강자로 보는 게 아니라 오히려 권력과 자본의 노예로 본다.

따라서 니체가 말하는 주인은 스스로 가치를 부여할 줄 아는 자이고, 반면에 노예나 천민은 타인이 평가하는 대로 존재하는 인간 유형을 말한다. 따라서 강자와 약자, 또는 귀족과 노예는 양적인 구분이 아니라 질적인 구분인 것이다. 사람들은 위대한 '가치 창조' 행위에 대해서는 이해하지 못하고 여전히 기존의 가치 기준에 대한 복종만을 훈련받는다. 차라투스트라가 '신의 죽음'을 전하러 왔을 때 사람들은 목자의 꾐에 빠져 한 무리의 양떼가 되어 있었으며, 이미 무언가를 판단하는 일에 무척 피로감을 느끼고 있었다.

니체는『도덕의 계보학』의 제3논문에서 금욕주의를 해로운 이상, 종말에의 의지, 데카당스에의 의지라고 규정하면서도 왜 금욕주의가 사람들을 지배해 왔는지를 해명한다. 니체에 의하면 기독교에는 청빈, 겸손, 순결이라는 세 가지의 금욕적 이상이 있는데, 그는 금욕적 이상이 철학자의 덕과 대응된다고 본다. 역사적으로 보면 금욕적 사제들이 날조한 금욕적 이상 밑에서 철학이 지금까지 명맥을 유지해 왔다는 것이다. 니체의 주장에 의하면 문명이 번성하고 인간의 순응이 이루어진 곳에서는 어디서나 인간을 지배하고 인간 위에 군림하기 위해 금욕적 이상이 만들어졌다는 것이다. 현대적 관점에서 보면 금욕적 이상은 일종의 이데올로기에 해당한다고 할 수 있다. 니체에게 사물들의 핵심은 힘에의 의지이다. 그러나 금욕주의 외에는 의지할 만한 다른 어떤 것도 없었다. 경쟁자가 없었기 때문에 금욕주의는 승리하게 된다.

니체는 현대의 학문도 금욕적 이상의 반대가 아니라 오히려 그것의 가장 새롭고 가장 고귀한 형태 자체라고 주장한다. 그가 볼 때 학문은 자기 마비의 수단으로서 이상을 상실한 자체의 불안이고, 커다란 사랑의 부족에 시달리는 것이며, 본의 아니게 분수를 아는 것에 대한 불만이다. 특히 학자를 평하는 니체의 다음과 같은 말에서 그의 심층 심리분석가로서의 탁월한 면모가 엿보인다. "학자들과 교제해 본 사람은 누구나 아는 사실이지만, 그들은 때때로 아무 악의 없는 한 마디 말로 뼛속까지 상처를 받는다. 사람들은 그들에게 경의를 표하려는 순간 학식 있는 그 친구들을 노하게 만든다." 학자뿐만 아니라 사회적으로 높은 지위에 있지만 그 지위가 자신의 능력에 걸맞지 않다고 느끼는 사람이나, 남이 자신의 능력을 제대로 인정해 주지 않아서 정신적 불안 증세에 시달리는 사람은 칭찬의 말도 왜곡해서 받아들임으로써 때에 따라 고깝고 서운하게 들릴 수 있는 것이다. 그런 사람도 니체의 말에 따르면 노예 도덕의 소유자라 할 수 있다.

금욕적 이상에 의해 방향을 얻은 의욕은 무(無)에의 의지, 삶에 대한 반감, 삶의 가장 근본적인 전제에 대한 반항을 의미한다. 그러나 그것은 하나의 의지이며 하나의 의지로 남아 있는 것이므로, 인간은 의욕하지 않는 것보다는 차라리 무를 의욕하려고 한다. 이제 니체는 저편 세계가 아닌 이편 세계에 주안점을 두는 사유를 전개하려 한다. 모든 가치들의 전환과 새로운 가치들의 창조, 여기에 니체 사유의 핵심이 있다. 많은 사람들은 니체가 기독교 도덕뿐만 아니라 도덕 전체를 부정하고 파괴한 것으로 생각하기 쉽지만, 새로운 가치를 창조하려 했다는 점에서 볼 때 그가 도덕 그 자체를 부정했다기보다는 도덕의 일방적 해석에 저항한 도덕의 혁명가라고 볼 수 있다. 이처럼 니체는 도덕 투쟁을 통해 위버멘쉬의 도덕을 주창한다. 즉 그는 자신의 극복과 자신의 발전을 위해 인간 자신의 내부에서 발생하는 힘에 의한 도덕, 이 힘의 지속적인 활동을 위한 도덕, 즉 인간에 내재하며 항상 활동하는 힘에의 의지를 위한 도덕을 주창하는 것이다. 이때 니체가 우리에게 자신만의 가치를 추구할 것을 촉구하는 것은 바로 도덕 비판이 비판을 넘어 새로운 가치 창조의 원리가 됨을 암시한다.

니체의 글에는 마치 그가 전쟁을 옹호하는 듯한 내용이 보이기도 한다. 그의 말은 액면 그대로 보면 예컨대 히틀러의 전쟁, 부시의 이라크 공격을 정당화하는 글로 읽힐 수 있다. 그러면 부시의 이라크 전쟁은 강자의 도덕에서 비롯된 것인가? 부시는 전쟁의 정당화를 자기 자신에게서 끄집어내는 것이 아니라 후세인의 이라크를 악의 축이라 지칭하면서 침공을 정당화하기 때문에 니체의 말에 따르면 부시의 도덕은 강자의 도덕, 주인의 도덕이 아니라 노예의 도덕, 약자의 도덕인 것이다. 표현주의 화가들은 니체의 영향을 받아 제1차 세계 대전이 발발하자 이에 열광하여 자진하여 참전하기도 했지만, 니체가 말하는 전쟁은 정신적인 차원에서 기존의 도덕 규범, 노예 도덕과의 싸움을 말하는 것이지 실제적인 폭력, 파괴, 살상을 뜻하는 것은 아니었다. 또한 니체의 누이 엘리자베트는 니체가 역설하는 위버멘쉬를 승리만을 목표로 하는 전쟁 영웅으로 잘못 소개하였고, 히틀러와 같은 군국주의자들은 문장 그대로 해석해 그녀의 왜곡된 표현을 그대로 받아들였다. 이처럼 니체의 문장을 비유적인 표현으로 이해하지 않고 문장 자체의 표현대로 이해하면 잘못을 범하기 쉽다. 여기서 니체가 말하는 '전쟁'은 군국주의자들이 좋아하는 살육의 전쟁놀이가 아니라, 주인 도덕으로 독자적인 삶의 가치를 만들어내기 위한 자신만의 치열한 싸움을 표현한 것이다.

이처럼 니체는 도덕의 계보학을 분석하여 허무주의를 낳는 소크라테스의 합리주의와 기독교적 가치관을 비판하면서, 분출하는 본능과 역동적인 힘에 의해 인간을 스스로 가치를 창출하는 강력한 동물로 회복시키려 한다. 그가 말하는 가치의 전도는 삶에 부정적인 가치체계로부터 삶에 긍정적인 가치체계로의 전도이다. 그는 여기서 더 나아가 인간의 정신이 주인 도덕을 지닌 '차라투스트라'처럼 자신을 극복하는 위대한 모습으로 삶을 긍정하고 운명을 사랑하는 쪽으로 변화할 것을 촉구한다. 그는 이러한 주장을 통해 정신의 약자들의 원한이 만들어내는 독소의 위험성을 특히 강조하면서, '위버멘쉬'란 슈퍼맨 같은 초인적 능력을 지닌 인물이나 독재적 영웅이 아니라 기존의 노예 도덕을 부정하고 스스로 가치를 부여하는 자유롭고 창조적인 인간임을 강조하고 있다.

프리드리히 니체 연보

1844년 10월 15일 작센 주 뤼첸 근처 뢰켄에서 목사 카를 루트비히 니체의 아들로 태어남. 어머니 프란치스카 욀러도 이웃 마을 목사의 딸이었음.

1849년 7월 30일 아버지가 뇌연화증으로 사망함. 남동생 요제프 사망함.

1850년 가족이 나움부르크로 이사함. 소년 시민학교에 입학하지만 적응하지 못하고 그만둠.

1851년 칸디다텐 베버라는 사설교육기관에 들어가 종교, 라틴어, 그리스어 수업을 받음. 어머니에게서 피아노를 선물 받아 음악교육을 받음.

1853년 돔 김나지움에 입학함. 성홍열을 앓음. 시를 짓고 작곡을 시작함. 할머니 사망함.

1858년 10월~1864년 9월 나움부르크 근교 슐포르타 김나지움에 다님. 자서전을 쓰기 시작함. 고전어문학과 독일어에 뛰어난 재능을 보이며, 시를 짓기도 하고, 음악 서클을 만들어 교회음악을 작곡하기도 함. 게르마니아 모임에서 바이런 연구를 발표.

1861년 『트리스탄과 이졸데』의 피아노 발췌곡이 발표되어 바그너를 알게 된 무렵부터 셰익스피어, 괴테, 횔덜린 등의 작품을 즐겨 읽음.

1862년 가끔 두통을 앓음. 게르마니아 모임에서 논문 「운명과 역사」 발표.

1863년 에머슨을 최우선 독서 목록에 올림.

1864년 10월 슐포르타 김나지움을 우수한 성적으로 졸업하고 본 대학에 입학하여 신학과 고전어문학을 공부함. 동료 파울 도이센과 함께 '프랑코니아Frankonia'라는 대학 서클에 가입하여 사교와 음악에 관심을 가짐. 신학성서에 대한 비판적 생각을 갖게 되면서 신학 공부를 포기하려 하자 어머니와 첫 갈등을 겪은 후 리츨 교수의 고전문학 강의를 수강함.

1865년 10월 리츨 교수를 따라 라이프치히 대학으로 옮겨 공부를 계속함. 처음으로 쇼펜하우어의 주저『의지와 표상으로서의 세계』를 읽고 큰 감명을 받음. 소년 시절에 나타난 병증들이 악화되고 류머티즘과 격렬한 구토에 시달렸으며 매독 치료를 받기도 함.

1866년 에르빈 로데와 교제를 시작함. 디오니게네스 라에르티오스에 관한 연구로 라이프치히 대학에서 주는 상을 받음.

1867년 호메로스와 데모크리토스에 대한 연구를 시작하고, 칸트 철학을 접하게 된다.

1867년 10월 9일~1868년 10월 15일 군에 입대하여 포병으로 근무하며 승마와 포 쏘는 법을 배움.

1868년 11월 8일 라이프치히에서 동양학자인 브로크하우스 집에서 리하르트 바그너와 개인적으로 처음 알게 됨. 그와 함께 쇼펜하우어와 독일의 현대 철학 그리고 오페라의 미래에 대해 의견을 나눔.

1869년 2월 리츨 교수의 추천으로 고전어와 고전문학 원외교수로 바젤 대학에 초빙됨.

5월 17일 루체른 근교 트립셴의 바그너 집을 처음으로 방문함.

5월 28일 바젤 대학에서『호메로스와 고전문학』에 관해 취임강
연을 함. 아코프 부르크하르트와의 친교가 시작됨.

1869~1871년 『음악의 정신에서 생겨난 비극의 탄생』 집필, 1872년
1월 출판했으나 학계의 혹평을 받음.

1870년 오버베크를 알게 되고, 4월에 정교수가 됨.

8월 독불전쟁에 지원하여 간호병으로 종군, 이질과 디프테리아에
걸림.

10월 바젤로 돌아옴. 신학자 프란츠 오버베크와 교제가 시작됨.

1872년 2~3월 바젤에서『교육제도의 미래』강연(유고로 처음 출간됨).

4월 바그너가 트립셴을 떠남.

5월 22일 바이로이트의 축제극장 기공식. 바이로이트에서 바그
너와 만남.

1873년 제1권『반시대적 고찰: 다비트 슈트라우스, 고백자이며 저술
가』. 제2권『반시대적 고찰: 역사의 장단점에 관해서』(1874년에
출간). 단편『그리스 비극 시대의 철학』(유고로 처음 출간됨).

1874년 제3권『반시대적 고찰: 교육자로서의 쇼펜하우어』에서는 니
체가 바그너와 거리를 유지한다는 사실이 드러난다.

1875~1876년 제4권『반시대적 고찰: 바이로이트의 리하르트 바그
너』.

1875년 10월 음악가 페터 가스트(본명 하인리히 쾨제리츠)와 알게 됨.

1876년 8월 최초의 바이로이트 축제극에 갔지만 바그너 숭배 분위
기를 견디지 못하고 도중에 그곳을 떠남.

9월 철학자 파울 레와 친교가 시작됨. 병이 심각해짐.

10월 바젤 대학으로부터 병가를 얻음. 레 및 말비다 폰 마이젠부크와 함께 소렌토에서 겨울을 보냄.

10월~11월 소렌토에서 바그너와 마지막으로 함께 함.

1876~1878년 『인간적인 것, 너무나 인간적인 것』 제1부를 읽은 바그너가 니체와 결별함.

1878년 1월 3일 바그너가 마지막으로 『파르시팔』을 니체에게 보냄.

5월 『인간적인 것, 너무나 인간적인 것』을 증정하며 바그너에게 마지막으로 편지를 보냄.

1879년 병이 심해져 바젤 대학 교수직 사임.

1880년 『방랑자와 그의 그림자』, 『인간적인 것, 너무나 인간적인 것』 제2부.

3월~6월 페터 가스터와 휴양하며 처음으로 베네치아에 머묾.

11월부터 제네바에서 첫겨울을 보냄.

1880~1881년 『아침놀』 집필.

1881년 여름에 질스마리아에서 산책을 하다가 영원회귀 사상을 구상함.

11월 27일 제네바에서 처음으로 비제의 〈카르멘〉을 들음.

1882년 『즐거운 학문』 집필.

1882년 3월 시칠리아 여행.

4월~11월 로마에서 루 살로메와 교제, 이후 두 차례 청혼하지만 거절당함.

11월부터 라팔로에서 겨울을 보냄.

1883년 2월 라팔로에서 『차라투스트라는 이렇게 말했다』 제1부 출간.

12월부터 니스에서 첫겨울 보냄.

1884년 1월 니스에서 『차라투스트라는 이렇게 말했다』 제3부 출간.

8월 하인리히 폰 슈타인이 질스마리아로 니체를 방문.

11월부터 1885년 2월까지 망톤과 니스에서 『차라투스트라』 제4부 집필. 여동생이 반유태주의자이자 바그너 숭배자인 푀르스터와 약혼을 결정하자 둘 사이의 관계가 다시 악화됨.

1884~1885년 『선악의 저편』 집필.

1885년 『차라투스트라는 이렇게 말했다』 제4부 자비로 출판. 질스마리아에서 여름을 보내며 『힘에의 의지』 구상. 아우구스티누스의 『고백록』을 읽음.

5월 22일 여동생의 결혼식에 참석하지 않음.

1886년 5월~6월 라이프치히에서 에르빈 로데와 마지막으로 만남.

6월 『선악의 저편』 자비로 출판.

1887년 건강이 악화된 상태에서 6월에 루 살로메의 결혼 소식을 듣고 우울증에 빠짐.

11월 『도덕의 계보학』 출간.

11월 11일 에르빈 로데에게 마지막 편지를 씀.

1888년 『힘에의 의지』 집필.

4월 처음으로 토리노에 머묾. 게오르크 브란데스가 코펜하겐 대학에서 『독일의 철학자 프리드리히 니체에 관해서』 강의함.

5월~8월 『바그너의 경우』, 『디오니소스 찬가』 완성.

8월~9월 『우상의 황혼』 집필.

9월 『안티그리스도, 기독교 비판의 시도』, 『바그너의 경우』 출간.

10월~11월 『이 사람을 보라』 집필.

12월 『니체 대 바그너』 집필.

1889년 1월 초 이탈리아 토리노의 카를로 알베르토 광장에서 채찍
    에 맞는 말을 보고 눈물을 흘리며 감싸안다가 발작을 일으킴. 친
    구 오버베크가 바젤로 데려가 정신병원에 입원시킴. 『우상의 황
    혼』, 『니체 대 바그너』, 『이 사람을 보라』 출간.

1890년 어머니가 니체를 나움부르크로 데려가서 돌봄.

1891년 여동생이 니체의 작품에 개입하기 시작함.

1892년 페터 가스트에 의해 전집이 기획됨. 유고가 정리, 발표됨.

1893년 3월 여동생이 사업에 실패하고 파라과이에서 독일로 돌아옴.

1894년 여동생이 니체 전집을 편찬하기 위해 니체 문서보관소 설립.

1895년 마비 증세가 자주 발생함.

1897년 부활절에 어머니 사망함. 여동생 엘리자베트가 니체를 바이
    마르로 데려감.

1899년 여동생에 의해 전집 출간이 시작됨.

1900년 8월 25일 바이마르에서 사망. 8월 29일 고향 뢰켄에 안장됨.